Die Kontroverse
Weizsäckers Parteienkritik in der Diskussion

Die Kontroverse

Weizsäckers Parteienkritik in der Diskussion

herausgegeben von
Gunter Hofmann und Werner A. Perger

Eichborn Verlag

Die Deutsche Bibliothek – CIP-Einheitsaufnahme

Die **Kontroverse**: Weizsäckers Parteienkritik in der Diskussion / Gunter Hofmann ; Werner A. Perger (Hrsg.). – Frankfurt am Main : Eichborn, 1992
ISBN 3-8218-1162-5
NE: Hofmann, Gunter [Hrsg.]
NE: Perger, Werner A. [Hrsg.]

Umschlaggestaltung: Rüdiger Morgenweck
Foto: J. H. Darchinger
Lektorat: Albert Sellner
Satz: Fuldaer Verlagsanstalt
Druck und Bindung: Wiener Verlag, Himberg
ISBN 3-8218-1162-5
Verlagsverzeichnis schickt gern:
Eichborn Verlag, D-6000 Frankfurt/Main

Inhalt

Vorwort

Die Debatte war überfällig. Den Anstoß gab Richard von Weizsäcker mit seiner Kritik am Parteienstaat. Die Ursachen liegen in realen Fehlentwicklungen der deutschen Demokratie, die lange vor der deutschen Vereinigung sichtbar waren, sich nun aber, im schwierigen Prozeß des Zusammenwachsens zweier unterschiedlicher Gesellschaften, krisenverschärfend auswirken.

Einfach zu führen ist die Debatte nicht. Sie rührt ans Fundament, an Gewohnheiten, Traditionen, Tabus. Die ersten Reaktionen aus der politischen Klasse der Bundesrepublik – genauer muß es heißen: der alten Bundesländer – waren, abgesehen von wenigen Ausnahmen, geprägt von Erschrecken und Empörung, auch von Larmoyanz und Selbstgerechtigkeit. Am Anfang stand die Abwehr. Nur langsam machte sich auch Bereitschaft zur Reflexion bemerkbar. »Es ist schon erstaunlich, wie eng und reaktiv die politische Klasse auf die Umwälzungen unserer Tage eingeht«, sagte Arnulf Baring in einem Gespräch mit den *Gewerkschaftlichen Monatsheften* (8/92). »Die Verengung unseres politischen Spektrums, unseres Argumentationsfeldes, ist das Auffälligste an der gegenwärtigen Situation.«

Es war eine ungewöhnliche Intervention, mit der Richard von Weizsäcker sich in den politischen Prozeß eingeschaltet hat, »dergleichen gab es noch nie«, schrieb die *Frankfurter Allgemeine Zeitung*. Gewiß, die Kritik selbst war im Kern nicht neu, wie vor allem die Politikwissenschaftler in ihren Kommentaren anmerkten. »Parteienverdrossenheit« und »Politikmüdigkeit« sind als Phänomen der öffentlichen Stimmung seit längerem bekannt und Gegenstand der demoskopischen Forschung. Der Machtanspruch der Parteien, die Defizite ihrer Problemlösungskompetenz, das Selbstbedienungssystem und der Privilegienmißbrauch im politischen Milieu wurden in den zurückliegenden Jahren mit zunehmender Häufigkeit – auf Grund einer beschleunigten Abfolge diverser Skandale –

kritisch erörtert. Doch mehr als der Einwand, die kritische Zustandsbeschreibung sei nicht neu, wirkte der Umstand, daß diese Kritik am Machtmißbrauch der Parteien nun von so prominenter Stelle vorgetragen wurde. Darüber konnten die Kritisierten nicht einfach zur Tagesordnung übergehen, so sehr sie es auch versuchten.

Zustimmung bekam der Bundespräsident von unterschiedlicher Seite, nicht zuletzt von Konservativen und Liberalen außerhalb der aktiven Politik. Andere verhielten sich zunächst abwartend. Parteienkritik ist in Deutschland immer ein Weg auf schmalem Grat. Alte Ressentiments und vordemokratische Sehnsüchte sind nach wie vor abrufbar, sie behindern eine ernsthafte Demokratie- und Parteiendebatte oft mehr, als daß sie diese befördern. Manche Kritik moderner Oligarchien orientiert sich denn auch, vielleicht unbewußt, am Konzept einer »Elite der Vernünftigen« und anderen nicht minder oligarchischen Phantasien. Kritik an den Institutionen der Demokratie und an politischen Fehlentwicklungen in der Republik ist somit selbst über Kritik nicht erhaben.

Über zuviel Kritik am Zustand der Demokratie ist allerdings seit vielen Jahren schon nicht mehr geklagt worden, es gab kein Übermaß an politischem Grundsatzstreit. Im Gegenteil. Die westdeutsche Selbstzufriedenheit, die fürs erste gestört scheint, drohte überhand zu nehmen, auch manchem Konservativen wurde sie zuviel. »Man hatte langsam alle Hoffnung aufgegeben«, schrieb der Bonner Historiker und Politikwissenschaftler Hans-Peter Schwarz, wie erleichtert, in der *Welt* über Weizsäckers Veröffentlichung. Seit Jahr und Tag, so durfte man ihn verstehen, hätten er und seinesgleichen die gefährlichen Mängel der deutschen Demokratie benannt und vor den Folgen gewarnt, ohne daß die Parteien sich darum gekümmert oder gar Konsequenzen daraus gezogen hätten. »Nun erhalten diejenigen, die nicht wußten, wo und wie man ansetzen könnte, im Bundespräsidenten einen Verbündeten.« Sichtlich begeistert äußerte sich, im selben Blatt, der Münchner Politologe Kurt Sontheimer: »Der Bundespräsident hat Mut und Scharfsinn bewiesen, als er dieses wichtige und aktuelle Thema zum Gegenstand einer öffentlichen Debatte gemacht hat.«

Solcher Enthusiasmus entstammt einer fernen Welt, von jenseits der politischen Arena. Bonn tickt anders, aber auch München oder Düsseldorf, soweit es unser Thema angeht. Nur wenige reagierten dort nicht aus der Defensive, sondern offen und diskussionsbereit wie die sozialdemokratische Vizevorsitzende von Partei und Fraktion, Herta Däubler-Gmelin, oder der FDP-Bundestagsabgeordnete Wolfgang Lüder. Sie regten eine Debatte des Bundestages über die Thesen des Präsidenten an. An dessen Kritik sei schließlich etwas dran, sie verdienten es, »in aller Offenheit erörtert zu werden« (Lüder). Die Abgeordneten »sollten genügend Souveränität und auch Selbstbewußtsein haben, um das aufzugreifen« (Däubler-Gmelin).

Nun ist man von den Sozialdemokraten zwar gewohnt, daß sie diesem Präsidenten argumentativ zur Seite treten, zumal dann, wenn er, wie des öfteren in seiner Amtszeit, nach politischen Äußerungen Ärger mit den eigenen Parteifreunden von der CDU/CSU bekommt. Doch so einfach lagen die Dinge diesmal nicht. Schon der Fraktionsvorsitzende Hans-Ulrich Klose oder ein weiterer stellvertretender Parteivorsitzender, der nordrhein-westfälische Ministerpräsident Johannes Rau, blieben deutlich skeptischer. »Ein bißchen Populismus von oben«, urteilte Klose über die Äußerungen des Präsidenten, so weit sie ihm bekannt waren. »Nicht gerecht« finde er Weizsäckers Urteile, tadelte Rau. Da manches in der gegenwärtigen Parteienverdrossenheit und der entsprechenden Kritik »maßlos« sei, »brauchen Politiker auch ein Wort der Ermutigung, damit sie ihren wahrlich nicht leichten Job machen«. Das hat Rau in Weizsäckers Auseinandersetzung mit den Parteien vermißt: *Ermutigung*. Die Union, zumal der Bundeskanzler, griff dieses Argument alsbald dankbar auf.

Andere Sozialdemokraten, Vertreter der sogenannten »Enkel-Generation«, nicht zuletzt Gerhard Schröder und Rudolf Scharping, interpretierten Weizsäckers Kritik am Parteienstaat als interne Angelegenheit der Union und weideten sich an der schnell sich verbreitenden Interpretation, wonach einige Passagen des Weizsäcker-Textes unverkennbar auf Helmut Kohl gemünzt seien (speziell der Satz: »Bei uns ist ein Berufspolitiker im allgemeinen weder ein Fachmann noch ein Dilettant, sondern ein Generalist mit Spezialwissen, wie man politische Gegner bekämpft«). Diese etwas schnelle Lesart ist in der Ost-Zeitung *Freitag* vom West-Autor Norbert Seitz genüßlich aufgespießt worden: »Wer dahinter nur eine Privatfehde gegen Kohl vermutet, sollte zunächst einmal seiner eigenen Partei den Spiegel vorhalten. Kohls gibt es schließlich in jeder Partei, nur weniger erfolgreich. Auch SPD-Enkel hätten genügend Grund, am Beispiel von Funktionärswirtschaft und Listenunwesen über den speziellen Beitrag der Jusos zur Ausuferung der Parteiendemokratie nachzudenken.«

Die Reaktionen in Richard von Weizsäckers eigener Partei, der CDU, und in der bayerischen CSU waren allerdings dazu angetan, den Eindruck zu bestärken, hier handle es sich um eine besondere Angelegenheit der konservativen Familie in Deutschland. Erste Interview-Äußerungen wie die des früheren CDU-Generalsekretärs Heiner Geißler, er habe »nichts dagegen, wenn in Deutschland eine profunde Diskussion über die politischen Parteien begonnen wird«, und er sei dafür, aus der Kritik des Präsidenten »Konsequenzen (zu) ziehen«, blieben das Höchstmaß an öffentlicher Zustimmung zu Weizsäckers Thesen in der CDU-Führung. Der Rest: Schweigen, Ablehnung, Feindseligkeit.

Vergleichsweise verhalten zeigte sich noch der Fraktionsvorsitzende, Wolfgang Schäuble. In einem Gespräch mit der *Zeit* sagte er, nachdem die erste Aufregung verklungen war: »Der Bundespräsident hat einen Anstoß gegeben, der sicherlich auch positive Wirkung hat. Im Kern seiner Kritik hat er meiner Ansicht nach nicht recht. Seine therapeutischen Schlußfolgerungen sind leider auch ausgesprochen dünn.« Auch er vermisse, wie Johannes Rau »in seiner ersten, sehr klugen Reaktion angemerkt hat«, die Ermutigung. Das sei es, was viele Parteimitarbeiter »zur Zeit eher ... bräuchten«.

Von Schäuble war die Initiative zu einem Treffen des Fraktionsvorstands mit dem Bundespräsidenten ausgegangen, bei dem vor der Sommerpause noch etwas Dampf abgelassen wurde. Vor allem die CSU hatte das offensichtlich nötig, wie man aus der Lektüre des *Bayern-Kurier*, einst das Sprachrohr von Franz-Josef Strauß, hat schließen dürfen. »Wo ein Beitrag des

Bundespräsidenten zu Stabilität geboten gewesen wäre«, hieß es da im Leitartikel auf der Titelseite, »hat Richard von Weizsäcker, ohne auch nur den Ansatz einer ernsthaften Alternative aufzuzeigen, Unmut genährt und Verwirrung gestiftet. (...) Da kann es nicht wunder nehmen, daß genau jene Kräfte, deren Aufkommen um die Stabilität unserer Demokratie fürchten läßt, sich bei ihrer Agitation auf Äußerungen des Bundespräsidenten beziehen. Auch daran sollte man sich im Bonner Präsidialamt erinnern, wenn die nächste Versuchung, großes Aufsehen zu erringen und schnelle Schlagzeilen zu gewinnen, an der Villa Hammerschmidt vorbeikommt.«

Vor allem drei Argumente werden von der konservativen Defensive in der Weizsäcker-Kontroverse vorgetragen: Der Präsident sei zu weit gegangen, er habe mit dieser Einmischung die ihm von der Verfassung gesetzten Grenzen zumindest politisch überschritten. Der Politiker Weizsäcker habe außerdem gegen die guten Sitten verstoßen: Auch er habe seine politischen Führungsämter nur über seine Partei erhalten, wie alle anderen habe er dem existierenden System der Bundesrepublik alles zu verdanken, seine Kritik sei daher unredlich und unglaubwürdig. Schließlich: Der Präsident habe ein pauschales Werturteil gefällt, das vielen idealistischen Mitarbeitern der Parteien unrecht tue, demotivierend wirke und damit die demokratische Stabilität zu gefährden geeignet sei.

Hinzu kam, daß außerdem viele in der Union meinten, in dieser Situation ihrem Kanzler und Parteivorsitzenden als führendem Repräsentanten des kritisierten *Parteienstaats* beispringen zu müssen. Verwunderlich ist das nicht. Die Parteifreunde Helmut Kohls konnten oder wollten offensichtlich nicht an der Tatsache vorbeisehen, daß die erste Rezeption des Weizsäcker-Buchs den Diskussionsanstoß des Präsidenten zunächst eben als Angriff auf Kohl personalisierte.

Noch ehe der Vorabdruck des Buchs in der *Zeit* (26/92) auf dem Markt war, geschweige denn das Buch, schrieb die *Deutsche Presseagentur* in einem Vorausbericht: »›Machtversessen auf den Wahlsieg und machtvergessen bei der Wahrnehmung der inhaltlichen und konzeptionellen politischen Führungsaufgabe‹ – wen trifft dieses allgemeine Verdikt über den Parteienstaat mehr als den seit zehn Jahren regierenden Kanzler und Chef der Regierungspartei?« Daß die anderen Medien dieser vorgegebenen Zuspitzung folgten, gehört zum Ritual unserer Medienrepublik. Der Kommentar in den ARD-*Tagesthemen* des 16. Juni begann mit dem Satz: »Käuflich erwerben wird Kohl die Philippika des Bundespräsidenten wohl kaum, aber schäumen wird er.« Die Überschriften der auflagenstärksten Boulevard-Zeitungen zu dem noch gar nicht erschienenen Buch lauteten: »Weizsäckers Abrechnung«, »Weizsäcker klagt an«, »Weizsäcker rechnet mit dem Kanzler ab«, »Weizsäcker fährt Schlitten mit Kohl & Co.«. Perfekt machte die Zuspitzung schließlich *Der Spiegel*, indem er auf der Titelseite die Weizsäcker-Kritik als Konfliktstory aufbereitete: »Der Abkanzler«.

Sich dagegen zu immunisieren, ist schwierig, die suggestive Verlockung, manche Formulierung des Präsidenten so zu lesen, als könne kein anderer gemeint sein als Kohl, war offenkundig groß. Daß freilich der Diskurs des Parteienstaats von mehr handeln muß, als vom jeweiligen Bundeskanzler, er mag sein Amt noch so lange innehaben, erschließt sich eigentlich schon im Wege des Nachdenkens. Die Debatte über den Zustand der Demokratie reicht weit über den Tag und über Kohl hinaus.

Dennoch ist Weizsäckers Text auch im Bundeskanzleramt in erster Linie auf die vordergründige Art gelesen und schließlich, im Auftrag der vermeintlich Hauptbetroffenen, von einem Autorenteam kommentiert und als Aufsatz des Bundeskanzlers in der *Welt am Sonntag* (19. Juli 1992) veröffentlicht worden. Es handelt sich dabei um eine idealtypische Sammlung der konservativen Einwände und des parteiinternen Unmuts das Gesprächsbuch des Präsidenten, das allerdings unerwähnt bleibt. Weizsäcker wird in dem Kohl-Text namentlich nicht genannt.

Vor allem zwei Punkte moniert der Kanzler: Erstens verdankten Spitzenpolitiker ihr Amt stets ihrer Partei und sollten dies nie vergessen: »Als Vorsitzender der Christlich-Demokratischen Union Deutschlands und als Bundeskanzler weiß ich, daß ich meine Stellung letztlich dem Vertrauen und dem unermüdlichen Engagement unzähliger Menschen verdanke. Alle, die in höchsten Staats- und Parteiämtern stehen, sollten sich dies immer wieder bewußt machen.« Zweitens sei die »pauschale Herabsetzung ›der‹ Parteien« (Kohl), als die Weizsäckers Buch im Kanzleramt anscheinend gelesen wurde, eine Art kollektive Beleidigung der rund zweieinhalb Millionen kleinen Leute, die in den demokratischen Parteien aktiv seien, und der Hunderttausende von ehrenamtlichen Lokal- und Kommunalpolitikern, besonders im Osten. Zitat: »Bequem ist diese ehrenamtliche Arbeit nur selten: Sie findet in der Freizeit statt, bringt häufiger Nachteile gegenüber denen mit sich, die sich nur auf den Beruf konzentrieren. Der persönliche Vorteil liegt meistens in der inneren Befriedigung darüber, etwas für das Gemeinwesen bewegen zu können.«

Das Echo auf die Kohlsche Weizsäcker-Replik war nicht überwältigend, in den – spärlichen – Kommentaren überwog Ironie. Unfreiwillige Komik entdeckte der *Kölner Stadtanzeiger* in der Argumentation des Kanzlers, die *Frankfurter Rundschau* wertete den Text als Verzicht auf eine ernsthafte Auseinandersetzung (»Verbrämungen, mehr nicht«), der *Freitag* verspottete den Kohl-Text als »Dokument sinistrer Wagenburgmentalität«. Und Walter Boehlich reagierte auf Kohls wortreiche Verteidigung des selbstlosen ehrenamtlichen kleinen Parteimannes im Satiremagazin *Titanic* mit Gegenfragen: »Wie viele Fußsoldaten tun das wirklich um ihrer Partei willen, und wie viele tun es, um auf diesem Wege selbst etwas zu werden, Pfründe zu erlangen, aufzusteigen? Wie viele leben, wie man in der Vorzeit sagte, für die Partei, und wie viele leben von der Partei?« Anders gefragt: Wie und wozu geht heute jemand in die Politik? Darum geht es – nicht nur, aber auch – im ernsthaften Teil der von Weizsäcker angestoßenen Debatte.

»Um es mit einem gewissen Pathos auszudrücken: Der Eintritt in die Politik ist der Abschied vom Leben, der Kuß des Todes.« Auf diese Worte spitzt Hans Magnus Enzensberger seine Handreichung über den Zustand der politischen Klasse zu. Ihr Elend ist – aus seiner Warte – einfach »existentieller Natur«. Bei diesem Befund scheint es allerdings überhaupt keine plausible Antwort mehr auf die Frage zu geben, warum jemand in die Politik geht und was Politik leisten soll.

Es sei dahingestellt, ob man die Ehrenrettung der Politiker, zu der also Enzensberger in der *FAZ* vom 5. September 1992 ansetzte, zugleich auch als das düstere und deprimierendste Urteil in dieser ganzen Debatte betrachten muß. Eigentlich läßt es ja nur den Schluß zu, den herrschenden Zustand entweder zufrieden zu akzeptieren oder darüber zu verzweifeln. Der Rat, sich von der populären Politikerbeschimpfung zu verabschieden, liest sich folgendermaßen: »Sicherlich glauben die meisten von uns, daß es ein übertriebener Luxus wäre, unser Mitgefühl Leuten zuzuwenden, die sich, ohne zu erröten, als Spitzenpolitiker bezeichnen lassen. Aber wie alle Randgruppen, wie Alkoholiker, Spieler und Skinheads, verdienen auch sie jenes analytische Erbarmen, das nötig ist, um ihr Elend zu begreifen.«

Daß freilich die Vorwürfe der Soziologen, der Staatsanwälte und der Reporter, die dem Berufsstand der Politiker gelten, objektiv zutreffen, daran eben läßt Enzensberger trotz seiner Kritik am »Konsens der Verachtung« keine Sekunde Zweifel aufkommen. Nur schildert er eben ironisch-verständnisinnig »die vollständige gesellschaftliche Isolation« der Akteure. Daher sei »der« Politiker von Sprach- und Realitätsverlust bedroht. Unabhängig von seinen intellektuellen Fähigkeiten sei er »der letzte, der kapiert, was in der Gesellschaft vorgeht«. Die Leute in den Politikeramtsstuben glichen eben »einem mit tausend Fäden gefesselten Gulliver«.

Solche Kritik – sieht man von ihren Überzeichnungen einmal ab – knüpft an einer Bestandsaufnahme an, die auch Enzensberger in einem viel weiteren Sinne schon einmal vornahm: Nicht nur die Politiker, argumentierte er seinerzeit, sondern die Politik selbst sei ein gefesselter Gulliver. Es mache auch wenig Sinn, in einem Moment, in dem die Politik weg vom Staat in den Alltag, in die Manager-Etagen, nach Brüssel oder sonstwohin diffundiert ist, sie zurückholen zu wollen und mit entsprechenden Erwartungen zu überfrachten.

Dieses Motiv taucht auch bei einer Reihe der Autoren der folgenden Aufsätze auf. Sei es, daß die Politik in modernen Demokratien strukturell weniger zu bewegen oder zu lösen vermag als von ihr erwartet wird (Leggewie), was man eine

Krise der Politik nennen kann, sei es, daß die Überdominanz der Parteien die Politik erstickt (Hamm-Brücher), man kann sich dem Problem von verschiedenen Seiten her annähern. Mehr als die unterschiedlichen Erklärungsansätze trennt die Geister gelegentlich eine unausgesprochene Differenz: Die einen finden sich zufrieden mit dem Ist-Zustand ab und möchten die Politik von zu hohen Anforderungen befreien. Die anderen wollen erst Voraussetzungen dafür schaffen, daß mehr Politik überhaupt möglich wird. Enzensberger bringt sozusagen das Kunststück fertig, sich auf beide Seiten zugleich zu schlagen.

Wo der Ort des Politischen künftig sein könnte, darüber gehen die Meinungen auseinander – und darum lohnt sich ein Streit. Es erweist sich als produktiv, die Politik als Leerstelle neu zu besichtigen. Wenn dabei am Ende aber eine Renaissance klassischer Politik und herkömmlicher Institutionen herauskäme, vielleicht mit einigen verfassungspolitischen Gewichtsverlagerungen (Glotz), könnte das zumindest eine neue Legitimationsbasis verschaffen. Es kann allerdings auch geschehen, daß die Suchbewegungen, inspiriert von der Kritik an der erstarrten Parteiendemokratie im Westen und den Erfahrungen mit den Runden Tischen im Osten, in eine andere, noch nicht näher umrissene Richtung führen.

Die unverhohlene Enttäuschung (Thierse) darüber, daß auf den Osten nur schematisch übertragen wurde, was im Westen erprobt worden ist, klingt bei nahezu sämtlichen Autoren aus Ostdeutschland durch. Man kann das auch gut verstehen. Im Westen wiederum sind es oft gerade die kritischsten Köpfe, die für funktionierende Institutionen und klassische Politikmodelle plädieren, also für mehr Regierbarkeit in schwierigen Zeiten.

Ganz abgesehen davon, daß existentielle, soziale und psychische Nöte im Osten derzeit den Streit überlagern, wie die Politik den Problemen gerecht werden könne und wie sich bei so viel Friktionen und so wenig Konsens die Demokratie noch organisieren lasse. Das führt dazu, daß gerade der Parteienstaats-Streit, der im Westen – zum zweiten Mal in der Nachkriegsgeschichte in solcher Intensität – entbrannt ist, im

Osten gar nicht so sehr interessiert. Dort vielmehr rückt in den Blickpunkt, was Richard von Weizsäcker und andere zum Zusammenwachsen, zur Substanz der Politik, zur deutschen Vergangenheit, zur Rolle der Kirchen und der Ostpolitik angemerkt haben. Überhaupt fällt auf, in welchem Maße im Westen oft die Krise der Parteien, der Institutionen oder der Politik generell beleuchtet wird, während Ostautoren eher skeptisch notieren, der scheinbar alternativlose Vereinigungsprozeß sei so, wie er stattfand, nicht richtig gewesen (Reich). Oder sie suchen gleich direkt nach inhaltlichen, politischen, ökonomischen Alternativen. Wenn man ermessen möchte, was westdeutsches Denken und ostdeutsches Bewußtsein augenblicklich trennt, wird man die System-Abstraktionen von Niklas Luhmann und die Leidenschaften von Bärbel Bohley vergleichen müssen.

Eine andere Tendenz, die ins Auge fällt, handelt von der Basisdemokratie. In der Hinsicht wiederum nähern sich Ost- und Westautoren deutlich an. Aus den unterschiedlichsten Motiven heraus werden Wege gesucht, den Ort des Politischen in die Gesellschaft, in autonome gesellschaftliche Bereiche oder in die eigene Gemeinde zurückzuverlagern. Je mehr von solcher Rückverlagerung, so schimmert es durch, um so weniger Parteipolitik bitte.

Für viele heißt das, was am Ende stehen soll, inzwischen Bürgergesellschaft oder Zivilgesellschaft. Auch das sind Begriffe, die sich aus jeweils anderen Lebenserfahrungen und -motiven in Ost und West gleichzeitig herauskristallisierten. Nun – angesichts des Bürgerkrieges im ehemaligen Jugoslawien, des Zerfalls aller Strukturen in Osteuropa, der Renationalisierung – schweben solche Worte seltsam groß und leer in der Luft. Das heißt aber nicht, daß es angezeigt wäre, sich von diesem Denken gleich wieder zu verabschieden. Im Gegenteil, die Gemeinsamkeit der Suchbewegungen muß sich sinnvoll nutzen lassen. Das gilt für den Rat, das Klein-Klein der Demokratie zu erlernen (Schorlemmer), aber auch für die Suche nach einem modernen westdeutschen City-Management (Rüttgers). Es gilt für das Plädoyer, einen neuen *common sense* als Grundlage für die Bürgergesellschaft zu entwickeln (Hirsch), ebenso wie für die Konzepte einer Kommunalisierung oder einer gerechten Gesellschaft im Kleinen. Da ist vieles in Gang gekommen, was aus Erstarrungen führen könnte.

Einige derjenigen, die damit durchaus sympathisieren, zeigen sich jedoch verständlicherweise auch skeptisch, weil von dieser Repolitisierung an der Basis mindestens im Osten – aber wohl nicht nur dort – derzeit eben herzlich wenig zu entdecken ist. Noch bemerkenswerter erscheinen die verkehrten Fronten: Eine Politisierung von unten empfehlen gerade manche derjenigen, die früher Angst vor zuviel Mitsprachewünschen hatten und die Institutionen bedroht sahen von einer ausufernden Bürgerdemokratie. Hingegen gehen andere, die ihre Erfahrungen mit Rotation, imperativem Mandat und Ich-Politik gemacht haben, differenziert oder scharf (Offe, Kleinert) auf kritische Distanz zu fundamentaldemokratischen Denkübungen, die in Wahrheit doch nur scheinradikal seien. Das muß man nicht überzeichnen, darin schimmert kein linkes oder liberales Plädoyer für einen starken Staat, aber es zeigt sich die Präferenz für einen intakten, die Regeln garantierenden, die Normen von Zivilität, Minderheitenschutz und Wohlfahrtssicherung durchsetzenden Staat, der nicht von der Bürokratie beherrscht wird (Harpprecht). Darauf soll dann auch unbedingt gegenüber Claqueuren in Rostock und anderswo beharrt werden, die freudig zusehen, wenn Flüchtlingsheime brennen.

»Der Kampf gegen die Etatisierung der Parteien und Wucherungen des Parteienstaates ist ein Nebenkriegsschauplatz der eigentlichen Schlacht gegen den Moloch Staat«, schrieb Klaus von Beyme in der *Frankfurter Rundschau* vom 5. September 1992. Noch schärfer, als es die meisten der hier versammelten Autoren machen, weist er die Kritik an der politischen Klasse zurück. Beyme sieht darin entweder Populismus von oben (wie Antje Vollmer) oder interessengeleitetes Verhalten von Journalisten oder Professoren, etwa im Beispiel des Hans Herbert von Arnim, der für den Verband der Steuerzahler den Krieg gegen die Parteipfründenwirtschaft führe, oder im Fall enttäuschter Parteianhänger wie Erwin K. Scheuch.

Das Problem, von dem Beyme spricht, sollte wirklich ins

Blickfeld rücken: »Die deutsche Vereinigung hat den Staat in immer weitere Bereiche hineingezogen. Die Regierung wollte Deregulierung und Entstaatlichung – mußte aber eine Politik des Gegenteils betreiben. Die Arbeitsmarktpolitik für Ostdeutschland wurde etatistischer, als sie Schweden in seinen sozialdemokratischsten Zeiten betrieben hat. Der Teufel des Staatszentralismus der DDR mußte mit dem Beelzebub einer Superbürokratie ›Treuhand‹ ausgetrieben werden...«. Der Autor zielt vor allem auf die Diätendebatte, wenn er meint, mit einem Handfeuerlöscher lasse sich bei diesem Befund der »Waldbrand der Staatsverdrossenheit« nicht bekämpfen. Es fehle dem Neo-Populismus »jedes Augenmaß für Proportionen und ein theoriegeleitetes Konzept für die Gesamtproblematik«.

Ebensogut könnte man argumentieren, die Verdrossenheit sei keineswegs allein auf den Widerspruch zwischen versprochenem Staatsrückzug und praktizierter Staatsausdehnung zurückzuführen, sondern auch auf das Fehlen einer intakten Öffentlichkeit (Lafontaine), die darüber nicht adäquat informiert oder streitet. Aber wo immer die Erklärungen ansetzen, vielleicht wäre es ja gut, wenn in dieser Situation alle in den Spiegel schauen – jeder an seinem Ort des Politischen. Wer die Politik anklagt, kann über sich selber nicht schweigen. Für uns Journalisten gilt das natürlich auch.

Es werden eben auch diejenigen, die nicht »für« die Politik oder »von« der Politik leben, wie Max Weber das gesagt hat, an ihrem jeweils eigenen Tatort zu fragen haben, wie sozial und liberal sie sich den künftigen Staat in Europa vorstellen. Mit anderen Worten: Die Diskussion über Gerechtigkeit überhaupt muß neu beginnen.

Es soll hier nicht suggeriert werden, die Geschichte der Vereinigung ließe sich noch einmal neu schreiben und ein Neuanfang lasse sich nachholen. Aber ein ehrlicher Blick auf den Vereinigungsprozeß belegt, daß vieles falsch ablief oder nicht stimmte, weil die Politik den Verhältnissen nur hinterherlief, ohne sie zu steuern. Auch der öffentliche Diskurs funktionierte nicht. Von deutschem Nationalismus zeige sich keinerlei Spur, hieß es beispielsweise früh sehr kategorisch. Aber jetzt, im Spätsommer 1992, brennt eben doch ein Ausländerheim nach dem anderen. Rostock ist der Name dafür. Zunächst galt es als beinah unpatriotisch, wenn bezweifelt wurde, daß die europäischen Nachbarn und überhaupt alle Welt die Vereinigung in Deutschland als einen beseeligenden Gedanken empfinden. Inzwischen ist die Furcht vor dem großen Deutschland unübersehbar und das Argument selbstverständlich, man müsse schon deshalb für Europa sein, um Deutschland einzubinden. Anfangs hieß es, die Vereinigung müsse einfach vollzogen werden, das sei Grundlage genug. Jetzt zeigt sich, daß der deutschen Vereinigung ein konstituierendes Moment, ein Willens- und Zustimmungsakt als solide Grundlage fehlt. Das alles soll nur heißen: Die Debatte, die jetzt geführt wird, muß offener, ehrlicher und vorbehaltloser verlaufen.

Dagegen sticht der Einwand nicht, mit der Parteienkritik sei die Verdrossenheit eher noch vertieft worden. Uns scheint vielmehr trotz aller Tradition antidemokratischer Parteienpolitik in Deutschland, die Dialektik der Kritik und Gegenkritik bewährt sich ganz gut. Es wird argumentativer gestritten. Die Grundlagen der Demokratie werden wieder besichtigt (Hennis, Ullmann). Die politische Klasse mag sich von vielen zu heftig oder zu pauschal gerüffelt fühlen. Aber sollten die Politiker nicht auch registrieren, welche Verteidiger sie finden, gerade da, wo mit abwägenden Argumenten kritisiert und geurteilt wird (Veen, Dettling)? Parteien und Politik müssen durch die Kritik hindurch, wenn sie wieder Fuß fassen sollen. Eine halbierte Kritik allerdings, die nur von demokratischen Formen handelt, von Mandatsträgern, Institutionen, Repräsentanten, verzichtet zu sehr darauf, sich am Gespräch über die wirklichen Problemlagen von heute zu beteiligen.

Wir meinen optimistisch, daß ein ehrlicher und realitätsnaher Disput über den schwierigen Anfang, über Demokratie und Politik in Deutschland, wenn auch verspätet, beginnt.

Bonn, im September 1992

G.H./W.A.P.

Ungehörige Wahrheiten

Über den Umgang mit Richard von Weizsäckers Interview-Buch

Horst-Eberhard Richter

Da hat es der Präsident der Republik gewagt, sich öffentlich Gedanken über Probleme unserer Gesellschaft zu machen, die ihm Sorge bereiten. Er lamentiert nicht, analysiert vielmehr differenziert, erläutert Versäumnisse und Irrungen ebenso wie mögliche Lösungswege. Reihum regt er zu konstruktiver Selbstkritik an – etwa die Parteien, die mehr Einfluß durchsetzten als ihnen zustehe und die ihre Machtinteressen zum Schaden ihres Verantwortungssinns zu wenig in Schach hielten; die Verbände, die zu wenig das Wohl des Ganzen bedächten; die Kirchen, die statt ewiger apologetischer Diskussion stärker die Notwendigkeit solidarischen Handelns herausstellen sollten; die Wissenschaftler, die sich engagierter an der Suche nach Antworten bei der gemeinsamen Orientierungssuche beteiligen müßten; diejenigen Kräfte im Osten, die bei aller notwendigen rückblickenden Wahrheitssuche die Anstrengung zu Verständigung und Versöhnung vernachlässigten; die teilungsunwilligen Westdeutschen, die repräsentativ für die Bevorzugten der westlichen Industrieländer ihren Wohlstand als »Utopie des Status quo« verteidigten.

Kernpunkt der Analyse ist die These: der Macht fehle zur Zeit die Herausforderung durch den Geist. Sie selbst sei bemüht, diese Herausforderung zu verhindern. Der Geist wiederum scheine sich in Resignation zurückzuziehen. Das ist der Moment, der den Mann in dem hohen politischen Amt aus der Reserve drängt. Er übernimmt für einen Moment selbst die Rolle, die er von den Intellektuellen vernachlässigt sieht – eine zwar in einem Land wie Frankreich durchaus traditionelle, in Deutschland ungewöhnliche, hochriskante Unternehmung für einen Mann dieser Stellung. In Frankreich wären prompt herausragende politische Partner zur Stelle, um mit dem Herausforderer in eine temperamentvolle Problemdiskussion einzutreten. Hier ist das anders. Hier entzieht sich die politische Machtelite der offenen Auseinandersetzung und hüllt sich in strafendes Schweigen. Die disziplinarische Rüge überläßt sie anderen, etwa dem Herausgeber des *Spiegel*. Der macht sich den Vorwurf der »Grenzüberschreitung« und des »Über-die-Stränge-Schlagens« leicht, indem er Weizsäckers differenzierte Analyse in eine schlichte Attacke gegen Kohl umdeutet, die er sich offenbar – wie in seinem Kommentar unschwer ablesbar – selber vorbehalten möchte (»Es stimmt ja, daß Helmut Kohl außer an der Machterhaltung an überhaupt keinem politischen Problem irgendein Interesse hat. Er ist ein unglaubwürdiger Kanzler ... «).

Als Psychoanalytiker staunt man immer wieder, wie phantastisch leichtfertig mit analytischen Deutungsversuchen hantiert wird, wenn es ums Abqualifizieren geht. Nichts anderes als frustrierter Ehrgeiz soll es sein, so Augstein, der den Präsidenten zur Veröffentlichung seines Gesprächsbuches getrieben habe, also nicht etwa die klar erkennbare staatsmännische Sorge um den Zustand der Republik, um die gestörte Vereinigung, um die von Blockierungen bedrohte Kooperation der gesellschaftlichen Gruppen, um die gefährdete Grundorientierung angesichts der gemeinsamen Überlebensprobleme der Menschheit. Nirgends sonst in der Bevölkerung ist Unbehagen darüber laut geworden, *daß* der Präsident und *wie* er Klartext geredet hat. Man versteht, daß er nicht dem Beispiel anderer Träger hoher Verantwortung folgen möchte, die erst nach ihrer Pensionierung in ihren Memoiren einzugestehen pflegen, wo überall sie zuvor unter dem Zwang ihrer Rolle bedenkliche Entwicklungen schweigend mitgetragen hatten. Was die Öffentlichkeit von der Politikszene in letzter Zeit immer mehr entfremdet hat, ist ja eben gerade das Verschleiern, das Verheimlichen, das falsche Beschwichtigen.

Was Weizsäcker mit seiner »Grenzüberschreitung« persönlich vormacht, paßt zu dem therapeutischen Rezept, das in seiner Untersuchung immer wieder durchklingt: Er wünscht sich vielfältige »Traditionsbrüche«, wo Gruppen und Organisationen um des inneren Zusammenhalts und der Eigenbehauptung willen künstliche Selbstabschirmung betreiben. Ist es doch offenkundig der ubiquitäre, den Horizont verengende Kult von Sonderinteressen, der die Lösung der großen Gemeinschaftsaufgaben immer schwieriger, diese oft fast schon unsichtbar macht. Interne Loyalitätsvorschriften und Tabus betreiben die Disziplinierung ausgerechnet derjenigen, deren Verantwortungssinn über den Gruppenegoismus hinausdenkt. Umgekehrt belohnt man in den diversen gesellschaftlichen Bereichen diejenigen mit Karriere, die diesen partikulären Interessen am bereitwilligsten dienen. Sie sind es dann, die dafür sorgen, daß Begriffe wie Loyalität und Solidarität mit gehorsamem Konformismus gleichgesetzt werden.

Ob die Parteien wirklich anstreben, was dem Gemeinwesen not tut, ob die Wissenschaften für diejenigen Verbesserungen arbeiten, welche die Menschen als solche ansehen und wünschen, ob die Kirchen den Erwartungen des religiös empfindenden Bevölkerungsteils entgegenkommen, das wird für die jeweiligen Führungsschichten immer erst bedenkenswert, wenn ihnen unübersehbarer Unwillen entgegenschlägt. Daß man nach ihren Gedanken und Gefühlen überhaupt noch fragt, wenn maßgebliche Entscheidungen anstehen, glaubt nur noch eine verschwindende Minderheit der Bevölkerung – wie Umfragen zeigen. Aber nun wird aus der Verdrossenheit allmählich spürbarer Gegendruck. Die Massen von Protest- und Nichtwählern drücken aus, daß sie die ihnen teils verordnete, teils bislang auch freiwillig geduldete Entmündigung satt haben.

Die Ostdeutschen begehren dagegen auf, daß ihnen die westlichen Sieger nicht viel besser zuhören als ihre früheren Zwangsherren, deren sie sich am Ende selbst entledigt haben. In Ost und West rächt man sich für den Betrug mit falschen ökonomischen Versprechungen und Verharmlosungen – büßt man zugleich dafür, daß man Unglaubwürdiges hingenommen hatte. Mit Unwillen spüren die Menschen das deutliche Mißverhältnis zwischen der Dimension der anstehenden internen und internationalen Probleme einerseits und der durch großartige Selbstdarstellung verdeckten Ratlosigkeit der Machtschicht andererseits.

Weizsäcker markiert treffend den Konfliktpunkt, an dem sich die Geister scheiden: Je schwerwiegender und komplizierter die zu lösenden Fragen werden, um so mehr wächst oben die Tendenz, bevormundend zu entscheiden, ohne die Bevölkerung auch nur mitdenken zu lassen.

Maastricht ist ein typisches Beispiel. Während anderswo die politische Klasse rechtzeitig begriffen hat, daß zu einer so grundlegenden Entscheidung das Volk befragt werden muß, fühlt sich Bonn durch das Votum der Dänen eher in seiner arroganten Bevormundungshaltung bestärkt: Da sehe man doch, wo man hinkomme, wenn man sich der Dummheit der Bürger ausliefere! Besser man informiert gar nicht erst gründlich, sondern verbreitet nur, für Europa heißt für Maastricht, gegen Europa heißt gegen Maastricht. Selbst einer Mehrheit der Abgeordneten trauen Experten nicht zu, daß sie die Maastrichter Abmachungen genauer kennen, geschweige denn in ihren Folgen einschätzen könnten. Kann da verwundern, daß Maastricht für die Menschen vor allem heißt: Die Politik will sich noch weiter als heute schon von uns entfernen!?

Alle drängenden Aufgaben wie die europäische und zunächst die innerdeutsche Vereinigung, der Umgang mit den Flüchtlingsmassen, Hilfe für die von Chaos und Gewalt bedrohten bzw. bereits heimgesuchten Völker im Osten und Südosten werden längerfristig nur von einer demokratisch stärker partizipierenden Bürgergesellschaft gelöst werden können. Von der Wohlstandsgesellschaft werden Opfer gefordert, auf die sie mit Wahrhaftigkeit vorbereitet werden muß. Der Prozeß des Umdenkens ist nicht zu verordnen und auch nicht einzusuggerieren, er kann nur gemeinsam durch Einsicht aller in die Notwendigkeit vollzogen werden.

In den Parteien und den großen Organisationen gestehen ja viele auch insgeheim ein, daß der Präsident mit seiner Kritik an den Egoismen und der Selbstabschottung auf der Machtseite durchaus recht habe. Aber mit der Scheu, sich als Sympathisanten zu demaskieren, fördern sie den schon erkennbaren allgemeinen Verdrängungsprozeß. Ihm unterliegen auch jene zur Schadenfreude bereiten Teile des Publikums, die sich haben einsuggerieren lassen, dem Präsidenten sei es nur darum gegangen, dem Kanzler eins auszuwischen. – Aber das Buch darf nicht aus der Diskussion verschwinden. Diejenigen darin Kritisierten, die dem Autor die Veröffentlichung als Fauxpas ankreiden, rationalisieren nur ihre Angst, daß sie es aufgrund so kompetenter Aufklärung mit mehr kritischer Wachsamkeit zu tun bekommen könnten, als ihnen lieb ist. Wenn sie doch mit dieser Angst recht behalten würden!

Aber danach sieht es momentan wahrlich nicht aus. Recht hat er, murmeln dieser Tage Tausende, die den Bestseller lesen. Aber wie sollen wir etwas bewegen, sehen wir doch, wie ungerührt die Machtelite die Kritik ihres höchsten Repräsentanten wegsteckt? Oder sollte aus dem Parkett der Zuschauerdemokratie doch noch Empörung aufflammen – ein großes Aufbegehren gegen die Herrschaft einer arroganten, machtverliebten, kurzsichtigen Mittelmäßigkeit? An der Zeit ist es.

Der »Parteienstaat« des Grundgesetzes

Eine gelungene Erfindung

Wilhelm Hennis

In seinen Gesprächen mit Gunter Hofmann und Werner A. Perger notiert Richard von Weizsäcker, er wisse nicht, welche Vorstellung die Mütter und Väter des Grundgesetzes vom Einfluß der Parteien hatten. Was sie darüber im Artikel 21 formuliert hätten (»Die Parteien wirken bei der politischen Willensbildung des Volkes mit«), sei jedenfalls ein »gigantisch eindrucksvolles Beispiel von Understatement« – und »Tränen der Rührung« könnten einem kommen, wenn man diesen Satz mit der Wirklichkeit vergleiche. Mit umwerfender Zurückhaltung habe sich das Grundgesetz darauf beschränkt, »ein Tor zu öffnen, ohne zu sagen, wohin man kommt, wenn man da durchgeht«.

Ich hoffe, es trägt zur Präzisierung und Inganghaltung der vom Bundespräsidenten so entschieden angestoßenen Debatte bei, wenn hier versucht werden soll, ein wenig nachzutragen, was es mit dem »Understatement« des Art. 21 eigentlich auf sich hat und welches Tor gezimmert werden mußte, damit aus einer normalen Parteiendemokratie der ganz und gar unnormale »Parteienstaat des Grundgesetzes« wurde. Nie hätten sich die politischen Parteien mit solcher Wucht in die Mitte des deutschen politischen Lebens plazieren können, wenn dazu nicht eine legitimierende, alle Tore des gesellschaftlichen Vorfelds öffnende »Idee« eingeladen hätte.

Diese Idee ist keine andere als die, wonach die Bundesrepublik Deutschland von Verfassungs wegen ein »Parteienstaat« ist, die Parteien Aufgaben erfüllten, die ihnen von der Verfassung übertragen seien. In den Worten des Parteiengesetzes von 1967: »(Die Parteien) erfüllen mit ihrer freien, dauernden Mitwirkung an der politischen Willensbildung des Volkes eine ihnen nach dem Grundgesetz obliegende und von ihm verbürgte öffentliche Aufgabe.« Und das Bundesverfassungsgericht –

seine vier Jahrzehnte alte Rechtsprechung nur bestätigend – spricht im Parteienurteil vom April dieses Jahres von der »den Parteien von der Verfassung zugewiesenen Aufgabe der Mitwirkung an der politischen Willensbildung des Volkes«, wobei der Anknüpfungspunkt für diese, wie es heißt, »Anerkennung« oder auch »Erhebung« der Parteien in den Stand verfassungsrechtlich notwendiger Institutionen der kleine Satz vom Anfang des Art. 21 ist: »Die Parteien wirken bei der politischen Willensbildung des Volkes mit.«

Um kein Mißverständnis aufkommen zu lassen und um dem bundesrepublikanischen Gesslerhut Reverenz zu erweisen: Selbstverständlich ist jeder Staat, in dem die Menschen ihre Ideen und Interessen frei äußern und wo sie sich entlang dieser Ideen und Interessen in Parteien organisieren können, ein »Parteienstaat«. Damit ein freiheitlich politisches Leben möglich ist, muß es politische Parteien geben, und es gibt sie überall dort, wo man in Freiheit lebt. Also nicht darum geht es. Einzig ist dagegen die Rolle, die den Parteien von Verfassungs wegen zugesprochen wird: daß die Bundesrepublik von Verfassungs wegen so »Parteienstaat« sei wie freiheitliche Demokratie, sozialer Bundesstaat und gewaltenteilender Verfassungsstaat. Im Umkreis der freiheitlichen Demokratien, mit denen man Deutschland sinnvollerweise vergleichen kann, gibt es zu den zitierten Statuserklärungen des Gesetzgebers und des Karlsruher Gerichts kein Vorbild und keine Parallele, und wenn wir uns am Sold der Politiker und an den Finanzen der Parteien reiben, so muß auch die legitimierende »Idee« und der verfassungsrechtliche Ausgangspunkt des sog. »Parteienstaats« in den Kreis der zu überprüfenden Ungereimtheiten der verfassungsstaatlichen Entwicklung Deutschlands gehören. Das ist vorerst nicht der Fall. Außer einer Nebenbemerkung von Hans-Jochen Vogel (*Die Zeit* vom 10.7.92), es solle über eine »schärfere Fassung« des Art. 21 »gesprochen« werden, habe ich zu dieser Grundsatzfrage im Wortgetümmel der letzten Wochen kein Wort vernommen.

Ich frage nun nur: Wie konnte es zu dieser phantastischen und einzigartigen Rangerhebung der politischen Parteien kommen? Zunächst: Wie kam es zum Art. 21?

Die Bonner Verfassungsväter, durchweg ernste und gewissenhafte alte Weimarer Parteimänner, hatten die Problematik des Parteiwesens am eigenen Leibe erlebt: im Versagen ihrer eigenen Parteien und an der Gefährlichkeit einer aus der Krise der Weimarer Parteiendemokratie heraus – erst durch Wahlerfolge, dann durch Selbstpreisgabe der demokratischen Parteien, schließlich durch Terror – zur Alleinherrschaft gelangten Partei. Die Manipulation der Blockparteien durch die SED in der damals noch SBZ genannten DDR bot eine neue, ganz unmittelbar erfahrene Anschauung für die Gefährdung einer freiheitlichen Demokratie aus der Dynamik des Parteiwesens heraus. Es waren vor allem Otto Suhr, der Berliner Stadtverordnetenvorsteher, und der für kurze Zeit als Thüringer Ministerpräsident amtierende Hermann J. Brill, die sich bei den Beratungen auf Herrenchiemsee – wo ein Kreis hochkarätiger Juristen einen Vorentwurf des Grundgesetzes erarbeitete – dafür einsetzten, daß nur Parteien zur wichtigsten Form der Mitwirkung an der politischen Willensbildung, der Beteiligung an Wahlen zugelassen werden düften. Wie Parteien zu definieren waren, darüber machten sie sich keine großen Gedanken: freie, d.h. auf freier Werbung und freiem Zulauf beruhende Organisationen, die um die Macht im Staat über die Beteiligung an Wahlen konkurrieren. Aber nicht die Definition eines Begriffs, sondern zunächst Regelungen zur Eindämmung konkret gesehener Gefahren, hatte man bei der Abfassung des Parteienartikels im Sinn.

Eine idealistische Verklärung der Parteien lag ihnen völlig fern. Einige der Grundväter, nicht zuletzt Theodor Heuss, standen unter dem noch immer einwirkenden Einfluß Max Webers (1864-1920). Bei ihm heißt es hart und ohne Phrase: »Parteien sollen heißen, auf (formal) freier Werbung beruhende Vergesellschaftungen mit dem Zweck, ihren Leitern innerhalb eines Verbandes Macht und ihren aktiven Teilnehmern dadurch (ideelle oder materielle) Chancen (der Durchsetzung von sachlichen Zielen oder der Erlangung von persönlichen Vorteilen oder beides) zuzuwenden.«

So hieß es im ersten Herrenchiemseer Formulierungsvorschlag für einen Parteienartikel:

»(1) Die Wahlvorschläge können nur von politischen Parteien eingereicht werden.

(2) Die Bildung politischer Parteien ist frei.

(3) Durch Bundesgesetz können die Rechtsverhältnisse der Parteien und ihre Mitwirkung bei der politischen Willensbildung näher geregelt werden ... «

Hier taucht die Formel aus dem späteren Understatement zum erstenmal auf und sie macht klar, was der Gegenstand eines zukünftigen Ausführungsgesetzes sein sollte: Regelung der »Rechtsverhältnisse« der Parteien, aber auch ihre »Mitwirkung bei der politischen Willensbildung« – so gelesen ganz sicher *kein* Understatement, sondern ein weitgehender Regelungsauftrag von potentiell großem verfassungsergänzendem Gewicht.

Das den Anliegen der Väter noch immer Wichtigste fand in einer weiteren redaktionellen Fassung des Parteienartikels folgende Formulierung: »Wahlvorschläge können nur von Wählergruppen eingereicht werden, die sich den Vorschriften über politische Parteien unterstellen.« Damit wird immer noch auf das »näher« zu regelnde angespielt: Die Rechtsverhältnisse der Parteien und ihre Mitwirkung bei der politischen Willensbildung. Zum Teil in Beratungen auf Herrenchiemsee, zum Teil erst im Parlamentarischen Rat kamen dann die weiteren konkreten Regelungen des Art. 21 hinzu: Die Auflagen zur »inneren Ordnung«, die Pflicht zur Rechenschaftslegung über die »Herkunft der Mittel« und die im Abs. 2 der endgültigen Fassung vorgesehene Möglichkeit des Parteienverbots.

Hatte der Parlamentarische Rat etwas Neues im Sinn, als er in der letzten Fassung den Passus über die »Mitwirkung« an den Anfang des Artikels rückte, losgelöst von der nun wie üblich ans Ende gestellten Formel »Das Nähere regeln Bundesgesetze«, und – von größter Bedeutung – bezieht sich diese Regelungsermächtigung nicht mehr auf den ersten Satz, das »Understatement«? Für die Auslegung des Art. 21 ist dies die alles entscheidende Frage. Sie ist ohne jede Einschränkung dahin zu beantworten, daß sich jedenfalls aus den Materialien des Parlamentarischen Rates nicht der leiseste Hinweis darauf ergibt, daß man mit dieser redaktionellen Umstellung eine gewichtige verfassungspolitische Entscheidung im Sinne hatte.

Noch am 17.11. 48 bleibt es in der vom Hauptausschuß des Parlamentarischen Rates beschlossenen Fassung dabei, daß die »Mitwirkung der politischen Parteien an der Willensbildung des Volkes« gesetzlich des Näheren zu regeln sei. Auf Antrag der CDU/CSU-Fraktion kommt es am 15.12.48 im Hauptausschuß zum Beschluß der heutigen Formulierung – über die Gründe geben die Protokolle keinen Aufschluß. Nichts spricht dafür, daß das Understatement-Sätzchen aus dem allgemeinen Regelungsauftrag des Abs. 3 herausgenommen werden sollte.

Auch Selbstverständliches bedurfte damals der Bekräftigung. Wenn der Art. 21 die Freiheit der Parteigründung bestätigt, so schrieb er damit ja etwas für freiheitliche Demokratien Selbstverständliches fest, aber die Zwangsvereinigungen im Ostteil Deutschlands hatten die Bedeutung dieses elementarsten organisationspolitischen Grundrechts noch einmal vor Augen geführt. Es besteht auch heute Anlaß, es nicht aus den Augen zu verlieren. Kein Geringerer als der Vorsitzende der gemeinsamen Verfassungskommission von Bundestag und Bundesrat, der Verfassungsrechtsprofessor und ehemalige Verteidigungsminister Rupert Scholz hat noch vor 10 Jahren mit großem juristischem Aufwand die These vertreten, die »Grünen« seien so evidentermaßen keine Partei im Sinne des Grundgesetzes, daß man sie gar nicht erst verbieten müsse, sondern der Bundeswahlausschuß ihre Wahlvorschläge mangels Erfüllung der Kriterien einer politischen Partei zurückzuweisen habe. Auf den gleichen Gedanken könnte man ja in Kürze wieder kommen, wenn sich das sog. »Gerechtigkeitskomitee« demnächst an Kommunalwahlen in Ostdeutschland beteiligen sollte.

Der große Erich Kaufmann, Rechtsberater der Reichsregierung in der Weimarer Zeit und der Bundesregierung in den Anfangsjahren Bonns, ein herrlich nüchterner Jurist, hielt dafür, man solle die Materialien des Parlamentarischen Rates wenn nicht verbrennen, so doch in einem geschlossenen Schrank verwahren und einzig für rein historisches Arbeiten heranziehen. Auch ohne besonderes historisches Interesse ist uns der Blick in die Materialien zu Art. 21 GG möglich, und er ergibt unzweideutig, daß die Mütter und Väter des Grundgesetzes im Bewußtsein ihrer historischen Erfahrung im Parteiwesen einiges für regelungsbedürftig hielten, was in früheren Verfassungen so nicht geregelt wurde: Das Grundgesetz enthält eine Vorgabe für die »innere Ordnung« der Parteien. Sowohl dieser Begriff wie auch die vorgegebenen »demokratischen Grundsätze« waren ohne verdeutlichende Interpretation oder gesetzliche Detailregelung kein anwendbares Recht. Auch die Art und Weise, wie die Parteien über die Herkunft ihrer Mittel öffentlich Rechenschaft geben sollten, bedurfte klärender Regelung, und das gleiche gilt für das nach Abs. 2 mögliche Parteiverbot. Daher heißt es ja »Das Nähere regeln Bundesgesetze« (im Plural!), und ein Teil dieser Regelungen erfolgte auch sofort nach Verabschiedung des Grundgesetzes im Wahlgesetz bzw. im Gesetz über das Bundesverfassungsgericht.

Wie aber sollte man sich die nähere gesetzliche Regelung des ominösen und sprachlich verkorksten Eingangssatzes vorstellen? Die Materialien sagen nichts darüber – die vorrangig wichtigste »nähere Regelung«, daß nur Parteien Wahlvorschläge machen sollten, war, da selbstverständlich und aus wahlrechtlichen Gründen in Wegfall gekommen, aber noch immer neben den spezifischen Vorkehrungen die zentrale Intention des ganzen Parteienartikels.

Nun war man sich auf Herrenchiemsee und im Parlamentarischen Rat bewußt, daß man mit den Regelungen des Art. 21 und seinen Ergänzungen in Ausführungsgesetzen Neuland betrat. Eines aber machen die Materialien glasklar deutlich: Daß mit diesem Artikel, geschweige denn mit dem Einleitungssätzchen, eine neue Epoche der Verfassungsgeschichte begonnen hatte, das hat von den Beteiligten niemand gewußt. Ein eindeutiges Zeugnis für den Bewußtseinsstand der Beteiligten finden wir im Protokoll der 2. Sitzung des Juristischen Ausschusses der Ministerpräsidenten – einer Versammlung hochrangiger Landesbeamter, die für den zukünftigen Bundesgesetzgeber im Sommer 1949, also nach Verabschiedung des Grundgesetzes, all jene Regelungs- und Ausführungsgesetze zusammenstellten, die mit Vorrang in Angriff zu nehmen waren. Da führt der Landesdirektor Lauritzen – später Bundesminister im Kabinett von Helmut Schmidt – aus, »daß die besondere Problematik« des Parteiengesetzes darin bestehe, die verfassungsmäßig garantierte Freiheit des Parteiwesens mit der Überwachung zu vereinbaren«, und im folgenden werden dann all die eben aufgeführten Fragen kurz erörtert, von Satz 1 des Artikels ist nicht die Rede.

Das ist auch nicht überraschend. Die Aufnahme des Art. 21 mit der Möglichkeit, eine Partei zu verbieten, war eine hochpolitische Entscheidung des Parlamentarischen Rates. Aber auch die eventuell zu beschließenden »näheren Regelungen« wären ihrer Natur nach hochpolitisch gewesen. Ob es zu so etwas wie einem Politikergesetz in der Bundesrepublik Deutschland kommen sollte, denn darauf hätten die »näheren Regelungen« zum Einleitungssatz des Art. 21 ja hinauslaufen können, konnte unmöglich von der Ministerialbürokratie vorgedacht werden.

Die besonderen Anforderungen, die das Beamtengesetz an Beamte, das Richtergesetz an Richter, das Soldatengesetz an Soldaten aufstellt, enthalten politische Entscheidungen von Verfassungsrang, jedenfalls hochkalibriges Amtsrecht. In der Sprache der Juristen: Sie sind zwar kein formelles, aber materielles, also der Sache nach Verfassungsrecht. Wieviel mehr gilt das für eine nähere Regelung der Mitwirkung der politischen Parteien an der Willensbildung, also dem zentralsten Nervensystem einer freiheitlichen Demokratie. Große Kenntnis, Umsicht, aber auch politischer Mut ist gefordert, um Vorschriften über Amtszeiten, über Voraussetzungen und eventuellen Verlust der Wählbarkeit, über die Unvereinbarkeit bestimmter Ämter mit anderen, über Regelungen zur Verhinderung der im Parteiwesen der Natur der Sache nach immer naheliegenden Verfilzungen privater und öffentlicher Interessen, angemessen und verbindlich zu regeln. Schon mit der Definition, d.h. der begrifflichen Erfassung der »Probleme«, die Parteien in einem demokratischen Verfassungsstaat aufwerfen können, konnte sich entscheiden, welche Aspekte der »Mitwirkung« gegebenenfalls als regelungsbedürftig erscheinen. So wie der Betrieb einer Eisenbahn für einen nicht verbildeten Juristenverstand ja nicht dadurch definiert ist, daß sie auf Schienen fährt, sondern durch die »Probleme«, die ihr Betrieb mit sich bringen kann, sind auch »Parteien« nicht schon dadurch definiert, daß sie an der politischen Willensbildung durch Beteiligung an Wahlen mitwirken.

Max Weber definierte einen bestimmten Typus Partei als »Appropriationspartei«, im schlichten Deutsch als »Beutepartei«. Natürlich definiert das nicht ihr Wesen, aber daran denken muß schon, wer eine Definition des Parteienproblems übernimmt.

Wie sehr hier alles vom politischen Gespür und Urteilskraft abhängt, zeigte einer der allerersten interpretierenden Überblicke über das Grundgesetz, der Vortrag, den Erich Kaufmann im September 1951 vor dem Juristentag in Stuttgart hielt. Er erwähnt die schwierige Frage, »was nun eigentlich eine Partei ist«. Ihr Zweck richte sich darauf, »bei der politischen Willensbildung *in einem Organ, das dazu berufen ist*, mitzuwirken«, wie es im Art. 21 heiße. Die hervorgehobenen Worte stehen nicht im Art. 21. Aber der große Jurist ergänzt den Text so, daß er für einen Juristen einen allerersten Sinn ergibt: Mitwirkung an der Willensbildung in einem zur politischen Willensbildung berufenen Organ – also dem Parlament oder der Regierung – so und nur so eröffnet der Text ein allererstes Kriterium für rechtliche Ab- und Eingrenzungen; Verwaltung und Justiz gehören dann so schnell nicht zum »Mitwirkungs«-Feld, von Universität, Schule, Sparkassen, Krankenhäusern, Rundfunkanstalten etc. gar nicht zu reden. Kaufmann hatte schon ein Jahr zuvor, in seinem Bericht auf der Münchner Tagung der Staatsrechtslehrer daran erinnert, daß Verfassungsrecht überwiegend Ermächtigungs- und Verfahrensnormen enthält, im Gegensatz zum Privatrecht, bei dem Verhaltensnormen überwiegen. Um es zu verdeutlichen: Das öffentliche Recht gibt einem »Organ«, also dem Bundeskanzler, der Bundesregierung, einem einzelnen Abgeordneten oder einem Polizisten eine gewisse Kompetenz: Er kann – wenn er es kann – die »Richtlinien der Politik« bestimmen, das Kabinett entscheidet über Gesetzentwürfe, ein Polizist kann im Falle eines Falles »einschreiten«. Das Recht regelt in solchen Fällen eine Zuständigkeit und zumeist auch das Verfahren. Aber es enthält keine Vorschriften, von der Art, wonach man »pfleglich« mit einer geliehenen Sache umgehen muß oder nach Treu und Glauben oder unter Beachtung der unter Handelsleuten geltenden Grundsätze. Die von Kaufmann in die Erinnerung gebrachte Unterscheidung ist von großer Bedeutung für das richtige Verständnis des Einleitungssatzes des Art. 21. Das »Mitwirkungsrecht« der Parteien ist keine Verhaltensnorm – weder im quantitativen noch im qualitativen Sinn. Die Lesart der Kannegießer: »sie wirken *nur* mit«, ermöglicht keine quantitative Abgrenzung, wo sollte die Grenze liegen? Immerhin könnte ein Körnchen Wahrheit in dieser Lesart enthalten sein, wenn sie zur Abgrenzung politischer Willensbildung von anderer wissenschaftlicher, kultureller, literarischer etc. zum Zweck der Teilung und Begrenzung der Mitwirkungskompetenz der Parteien gebraucht würde – eine Chance, die das Bundesverfassungsgericht nie wahrgenommen hat. Es gibt auch kein »qualitatives« Kriterium für die Mitwirkung, also etwa eine »gute«, »staatserhaltende«, dem »Gemeinwohl« zu- oder abträgliche Mitwirkung – das alles sind Fragen, die das Grundgesetz dem Abs. 2 des Artikels, also dem möglichen Parteienverbot überläßt. Um eine Ermächtigungsnorm, also um eine Norm, die die Parteien zur Mitwirkung an der Willensbildung ermächtigt, kann es sich bei unserem so einfachen und offenbar doch auch wieder so schwierigen Satz aber ja wohl auch nicht handeln. Oder sollte für einen so befremdlichen Gedanken, die Parteien würden durch diesen Satz zur »Mitwirkung an der politischen Willensbildung des Volkes« »ermächtigt«, sie würden zu »Obliegenheiten« verpflichtet, im Denken unserer Verfassungsväter Platz gewesen sein? In der Tat geisterte ein solch biedermeierlich bevormundender Gedanke in den ersten Jahren nach 1945 herum. Man fragte, sicher in bester Absicht, ob so problematische Gebilde wie Parteien nicht zugelassen und registriert werden müßten. Eine schreckliche Vorstellung, und der knappe Satz »Ihre Gründung ist frei« machte dem ein Ende.

Halten wir fest: niemandem war bis zum Sommer 1950 die Idee gekommen, im Art. 21 eine besonders »fortschrittliche« Verfassungstat zu sehen, geschweige denn so etwas wie die verfassungsrechtliche »Anerkennung« der Parteien oder gar ihre »Erhebung« in den Rang von Verfassungsorganen. Auch nicht die leiseste Ahnung, daß sich in dem seltsamen Eingangssatz ein verfassungspolitischer Siebenmeilenschritt verberge, überkam die obersten Gesetzgebungsbeamten der deutschen Länder. Nur einer wußte, und das mit apodiktischer Gewißheit, und das seit zwanzig Jahren, was mit Abs. 1 Satz 1 des Art. 21 in die Geschichte des modernen Verfassungsstaats Eingang gefunden hatte: Die Anerkennung einer Theorie des »modernen«, »massendemokratischen Parteienstaates« – seiner Theorie, die Gerhard Leibholz, der 1901 geborene und bis zu seiner Vertreibung in Göttingen lehrende Staatsrechtslehrer, schon 1929 in seinem Buch »Das Wesen der Repräsentation« auf den Begriff gebracht hatte.

Dieter Henrich hat von der eigenartigen »Befangenheit« gesprochen, die alle intellektuelle Auseinandersetzung in Deutschland überschattet. Wie kann man von Gerhard Leibholz ohne Befangenheit sprechen. Sein Bruder Hans und dessen Frau, zwei Brüder und zwei Schwager seiner Frau Sabine, der Zwillingsschwester Dietrich Bonhöffers, waren den Schergen Hitlers zum Opfer gefallen. Als einer der ersten Göttinger Jura-Studenten habe ich Gerhard Leibholz im Frühjahr 1948 in seinem Oxforder Exil besucht, und nie werde ich diese Begegnung vergessen. Leibholz war ein Mann von großem persönlichen Zauber, er verfügte über Charisma, aber als verfassungspolitisch ambitionierter Gelehrter war er ein Verhängnis.

Leibholz' eigenartige Theorie des modernen »massendemokratischen Parteienstaats«, eine Mischung aus Carl Schmitt, Husserl und Scheler, erlaubte ihm, den »Strukturwandel« – ein von ihm populär gemachter Begriff – im Übergang vom liberal-repräsentativen (für Leibholz schnell »liberalistischen«) »Parlamentarismus« zum »massendemokratischen Parteienstaat« soziologisch »exakt« und mit erstaunlichen positivrechtlichen Folgen zu definieren. In der Wissenschaft hat diese Theorie keine nennenswerte Gefolgschaft gefunden, um so tiefer wirkte sie auf die Rechtsprechung des Bundesverfassungsgerichts und das 1967 endlich zustandegekommene Parteiengesetz. Ermutigt durch die massive Kritik Dolf Steinbergers und Ernst Fraenkels haben wir jungen Politikwissenschaftler nicht nachgelassen, immer wieder auf die Blauäugigkeit, den Mangel an soziologischer Anschauung und die hanebüchenen Konsequenzen von Leibholz' Theorie nicht nur aufmerksam zu machen, sondern geradezu provozierend, in der Hoffnung auf Korrektur, anzugreifen. Aber das für Leibholz' Kritiker – und wer hätte ihn nicht kritisiert – so Erbitternde war, daß ihm durch nichts, aber auch gar nichts beizukommen war. Der sonst so umgängliche Sternberger lief in der Auseinandersetzung mit dem von Leibholz »hundertfach wiederholten Rekurs« auf den »mysteriösen Strukturwandel«, seine »Phänomenologie ohne Phänomene«, zu großem polemischen Stil auf. »Nur ein paar Zipfel und Fetzen von Historie und Empirie führt diese dogmatische Theorie mit – gerade soviel, als in ihren Wesens- und Strukturkram passen.« Aber Leibholz blieb jedem Einwand unzugänglich, noch sei die Diskussion im Fluß.

Seit Begründung des Bundesverfassungsgerichts im Jahre 1951 für zwanzig Jahre Richter am 2. Senat des Gerichts gab Leibholz seine Zurückhaltung gegenüber seinen Kritikern erst auf, als sich auch das Gericht in seinem Urteil zur Parteienfinanzierung vom 19. Juli 1966 von seiner Theorie entschiedener absetzte, ohne allerdings dem Grundgedanken der »Theorie«, der »Anerkennung« des »Parteienstaats« durch Art. 21 Abs. 1 Satz 1 im mindesten abzuschwören. Auch am Begriff der Partei, bestimmt durch »Mitwirkung an der Willensbildung des Volkes«, so von Leibholz in die Parteirechtsprechung des Gerichts eingeführt, hat das Gericht bis zum heutigen Tag nicht die leiseste Korrektur angebracht. Das Parteiengesetz von 1967 legte seinen Paragraphen 1 mit seiner lyrischen Parteidefinition daher in ein vom Karlsruher Gericht wohlgemachtes Bett. Nur in der Leibholz besonders am Herzen liegenden Frage der Zulässigkeit, ja Gebotenheit einer staatlichen Finanzierung der Parteien bockte das Gericht. Da für Leibholz – Kern seiner »Theorie« – der in den Parteien akkumulierte Wille »identisch« war mit dem Willen des Volkes, war es für ihn einfach »konsequent« – auch einer seiner Lieblingsbegriffe –, daß die Parteien als »Verfassungsorgane« aus der Staatskasse alimentiert werden mußten.

In Adolf Arndt, dem Bundestagsabgeordneten und Leibholz

freundschaftlich verbundenen großen sozialdemokratischen Juristen, erwuchs Leibholz ein erbitterter Gegner, jedenfalls in bezug auf seine Theorie. Arndt war sich sicher, daß eine staatliche Finanzierung dem Art. 21 stracks zuwiderlaufe, daß sie die Parteien »denaturiert und korrumpiert und sie unfähig macht, als eigenständige Gemeinschaften demokratischer Infrastruktur selbständig und verantwortlich an der politischen Willensbildung des Volkes mitzuwirken«. So in seinem Plädoyer beim ersten großen Parteifinanzierungsprozeß 1958, den das Land Hessen, vertreten durch Arndt, zwar im Hauptpunkt, der Verwerfung einer Finanzierung der Parteien über steuerlich absetzbare Parteispenden gewann, den Arndt, und ich würde sagen die Demokratie, letztlich aber doch verlor, da das Gericht ein generelles Verbot staatlicher Parteifinanzierung ablehnte, es vielmehr ausdrücklich für verfassungsrechtlich zulässig erachtete, den die »Wahlen tragenden politischen Parteien finanzielle Mittel von Staats wegen zur Verfügung zu stellen«. Arndt und der den Prozeß betreibende hessische Ministerpräsident Georg August Zinn waren keine wirklichkeitsfremden Puristen. Sie hatten dem Gericht detaillierte Vorschläge gemacht, wie unter Beachtung des Gesichtspunktes möglichster Begrenzung der Parteiausgaben eine Beihilfe zu den Wahlkampfkosten ermöglicht werden sollte. Das Gericht ging nicht darauf ein, sondern gab den Parteien einen Blankoscheck, den sie sich dann auch so großzügig und in einer so problematischen Weise ausfüllten, daß es 1966 wieder zu einem Prozeß vor dem Karlsruher Gericht kam, bei dem das Gericht die Zulässigkeit »allgemeiner« Zuschüsse zum großen Ärger von Leibholz zurücknahm, dafür aber den Parteien, ohne Auflagen von nachhaltiger Wirkung, eine »Erstattung« von Wahlkampfkosten genehmigte. In einem nicht ganz fairen Schnellverfahren wurde Leibholz, der sich mit seinen seit Jahrzehnten bekannten Meinungen anläßlich einer wissenschaftlichen Tagung geäußert hatte, von diesem größten aller Parteifinanzierungsprozesse wegen Befangenheit ausgeschlossen. Im Kollegenkreis pflegte man zu sticheln: Leibholz habe nur eine Frage, und auf die gebe er auch noch eine falsche Antwort. Es scheint, daß die Richterkollegen durch Leibholzens ständiges Insistieren auf seiner »Theorie« schließlich so genervt waren, daß sie einen sich bietenden Anlaß schnell wahrnahmen, um Leibholz, dem soviel an diesem Verfahren lag, davon auszuschließen. In Abwesenheit von Leibholz korrigierte das Gericht seine alte Linie – bei ansonsten umfassendster Bezugnahme auf Leibholz' Theorie, die ja inzwischen zur ständigen Rechtsprechung des Gerichts geworden war – indem sie jedenfalls beim nervus rerum zur alten Lehre – der Nichtzulässigkeit einer Beteiligung des Staates an den »allgemeinen« Ausgaben des Staates zurückkehrte, dafür nun aber die Schleusen der »Wahlkampfkostenerstattung« großzügig öffnete. Erbittert führte Leibholz im Vorwort einer neuen Auflage seiner »Strukturprobleme der modernen Demokratie« im April 1967 über das ohne ihn ergangene Urteil Klage, ein Urteil, in dem sich das Gericht in »Widerspruch zu seiner eigenen früheren Rechtsprechung gesetzt« habe, und – wohl noch gravierender – »es auch mit der Grundkonzeption des vorliegenden Buches in Widerspruch« geraten sei. Theodor Eschenburg empfahl Leibholz damals, er müsse wissen, ob er »Richter oder Professor« sein wolle. Aber genau das hatte Leibholz nicht gewollt und nicht einsehen können. Kein Zweifel, daß er das allerbeste mit seiner »Theorie« bewirken wollte. Er wollte ein – angeblich – den Parteien, und das ganz besonders in Deutschland, in der Ära des »Liberalismus« zugefügtes Unrecht beseitigen. Leibholz war ein Kämpfer für seine Sache, und nur in der Doppelrolle als Göttinger Professor und Karlsruher Richter wurde es ihm möglich, das Gericht, beginnend mit dem ersten Urteil in Parteifragen vom April 1952, das wesentlich aus absatzlangen Zitaten aus den Schriften von Leibholz besteht, auf seine Einzelgänger-Theorie einzuschwören. Ihr Geheimnis lag in ihrer Einfachheit, die aber auch dem positivistisch geschulten, an den Gesetzestext geschmiedeten Richter einleuchten mußte. Konnte man es doch schwarz auf weiß lesen: »Die Parteien wirken an der politischen Willensbildung des Volkes mit!« Was sollte dieser Satz – »bei Lichte besehen« (auch eine von Leibholz' Lieblingsfloskeln) – denn anderes besagen, als daß nach so langer »Ignorierung«, »Verschweigung« und »Verleugnung« der »Wirklichkeit« der Parteien durch eine ideologisch befangene Welt von gestern jetzt ihre verfassungsrechtliche »Anerkennung« erfolgt sei. Aus einem der ursprünglichen Intention nach hochpolitischen, nun aber ganz inhaltsarmen, im Gesetzestext verrutschten, nur noch deklamatorisch zu verstehenden Satz hämmerte Leibholz eine goldene Eingangspforte für den triumphalen Einzug der Parteien in das Innerste des Verfassungsstaates. Was sie dort anrichten könnten, hat ihn nie bewegt. Nie haben ihn die praktischen Fragen der Ausgestaltung einer Staatsform auch nur im mindesten interessiert. Alle, wirklich die einzige Sicherung des Parteienstaats sah er seltsamerweise in der »Aktivierung der Parteimitglieder zu möglichst permanenter Willensbildung von unten nach oben« – der Satz über die »innere Ordnung« der Parteien diente ihm als zusätzlicher Beleg für die Richtigkeit seiner Theorie. Immer wieder trug er vor, daß die Parteien zum »Sprachrohr« eines »mündig gewordenen Volkes« geworden seien. Rousseaus großes Rätsel der »Identität« von Herrschenden und Beherrschten sah er durch zehn lapidare Worte – soviele zähle ich im Art. 21 I, 1 – seiner endlichen Lösung zugeführt.

Gerhard Leibholz hat die Rechtsprechung des Bundesverfassungsgerichts bis zum heutigen Tag durch seine Theorie belastet. Das Gericht hat immer wieder einiges davon abzutragen gesucht, und hat doch, nicht zuletzt in seinem Urteil vom April, in allem wirklich Entscheidenden die Theorie von Leibholz gegengezeichnet. Schon die Meinung, die Verfassung habe den Parteien »Aufgaben« »übertragen«, sie erfüllten »Obliegenheiten«, die das Grundgesetz ihnen »zugewiesen« habe, mißversteht das Wesen freiheitlicher politischer Willensbildung in ärgerlich subalterner Weise. Freiheitliche politische Willensbildung braucht keine am Schalter der Verfassung gelöste Bahnsteigkarte. Man könnte diese »Obliegenheits«-Theorie als »typisch deutsche« Juristenarroganz abtun: die Verfassung, von Juristen verwaltet, als Platzanweiser der politischen Willensbildung. Aber Ironie ist hier nicht angebracht. Denn dieses Verfassungsverständnis könnte sehr bald große Schwierigkeiten bereiten, wenn neben den »Altparteien«, auf die die Theorie ja alleine zugeschnitten war, noch andere Parteien einen Platz an der Sonne höchstrichterlich vermittelter »Anerkennung« suchen und sich die »Willensbildung« der Wähler gegen die Altparteien wendet. Was wird, wenn sich die Altparteien an die Rockschöße der bisherigen Rechtsprechung hängen werden? Kommissionsberatungen über Politikerbesoldung und Parteienfinanzierung, die diese Fragen ausklammern, würden der Brisanz der Entwicklung kaum gerecht.

Denn es ist ja nicht nur die Rechtsprechung des Bundesverfassungsgerichts, in dem sich die »Parteienstaats«-Theorie eingenistet hat, auch das Parteiengesetz lebt von dieser Theorie. Wieder ist es Leibholz, ohne den dieses Gesetz so nicht aussehen würde. Leibholz war immer präsent, wo die entscheidenden Weichen gestellt wurden. So schon bei der ersten großen Erörterung der Probleme eines Parteiengesetzes vor dem Forum des Deutschen Juristentages im September 1950. Leibholz, gerade nach Göttingen zurückgekehrt, hielt vor einer verblüfften Zuhörerschaft das Hauptreferat. Er führte aus, was er schon immer gesagt hatte: Der »liberal-repräsentative Parlamentarismus« war auf dem Abfallhaufen der Geschichte gelandet, der »massendemokratische Parteienstaat« hatte sich nun, unzweideutig legalisiert durch Art. 21 I, 1, durchgesetzt – nur ein kleiner Rest, die Antiquität des Art. 38 mit dem nur seinem »Gewissen« verantwortlichen Abgeordneten stand seinem »konsequenten« Vollzug im Weg. In »Konsequenz« seiner der »Wirklichkeit« abgeschauten Theorie waren Abgeordnete Befehlsempfänger der Parteien, das imperative Mandat und der Fraktionszwang voller »Sinn« und »innerer Berechtigung«. Ein alter Weggefährte von Theodor Heuss, der Berliner Abgeordnete Hans Reif, Mitglied des Parlamentarischen Rates und des Bundestages, sagte als Korreferent eigentlich alles, was zur Abwehr der Thesen von Leibholz gesagt werden mußte. Aber im Vergleich zur imponierenden Figur von Leibholz hatte er wenig Chancen, sich bei den um Unterstützung durch wissenschaftliche Autorität bemühten Gesetzgebungsbeamten Gehör zu verschaffen.

Ende 1955 berief Gerhard Schröder, der damalige Innenminister, eine hochrangige Gelehrtenkommission mit der Bitte um Rat für das von der Opposition immer dringlicher angemahnte Ausführungsgesetz zum Art. 21. Alles, was Rang und

Namen in der deutschen Sozial- und Geschichtswissenschaft hatte, fand sich ein. Der hochgelehrte, aber genauso geschmeidige Staatsrechtler Ulrich Scheuner steuerte die Kommission durch alle Fährnisse. Theodor Eschenburg lieferte ein meisterhaftes Exposé der zukünftigen Probleme der Parteienfinanzierung. Aber in den Grundfragen war es schwer, sich zu einigen. Denn, obwohl gegen alle Kleiderordnung, war auch Gerhard Leibholz, der für die ja schon breit entfaltete Rechtsprechung des Karlsruher Gerichts verantwortliche Richter, in der Kommission zur Stelle. Das noch heute faszinierend, wenn auch nicht durchweg erfreulich zu lesende Gutachten dokumentiert, wie schwer man es hatte, den leibholzschen Einladungen zur Ratifikation seiner Theorie zu widerstehen. Man wich aus in bekümmerte Betrachtungen über den angeblichen Rückstand Deutschlands in bezug auf die verfassungsrechtliche »Anerkennung« der Parteien. Ernst Forsthoff, der kantige Heidelberger Staatsrechtler, kein Freund der Leibholz-Theorie, schied aus der Kommission wegen »Arbeitsüberlastung« aus. Konrad Hesse, der spätere Bundesverfassungsrichter, damals junger Göttinger Dozent, sprang für ihn ein und zeichnete für den verfassungsrechtlichen Teil, zentriert um den »Begriff« der Partei, verantwortlich. Wie konnte er, nachdem das Karlsruher Gericht diese Frage schon in mehreren Urteilen im Sinn von Leibholz entschieden hatte, da noch viel korrigieren? Gewiß, er machte Abstriche: »Verfassungsorgane« seien die Parteien ja wohl nicht. Aber der »Begriff»: Mitwirkung an der Willensbildung und innere Demokratie »von unten nach oben« lag fest: Die letzte Chance, die verfassungspolitischen Probleme der politischen Parteien unbefangen auf den Begriff zu bringen, wurde vertan. Aus dem Gutachten gewinnt man den Eindruck, als habe die deutsche Tradition des Nachdenkens über diese Frage den Gutachtern nichts zu sagen gehabt. Überall sah man »Rückstände« im Vergleich zur soviel »fortschrittlicheren« westeuropäischen Entwicklung. Aber gab es denn außerhalb Deutschlands wirklich eine der deutschen überlegene praktische und theoretische Reflexion des Parteiwesens? Wenn Parteien aus den »gesellschaftlichen« Kräften herauswachsen, wo hatte man dies denn klarer als im deutschen Denken erkannt? Ist nicht die Entdeckung der »Gesellschaft« und ihres die Welt verändernden Potentials vorwiegend mit deutschen Namen verbunden: Hegel, Lorenz von Stein und Marx? Und wieso hatte die Entwicklung des Parteiwesens in England soviel früher begonnen als in Deutschland? Kann man die miteinander um die Ämter und Pfründen rivalisierenden Cliquen der Whigs und Tories wirklich schon als »Parteien« im modernen Sinn verstehen? Standen die Parlamentsfraktionen in der Paulskirche und in den südwestdeutschen Landtagen, ja auch im Preußischen Landtag nach 1850 nicht unter Berücksichtigung ihrer »fortschrittlichen« Entwicklung in dem Sinn, daß Parteien ein Ausdruck »gesellschaftlicher« Kräfte und Tendenzen sind, nicht einige Schrittlängen vor der englischen Entwicklung? Und wo gab es in der Welt ein mit der deutschen Sozialdemokratie vergleichbares organisatorisches Gebilde? Nur an ihr konnte Robert Michels seine Soziologie des modernen Parteiwesens von 1911 aufhängen – alle anderen Parteien bleiben Beiwerk. Hier war wirklich etwas »von unten nach oben« gewachsen. Gewiß, unter großen Führern wie Lassalle und Bebel, aber doch unendlich »demokratischer« in ihrer gesellschaftlichen Verwurzelung als die für die weitere Parteientwicklung allerdings interessanteren Organisationen der Wählerschaft »von oben nach unten«, wie sie sich die englischen Liberalen unter Joe Chamberlain und die amerikanischen Demokraten unter Jackson zugelegt hatten, um die wachsende Zahl der neu zum Wahlrecht Berufenen dahin zu bringen, ihr Kreuz an der richtigen Stelle zu machen. Wer hatte denn die Eigentümlichkeit moderner Parteien besser auf den Begriff gebracht als der doch Deutsch schreibende, 1920 verstorbene Max Weber, dessen gewaltige Persönlichkeit für die eher braven und staatsfrommen Mitglieder der Kommission mit seiner brutalen »Rücksichtslosigkeit des Blicks« allerdings kaum als Vorbild für ein Gutachten wirken konnte, das man, bemüht um konstruktive Mitarbeit, dem Minister würde in die Hand drücken können.

Als die Bundesregierung 1959 schließlich den Entwurf eines Parteiengesetzes verabschiedete und dieser dem Bundestag zur ersten Lesung zugestellt wurde, ergab sich das in der neueren deutschen Geschichte seltene Ereignis, daß ein wirklich staatsmännisches Temperament, ein leidenschaftlicher Verfassungspolitiker den Versuch machte, den Entwurf, eine ordentliche Fleißarbeit der Bürokratie, in ein wirklich politisches Instrument umzumodeln. Georg August Zinn, der hessische Ministerpräsident, er war Mitglied des Parlamentarischen Rats gewesen und hatte auf die Schlußformulierung des Art. 21 entscheidenden Einfluß genommen, ergriff die Möglichkeit, um dem Gesetz Zähne einzuziehen. Nicht ein einziger der Vorschläge Hessens fand Berücksichtigung, obwohl die heutige Situation des »Parteienstaates« sich ein wenig anders ausnehmen würde, wenn man den Anregungen von Zinn Folge geleistet hätte. Die Anträge Hessens sind so präzis und noch immer so aktuell, daß sie hier im Wortlaut eingerückt werden sollen. Zinn verlangte nicht einmal sofortige Berücksichtigung seiner Vorschläge, sondern erwartete nur, daß der Bundesrat durch eine Entschließung deutlich mache, »daß im Zusammenhang mit dem Erlaß eines Parteiengesetzes auch die folgenden Fragen gesetzlich geregelt werden, um die Unabhängigkeit der Parteien zu erhalten und ihre Chancengleichheit untereinander zu wahren:

1. Beschränkung der Wahlausgaben von politischen Parteien und Wahlbewerbern (nach dem Vorbild des englischen Rechts), 2. Verbot von Spenden durch juristische Personen des privaten und öffentlichen Rechts (nach dem Vorbild des amerikanischen Rechts) – das Verbot abzugsfähiger Spenden durch Körperschaften ist nun endlich im April vom Bundesverfassungsgericht dem Gesetzgeber aufgetragen worden –, 3. staatliche Beihilfen zu den Wahlkosten der politischen Parteien (in Anlehnung an die französische und englische Regelung), 4. Strafbestimmungen gegen die Bestechung von Wahlbewerbern, politischen Parteien oder Abgeordneten, 5. Aberkennung des Mandats eines Bundestagsabgeordneten wegen Bestechlichkeit.«

Perfekt beherrscht eine gute Ministerialbürokratie die Fähigkeit, Vorschläge abzuwimmeln, die nicht in den Kram passen. Da wird zunächst auf den »begrenzten Auftrag« verwiesen, den ein Ausschuß hat. Zu prüfen sei nur, ob das vorliegende Gesetz gegen die in Art. 21 niedergelegten Grundsätze verstoße oder eine Regelung unterlasse, die in Art. 21 ausdrücklich vorgeschrieben sei, oder es wird vorgebracht, die in dem Antrag enthaltenen Punkte hätten mit dem Parteiengesetz und dem »Aufbau« des Art. 21 nichts zu tun, sie würden auch nicht durch das Grundgesetz gedeckt, der Art. 21 verlange doch nur Rechenschaftslegung über die »Herkunft« der Mittel, eine Beschränkung der Ausgaben sei im Grundgesetz nicht vorgeschrieben und ergo auch nicht erlaubt und so weiter und so fort. »Das geht nicht«, »das überschreitet den Rahmen der uns gestellten Aufgabe« etc. etc. Durch diese Litanei muß durchstoßen, wer in der Bundesrepublik versucht, einem neuen Gedanken Bahn zu brechen.

Die Anträge wurden alle abgelehnt. Aber Zinn versäumte nicht, im Plenum des Bundesrates in der Sitzung vom 23. Oktober 1959 noch einmal persönlich mit großem Ernst für seine Vorschläge zu werben. Ihm antwortete für die Bundesregierung ein Kabinettspolitiker alten Schlages, der Bundesratsminister von Merkatz. Die Argumente des »Herrn Vorredners« dürften so »nicht im Raum stehen« bleiben. Der Entwurf halte sich eng an den Wortlaut des Art. 21 und an die Entstehungsgeschichte des Artikels. Wie sehr der ursprüngliche Sinn des Einleitungssatzes zum Art. 21 nun nicht nur vergessen, sondern systematisch verdrängt war, bezeugt Merkatz, wenn er Zinn glaubt vorhalten zu können, es dürfe nicht das Argument »im Raum stehen bleiben«, »als sei Art. 21 keine abschließende Regelung, als enthalte Art. 21 nur Richtlinien«.

Natürlich will sich der glatte Merkatz über die Qualifikation dieser Frage, »die einer sehr gründlichen Untersuchung bedürfe« – die aber natürlich von der Bundesregierung vorgenommen worden sei –, nicht näher äußern. Dennoch würden »zweifellos« die Annahme der Anträge des Landes Hessen »eine erhebliche Überschreitung dieses Verfassungsartikels nach sich ziehen«. Besonders schön wußte seinen Widerstand gegen eine Ergänzung des Art. 21 der nordrhein-westfälische Ministerialdirigent Kleinrahm zu formulieren: »Art. 21 GG habe mit der Festlegung der Rechte und Pflichten der Parteien eine Art ›Grundrechtskreis‹ für die Parteien geschaffen, der nicht im Wege der Gesetzgebung verletzt werden könne.« Wer Reformen fordert, in diesem Fall ja nur die von der Verfassung gewollte »nähere Regelung«, steht als »Verletzer« eines liebevoll um die Parteien herumgezogenen »Grundrechtskreises« da.

Der Regierungsentwurf des Jahres 1959 verlief im Sande. Stets war es das Bundesverfassungsgericht, das den Bemühungen um ein Parteiengesetz wieder auf die Sprünge half. Im März 1965 brachten die Koalitionsparteien CDU/CSU und FDP und die SPD als Opposition je eigene Entwürfe im Bundestag ein. Im Grunde ging es nur darum, wie man sich am meisten, dem politischen Gegner etwas weniger Geld zuschanzen könne. Für die CDU warf ihr Schatzmeister Dr. Burgbacher der Opposition vor, »ob es nicht zur Fairneß gehöre, den anderen im Hause vertretenen politischen Parteien die Existenzmittel in angemessenem Umfang nicht zu verweigern«. Dem hielt für die SPD Hermann Schmitt-Vockenhausen der Regierung vor: »Was Sie heute abend hier gemacht haben, ist doch nichts anderes: Sie haben einen Sonderausschuß zur Beschaffung von Wahlgeldern gebildet.« Die Schatzmeister der Parteien und die Vertreter der Bundestagsfraktionen hätten ja »in eingehenden Beratungen versucht, einen gemeinsamen Entwurf zu erarbeiten«. Aber das sei an der Frage der Finanzierung aus öffentlichen Mitteln und an der Frage der Rechenschaftslegung gescheitert. Da man sich in diesen Punkten nicht einigen konnte und eine neue Entscheidung in Karlsruhe anstand, verlief auch dieser Vorstoß im Sande.

Das Urteil vom 19. Juli 1966 öffnete dann die Schleusen der »Wahlkampfkostenerstattung«. Die Parteien hatten schon zuvor Lunte gerochen und bereits im Juni eine interfraktionelle Arbeitsgruppe gebildet, die sich bemühte, nun endlich eine gemeinsame Grundlage für ein Parteiengesetz zu finden. Am 26. Januar 1967 von allen Fraktionen gemeinsam eingebracht – damals waren die »Altparteien« mit den »im Bundestag vertretenen Parteien« identisch, man war noch ganz unter sich –, wurde der Entwurf am 1. Februar in erster Lesung behandelt. Der entscheidende Punkt war, ob für die »Erstattung«, wie es dem Gericht wohl vorgeschwebt hatte, genaue Unterlagen vorzulegen seien. Wie der das Gesetz für alle Fraktionen begründende Hermann Schmitt-Vockenhausen, ein Mann mit goldigem hessischen Humor, ausführte, sei man sich darüber klargeworden, »daß die ständige Vorlage von Kostenunterlagen auch die Gefahr einer Ausweitung der Kosten und der Organisation der Parteien sowie des Verwaltungs- und Prüfungsaufwands bringen müsse«. Der Vorschlag der interfraktionellen Arbeitsgruppe gehe daher von einer Pauschalierung von 2,50 DM je Wahlberechtigten aus. Nur die Finanzfragen fanden wirkliches Interesse – im Schatten dieser überwältigenden Erstattungs-Möglichkeiten hatte man aber Zeit, die lyrisch ausführlichen Passagen über die Aufgaben der Parteien im Gesetz liebevoll auszumalen. Wie es der Berichterstatter Dr. Even so schön umschrieb: »Nach dem vom Innenausschuß dem Gesetz zugrunde gelegten weitgefaßten Parteienbegriff umfasse das legitime Kraftfeld der Parteien neben der Teilnahme an Wahlen, die Feststellung und Artikulierung des Willens der Bürger, die Einflußnahme auf die öffentliche Meinung, die Vertiefung der politischen Bildung überhaupt, das Hinführen der Bürger zur aktiven Teilnahme am politischen Leben, die Ausbildung befähigter Bürger zur Übernahme öffentlicher Ämter und die Einwirkung auf die staatliche Willensbildung mit dem ständigen Einsatz für eine enge Verbindung zwischen dem Volk und den Staatsorganen.« Wer dies liest und sich dazu den Paragraphen 1 des Parteiengesetzes so richtig zu Gemüte führt, der sieht im Geiste eine etwas dusselige Bevölkerung, die von ihren im »ständigen Einsatz« befindlichen »Hinführern« auf den Pfad politischer Bildung und Tugend gebracht wird. Das politische Deutschland – eine ewige pädagogische Provinz. Vergeblich versuchte der nur noch im Hintergrund wirkende Adolf Arndt die vollmundige Redeweise von den den Parteien nach dem Grundgesetz »obliegenden« Aufgaben zu verhindern. Die Parteien hätten originäre Rechte unter dem Grundgesetz. Das Land Hessen blieb sich treu. In der Bundesratssitzung am 14. Juli 1967 führte der Minister Strelitz für sein Land aus, daß die Erstattung der Wahlkampfkosten zwar grundsätzlich nicht zu beanstanden sei. Wahlen würden ja nicht im Interesse der Parteien, sondern des Staates wegen durchgeführt. Deshalb sei es nur recht und billig, den Parteien finanzielle Hilfe zur Durchführung der Wahlkämpfe zu gewähren. Eine derartige Regelung müsse »jedoch mit einer vernünftigen Begrenzung der Wahlkampfausgaben der Parteien Hand in Hand gehen«. Nur so könne der »Ausuferung der Wahlkämpfe in Materialschlachten in Papier und anderen Materialien nach dem Vorbild der Markenartikelwerbung ein Riegel vorgeschoben werden. Nur so lassen sich dem überzeugenden Wort, politischen Programm und der politischen Persönlichkeit im Wahlkampf der gebührenden Platz und Rang verschaffen«. Die Demokratie müsse »auf den wachen und mündigen Verstand des Bürgers, und nicht nur auf unter- und unbewußte Reflexe von Konsumenten der Politik abgestellt werden«. Die Chance, durch etwas Zurückhaltung und Bescheidenheit der Parteiverdrossenheit, und damit auch der Staatsverdrossenheit der Bürger entgegenzuwirken, würde leider nicht wahrgenommen. So vor 25 Jahren im Bundesrat vorgetragen! Hessen lehnte das Gesetz ab. Von allen Bundesländern ist es das einzige, das bei einer heute ja wohl überfälligen konstitutionellen Domestizierung des Parteiwesens auf alte Anträge zurückgreifen und dadurch schnell initiativ werden könnte.

Aber gibt es für die »nähere gesetzliche Regelung« des Parteiwesens überhaupt noch einen Ansatzpunkt? Und wo könnte angesetzt werden? Hans-Jochen Vogel meint, man müsse den Art. 21 »schärfer« fassen. Ich weiß nicht, was das heißen soll. Wohl aber muß wieder bewußt werden, daß der ominöse Eingangssatz des Art. 21 in Verbindung mit seinem Abs. 3 einen Auftrag für nähere gesetzliche Regelungen enthält, und dieser Auftrag bis heute nicht erledigt ist. Ich glaube nicht an die Kraft und auch nicht an den Willen, diese Aufgabe in großem Stil anzugehen. Immerhin: Die klaren und jedermann einleuchtenden Vorschläge, die Georg August Zinn vor nun 33 Jahren in die Beratungen des Parteiengesetzes einbrachte, haben nichts von ihrer Aktualität verloren. Aber damit muß es nicht getan sein.

Das Anstößige an der Entwicklung des westdeutschen Parteienstaats mit seiner Tendenz zur Überwucherung aller anderen Prinzipien und Institutionen der Verfassung äußert sich ja nicht nur in den »parteienstaatlichen« Abwegigkeiten des Parteiverständnisses in den Urteilen des Bundesverfassungsgerichts und des Parteiengesetzes. Die verfassungsrechtlich legitimierte Idee des »Parteienstaats« wirkte in der Tat als Einfallstor auf dem Weg zu seinem weiteren Ausbau. Konkret faßbar wird dieser »Ausbau« in Appropriationswut und Pfründengeist. Was machen eigentlich die bataillonsstarken Truppen der Fraktions- und Abgeordnetenmitarbeiter? Ich kann es mir schlicht nicht vorstellen. Einer jüngsten Publikation zur Parteienfinanzierung entnehme ich, daß die Mitarbeiter der Abgeordneten und der Fraktionen wesentlich mit »Politikformulierung« befaßt seien. Das könnte den Zustand des Politikbetriebs in Bonn erklären. Gibt es keine Möglichkeit, hier ohne Verletzung von allzuvielen sozialen Besitztümern Remedur zu schaffen?

Bevor man sich Illusionen über eine große Reform der »Mitwirkung an der Willensbildung« hingibt, lohnt es sich, auch hier das »Kleingedruckte«, die vielen kleinen, zumeist klammheimlich vollzogenen Änderungen des Abgeordneten-, des Parlaments- und Wahlrechts durchzusehen, die im Laufe der letzten Jahrzehnte zum Zwecke der Pfründenvermehrung und Erleichterung der »Willensbildung« erfolgten. Schon am Ende der ersten Legislaturperiode des Bundestages befanden die großen Fraktionen einmütig, daß es doch nicht schaden würde, wenn die Zahl der Abgeordneten vergrößert würde. Wie erhöhte man die Zahl der Abgeordnetensitze – in alten Demokratien ein Vorgang von revolutionärem Änderungsgeist? Nach dem für den ersten Bundestag geltenden Wahlrecht wurden 242 Abgeordnete »direkt« in den Wahlkreisen gewählt. Zu ihnen kamen von den insgesamt 400 noch 40%, die über Listen in den Bundestag einzogen. »Wegen der hinzugetretenen europäischen Verpflichtungen« erhöhte man diesen Anteil einfach auf 50% – eine bedeutende verfassungspolitische Entscheidung war in ein schlichtes Rechenexempel gepackt. Ein interfraktionell vereinbarter Pairsschub als Pfründenschub. Eine Reduzierung der Listenabgeordneten auf die alte Relation von 40%, in nicht zu ferner Zeit vorgenommen, könnte leicht schon für die nächste Bundestagswahl greifen. Die damalige Änderung erfolgte ja auch nur wenige Monate vor der Wahl vom Herbst 1953. Das mit 662 Abgeordneten wahrhaftig

»größte« Parlament der Welt wäre mit dann 551 immer noch reichlich groß.

Eine zweite Korrektur bietet sich an: Wer weiß heute noch, daß das erste Wahlgesetz von 1949 im Falle des Todes oder bei Mandatsverzicht eines im Wahlkreis gewählten Abgeordneten Nachwahlen, nicht anders als in Großbritannien, erforderlich machte? In jeder Wahlperiode wurden im alten Bundestag im Durchschnitt etwa 40 Mandate frei, in Zukunft also gute 50. Die Hälfte davon, über den Daumen gepeilt, sind Wahlkreismandate. Danach wären nach Hinzutritt der ostdeutschen Länder jedes Jahr etwa sechs Nachwahlen fällig. 1952 waren es die Schatzmeister, die sich schnell einig waren, dieser aus ihrer Sicht kostspielige Unfug müsse abgestellt werden. Und so vollzog es der Gesetzgeber. Dabei liegt es doch auf der Hand, daß in Wahlkreisen, die als »sicher« gelten, die Nachwahlen keine überlokale Aufmerksamkeit erregen müssen. Der große Troß der Meinungsforscher, der Pressestellen etc. kann getrost in seinen Bonner Quartieren bleiben. Nachwahlen sind bei den Großparteien aber auch gefürchtet, weil sie den lokalen Parteiorganisationen Anreiz bieten könnten, »eigene Wege« zu gehen – und gerade deshalb sollte man sie wieder einführen. Viel bewegen können Nachwahlen ohnehin nicht. Dennoch könnten sie eine kleine Anregung für ein wenig mehr örtlichen Eigensinn nicht nur der lokalen Parteiorganisationen, sondern auch des unorganisierten »Volkes«, will heißen der unorganisierten Stimmbürger bieten.

Von großer, ja geradezu entscheidender verfassungspolitischer Bedeutung könnte aber noch eine andere dringend erforderliche Korrektur am gegenwärtigen Wahlrecht sein, auch wieder nur die Rücknahme einer Verschlimmbesserung des Wahlrechts zugunsten der Altparteien aus den ersten Jahren nach 1949. Das Wahlrecht für den ersten Bundestag band die 5%-Klausel an die Latte der einzelnen Bundesländer. Es lag im Trend zur Zentralisierung der großen Parteien, seit der zweiten Bundestagswahl die 5% auf den Bundesmaßstab umzulegen. Von den Altparteien war auch die CSU durch die 5%-Klausel bisher nie gefährdet. Das wird auch in Zukunft nicht der Fall sein, kann sie doch immer mit drei Wahlkreismandaten rechnen. Immerhin, peinlich wäre es schon, nur über diese Krücke in den Bundestag einziehen zu können. Was anderes als diese Sorge erklärt die hektischen Bemühungen der CSU, sich in den neuen Ländern eine »Schwesterpartei« zuzulegen? Edmund Stoiber, der bayerische Innenminister, ansonsten ein Großmeister im Polarisieren, verkündete vor kurzem die Notwendigkeit einer »Verantwortungsgemeinschaft« der großen Parteien in bezug auf eine dringend notwendige Änderung des Landeswahlrechts. Er verband dies mit unfreundlichen Aussagen über den Bonner Koalitionspartner FDP. In Wahrheit dachte er wohl an den drohenden Strick um den eigenen Hals.

Es kommt also Bewegung in das Wahlrecht. Das Bundesverfassungsgericht hat vor der letzten Bundestagswahl entschieden, daß Ost- und Westdeutschland für die Wahl von 1990 noch als getrennte Stimmbezirke gelten müßten. Lokal massierte Parteien, die auf den Bund umgelegt nur geringe Prozentzahlen erreichen, sind keine »Splitterparteien«. Bevor das Bundesverfassungsgericht wieder eingreift, sollten die neuen Länder durch Initiative im Bundesrat schleunigst dafür sorgen, daß die 5%-Klausel wieder auf die Länder umgelegt wird. Der Bundestag würde farbiger werden, neue politische Formationen, die sich in den »neuen Ländern« ja schon ankündigen, werden möglich – aufhalten läßt sich das alles nicht, und dann sollte man es auch wollen und sich verfassungspolitisch darauf einstellen.

Denn das politische Bild Deutschlands wird sich nach den Wahlen von 1994 verändern, gemessen an der alten Ordnung vermutlich radikal. Es besteht kein Grund zu wirklicher Aufregung. Nur sind die Zeiten parteipolitischer »Stabilität«, also der absolut eindeutigen Vorherrschaft der »Altparteien«, auf die der »Parteienstaat« ja alleine zugeschnitten war, vorbei. Nur in der alten Bundesrepublik waren Koalitionen nach dem Muster des britischen Parlamentarismus, also mit einer großen Partei, die regiert und der anderen, die opponiert, möglich – nirgendwo sonst hat es das in einer solchen Form während der letzten Jahrzehnte in Kontinentaleuropa gegeben. Wir werden also auch in bezug auf die »politische Willensbildung« ganz normale Kontinentaleuropäer. Die Frage ist nur, ob wir mit einem veränderten Parteiensystem so vernünftig hinkommen, wie es die anderen Länder im großen und ganzen tun, oder ob alle Wege nach Rom führen müssen. Nach Weimar führen sie mit Sicherheit nicht! Nichts spricht dafür, daß der Bundesrepublik Deutschland autoritäre Zeiten blühen könnten, eher das Gegenteil: massive Schwerregierbarkeit. Mit wenig kraftvollen Regierungen werden wir versuchen müssen, die großen Aufgaben, vor denen wir stehen, halbwegs ordentlich zu erfüllen. Die Väter des Grundgesetzes haben nie ahnen können, daß sich das westdeutsche Parteiensystem so »stabil« und übersichtlich entwickeln würde, wie dies bis zum Hinzutritt der Grünen in den achtziger Jahren der Fall war. Das Grundgesetz ist auf ein normaleuropäisches Vielparteiensystem mit wechselnden Koalitionen zugeschnitten, an seiner Mechanik der Willensbildung muß nichts geändert werden. Jetzt erst werden seine Vorkehrungen gegen Instabilität aus der Mitte des Parlaments aktuell. Es wäre zutiefst unverantwortlich, wenn sich die beiden großen Parteien illusionär an die Vorstellung klammern würden, durch vorgezogene Neuwahlen etwa könne man immer wieder ein »Plebiszit« zugunsten der einen oder anderen Vorherrschaft erzwingen und deshalb die Möglichkeit für eine erleichternde Selbstauflösung des Bundestags eröffnet würde. Auch die wahrlich geringen Restkompetenzen des Bundespräsidenten dürfen um kein Jota begrenzt werden.

Angesichts der geringen Bereitschaft der Altparteien, die verfassungspolitischen Aufgaben auch nur konzeptionell in den Blick zu bekommen, möchte man hoffen, daß einige der Bundesländer, denen das Hemd der politischen Notwendigkeit näher ist als der Rock der guten alten Zeit, die verfassungspolitische Initiative in die Hand nehmen. Der »unitarische Bundesstaat« wird unvermeidlich föderativer. Die Zeit der glatten Aufteilung in A- und B-Länder, also eindeutig sozial- oder christdemokratisch geführt, ist vorbei. Die Stunde des verfassungsrechtlich gesalbten und beweihräucherten »Parteienstaates«, dieser gelungenen Erfindung der guten alten Zeit, hat geschlagen. Eine anständige Parteiendemokratie sollten wir auch nach Abbau dieses Stützkorsetts bleiben können.

Für eine neue, lockere Choreographie

Verdrossene Ost-Bürger, gekränkte Parteien

Jens Reich

Meine persönliche Politikverdrossenheit richtet sich nicht in erster Linie gegen Parteien, Parlament, Regierung und wen oder was sonst noch in der politischen Klasse der neuen Bundesrepublik, sondern gegen mich selbst, gegen uns alle als Wahlbevölkerung in einer Demokratie, die wir das Erstgeburtsrecht der Mitbestimmung in unseren Angelegenheiten hingeben für das Linsengericht einer bequemen Wahlkreuz-Lehnstuhl-Fernseh-Mecker-Passivität. Ertrüge das Volk sie nicht mit Schafsgeduld, dann würden die Zustände, die wir alle kritisieren und beklagen, keine vier Wochen Bestand haben.

Ich kenne den Zustand, genauer gesagt, ich habe einen analogen (nicht identischen!) Zustand Jahrzehnte ertragen und durchlitten. In der DDR-Zeit waren wir uns stets einig, ob Gesinnungssozialist, Alltagsrealist oder Bewunderer der westlichen Demokratie, daß in unserem Staatswesen der Wurm war, daß die Wirtschaft so nie funktionieren und nicht die unvermeidlichen Belastungen und Krisen überstehen würde, daß sich mithin Grundsätzliches ändern müßte: Reform an Haupt und Gliedern oder für viele sogar Beendigung des ganzen sozialistischen Spuks. Trotzdem saßen wir in unseren Nischen, bewältigten den Alltag, hofften vage auf die Zukunft und wurden so zum Unterfutter eines Systems, das so nicht hätte vier Jahrzehnte bestehen, nicht hätte geduldet werden dürfen. Als dann die Substanz endgültig aufgezehrt war und das Ganze zusammenbrach, beklagten wir den Crash und hatten es so chaotisch auch wieder nicht gewollt.

Ich kenne auch den anderen Zustand, wenn die Bevölkerung aus ihrer Lethargie erwacht, plötzlich genau und in wenigen Kernsätzen und trotz aller weltanschaulicher, sozialer und Mentalitätsunterschiede benennen kann, was als erstes und nächstes zu geschehen hat. Diesem geeinten Willen, vorgetragen mit energischer und dabei gewaltloser Kreativität, kann keine politische Klasse widerstehen; es sei denn, sie zieht es vor, auf Leichenbergen und verkohlten Trümmerhaufen weiterzuregieren.

Das war im Herbst 1989. Die damals in der Öffentlichkeit handelten, wußten souverän, was sie fordern mußten und gleichzeitig, welche Grenze sie nicht überschreiten durften, entweder weil es die Toleranzschwelle von Mächten überschritt, mit denen zu rechnen war, oder weil jenseits der Schwelle unrealistische Träume begannen.

Wenige Wochen danach begann der Ruf nach der baldigen deutschen Einheit. Auch mit ihm hatte die politisch handelnde Menge zunächst noch vollen Kontakt mit der Realität. Die Forderung griff über das hinaus, was bis dahin für denkbar gehalten wurde und war doch realisierbar, weil sie sorgsam darauf zu achten bereit war, daß nicht vitale Interessen der Nachbarn verletzt würden.

Gleichzeitig begann der Umschlag in eine neue Haltung. In den Demonstrationen erschienen träumerische Forderungen, Schlaraffenlandsehnsüchte. »Helmut, nimm uns an die Hand! Führ uns ins Wirtschaftswunderland!« Ich wunderte mich bei solchen Forderungen, daß sie gerade Helmut Kohl vertrauen und ihn als Vorbringer der Einheit haben wollten. Von Ost-Berlin aus hätte ich die Stimmung anders eingeschätzt und dem DDR-Volk eine Neigung zur Sozialdemokratie zugetraut. Aber bitteschön, wenn das ihr politischer Wille war, dann sollten sie ihn haben. Was mich allerdings sofort empörte, das war das schnabelaufreißende Gefüttertwerdenwollen. Dazu die Losung: »Kommt die DM nicht nach hier, dann gehen wir zu ihr!« Hier war die vielbewunderte Kreativität des Herbstes endgültig aufgegeben und in weinerlich-nörgelnde Erpressung umgeschlagen. Anstatt dieser Erpressung nachzugeben, hätte die Bevölkerungsmehrheit in Ost und West zusammen mit den Regierenden in Bonn energisch Einspruch erheben müssen: Halt! So nicht! Wir werden einen Riesenberg von Problemen zu lösen haben – aber nicht so, daß die einen den Rucksack wegwerfen, von der Arbeitsstelle abhauen und mit dem Kochgeschirr klappern, während die anderen sich weiter plagen und das Gemeinwesen in Ordnung zu bringen versuchen.

Ich bin noch heute der Überzeugung, daß wir den Weg der zehn Punkte Kohls und des Reformprogramms der Wirtschaftsexperten und der Zentralbank von Anfang 1990 hätten gehen müssen und dabei die gigantischen Kosten des schockartigen Zusammenbruchs und die sinnlose Mauer in den Köpfen hätten vermeiden müssen. Ob es politisch durchsetzbar gewesen wäre, weiß niemand, weil es nicht energisch versucht worden ist. Es wurde sofort vor dem vermeintlichen König Wähler und seinem vermeintlich unerschütterlichen Willen zur sofortigen Aufgabe seiner Souveränität kapituliert.

Heute versucht Böhmen zusammen mit Mähren unter Vaclav Klaus, den Weg aus der sozialistischen Misere über einen Übergangszustand mit schwach bewerteter Krone (jede Mittagessensrechnung in Prag beweist das dem DM-Besitzer), geringen Lohnkosten und dabei intaktem Blutkreislauf der Wirtschaft in eine bessere Zukunft zu finden. Ob es gelingt, ist ungewiß. Ihre Wirtschaft ist ähnlich marode wie die der DDR 1989, die Sozialstruktur war auch nicht anders. Hätten sie allerdings Finanztransfers in Höhe von 100 Milliarden Dollar im Jahr, dann würde es ihnen mit Sicherheit gelingen, aus dem Sumpf herauszukommen, weil sie nämlich einsehen, daß sie es selbst schaffen müssen. Wir dagegen haben den Handlungsspielraum aufgegeben, schlucken die Finanzen als Alimente und schimpfen auf Bonn und Kohl, wenn die Suppe anbrennt. Vollständig ist das Zerrbild einer Volksbewegung, wenn sie dem gegen Ausländer »demonstrierenden« Mob zuklatschen und sofort die Seite wechseln, wenn der Stein das eigene Autofenster trifft. Das Ganze nennt sich dann Überdruß des Souveräns an der herrschenden politischen Kaste.

Ich habe diese Beispiele für politische Mißstimmungen im Umfeld der deutschen Vereinigung (die ja jetzt Geschichte ist, d.h. nicht mehr therapierbar oder korrigierbar) angeführt, um zu zeigen, daß Politikverdrossenheit ein wechselseitiges Mißverhältnis ist. Man kann ebensowenig auf der einen Seite sagen: Das Volk ist dumm und anmaßend; es will mit harter Hand regiert sein! – wie man andererseits sagen kann: Die Politiker betrügen schamlos das Volk, den eigentlichen Souverän. Vielmehr sind beide einander wert. Es ist eine Beziehungskiste, und beide Partner müssen auf die Couch.

Das Neuartige an der gegenwärtigen Politikverdrossenheit ist, daß der unzufriedene Wähler nicht mehr zur Opposition überwechselt, nicht mehr seine Sympathie umverteilt, nicht einmal zähneknirschend einer anderen Partei seine Stimme gibt. Dieser alternativlose Überdruß an der ganzen politischen Klasse, der sich früher allenfalls am Stammtisch als emotionale Eruption zeigte, ist in der Bundesrepublik eine neue Erscheinung. Für uns in der DDR war sie wohlbekannt, weil per definitionem keine Alternative existierte und damit Verdrossenheit mitdefiniert war. Aber ist es nicht ein trauriges Zeichen, wenn man als ehemaliger DDR-Bürger beginnt, die politische Klasse der Bundesrepublik mit der der DDR zu vergleichen?

Ist es umgekehrt nicht auch ein böses Zeichen, wenn wir die resignierte DDR-Bevölkerung von damals mit dem souveränen Wähler des Jahres 1992 vergleichen und dabei feststellen, daß sie ganz ähnliche Urteile oder Vorurteile nähren? Damals wie heute war das Leitmotiv der mißmutige Satz: »Wir können ja doch nichts ändern!« Die Politik wird mit reifgewordenen gesellschaftlichen Problemen oder Konfliktlagen gefüttert. Was nicht mehr funktioniert, ist deren Verdauung. Sie werden vielmehr zunächst willig verschluckt, nach kurzer Zeit aber halbangedaut wieder hervorgewürgt. Die Gesundheitsreform ist ein schlagendes Beispiel für solche Wiederkäuerei, die Regelung des Schwangerschaftsabbruchs ein anderes. Es gibt noch reichlich mehr davon.

Über die Ursachen für die Mißstimmung zwischen politischer Öffentlichkeit und Bevölkerung ist oft nachgedacht worden. Ein gewichtiger Faktor ist zweifellos, daß nicht mehr so große Wachstumserträge zu verteilen sind wie in den glorreichen früheren Etappen. Es muß also bescheidener gelebt werden, wirklich geteilt werden, und da regt sich Widerstand als Besitzstandswahrung. Im Osten Deutschlands besteht das Dilemma, daß Freiheit und Demokratie nicht als Aufforderung zur selbstbestimmten Beteiligung erlebt werden, sondern als fremdbestimmte, heteronome Obrigkeit. Ob ich meine Wohnung behalten kann, entscheidet Frau Schwätzer. Ob mein Gartengrundstück mir gehört, entscheidet die Treuhand oder ein noch nicht funktionierendes Gericht. Welche Rente ich erwarte, kann ich nicht ausrechnen, das wird irgendwann in Bonn beschlossen. Ob die Oberärztin oder der Dozent »übernommen« wird, beschließt ein Gremium, in dessen lautere Motive das Zutrauen begrenzt ist. Die Verunsicherung der Intelligenz ist ein Resultat des Zusammenbruchs der DDR; sie verbreitet sich wie osmotisch auch auf andere Bevölkerungsschichten: »Wenn der Doktor nicht einmal weiß, wo es lang geht, wozu soll ich noch darüber nachdenken!«

Der Stupor, der die Bevölkerung des Ostens lähmt, erinnert an das Befinden in den Jahren nach 1945. Ich verfüge nicht über die Lebenserfahrung, um die Unterschiede und Gemeinsamkeiten der damaligen Situation gegenüber heute herauszupräparieren. Es wird oft gesagt, daß damals die Katastrophe tiefer, existentieller war und die Aktivität des Lebensbedrohten mobilisierte, während heute ein Totstellreflex in sozialer Kippstellung funktioniere. Ich kann das nicht abweisen, daß der Aufprall gewissermaßen nicht hart genug gewesen sei, um die Lebensgeister zu wecken, habe aber doch den Zweifel gegen zu einfache Analogien.

Ein Phänomen, das sich in ganz Deutschland zeigt, ist der Ansehensverfall der politischen Klasse. Da ist nun ein deutlicher Unterschied gegen 1945. Damals waren allerdings die Bonzen, die Nazis, die Goldfasane total diskreditiert, während einem großen Teil der unteren Staatsdiener, Beamten und Vertretern der »freien« Berufe zugetraut wurde, den Staat und die Kommune zu führen, wenn nur die Mafia beseitigt wäre. Im Osten Deutschlands hat sich seither ein gesundes Totalmißtrauen gegen Partei und Regierung ausgebildet, während im Westen über viele Jahrzehnte ein demokratisches Grundvertrauen so manchen Skandal überstanden hat. Die Ablehnung des »Schweinesystems« in den 70er und 80er Jahren blieb einer Minderheit vorbehalten. Heutzutage säen die Umfrage- und Wahlergebnisse Zweifel in mir, ob die Minderheit nicht zur Mehrheit geworden ist. Mit dem Politiker in der Bundesrepublik ist es wie mit dem Advokaten in den USA und dem Arzt in der Sowjetunion: Er erhält nicht mehr den automatischen Vertrauensvorschuß bis zum Beweis des Gegenteils. Vielmehr wird ihm von Anfang an unterstellt, er verdiene prinzipiell sein Geld mit unlauteren Mitteln. Lediglich naive Ausnahmen werden zugegeben. Das ist natürlich ungerecht; aber wir müssen mit solchen Reflexen rechnen und können sie nicht einfach wegschieben.

Die deutschen Parteien (und viele ihrer europäischen Verwandten) sind ursprünglich angetreten als eine Art von Kirchenersatz in der zunehmend areligiösen Gesellschaft. Die Sozialdemokratie ist eine gute Illustration für eine Partei, die ihre Anhänger auf Lebenszeit rekrutierte und ein Angebot auf Lebensgestaltung und Weltanschauung machte. Das Parteimitglied, der Abgeordnete wollte Identifikationsobjekt sein. Von August Bebel etwa wurde verlangt, daß er die Tugenden und Lebensanschauungen der Arbeiterklasse verkörpere, knorrig und ernst. Des Sonntags beim Platzkonzert am Müggelsee sollte er mit seiner Familie aufkreuzen und in der Pause das Wort ergreifen. Sie wollten sich mit allem identifizieren, was er zu fordern hatte und keine komplizierten Konflikt- und Kompromißlagen aushalten. Was die Proletarier wollten, das war klar, und dafür waren sie bereit zu kämpfen, von ihren Pfennigen abzugeben, zu demonstrieren oder zu streiken. Was jenseits dieser geschlossenen Erfahrung lag, etwa Wissenschaftspolitik oder Museumswesen, das interessierte nicht so, da mußte der Sozialdemokrat nicht unbedingt eine Antwort wissen, oder er konnte sie ungehemmt aus seinem politischen Wissen heraus formulieren, ohne beständig durch Beschlußlagen gelähmt zu werden. Er blieb dadurch auf vielen Gebieten ein unabhängig urteilender Mensch, den nicht ständig politische Rücksichten zur diplomatischen Reaktion zwangen.

Auch die anderen klassischen Parteien, die Liberalen, das Zentrum, waren ähnlich konstituiert. Sie waren Weltanschauungsparteien, aber keine Volksparteien. Auf den Gebieten ureigensten Interesses konnten sie pointierte Ansichten vertreten, ohne daß ihnen sofort energischer Protest aus einer Region oder von einem Flügel entgegenschallte. Die Volkspartei des ausgehenden 20. Jahrhunderts ist gezwungen, den gesamtgesellschaftlichen Überlebenskompromiß immer schon in den eigenen Reihen vorzuproduzieren, der eigentlich Angelegenheit des Parlaments und der von ihm kontrollierten Regierung wäre.

Die Konfliktlage, die die deutschen Parteien lähmt, ist verursacht durch die tendenzielle Aufhebung der Aufgabenteilung zwischen Legislative, Exekutive und Judikative. Sie wollen die Mehrheit, um die Gesetzgebung zu bestimmen. Die gleiche Mehrheit soll die Regierung stellen. Im Parlamentsausschuß werden die Stimmen nach dem gleichen Proporz verteilt, nach dem die Minister ausgehandelt werden. Bei der Besetzung wichtiger Posten in der Rechtsprechung oder in der Kontrolle der Medien wird um den gleichen stationären Zustand gerungen wie im Parlament und in der Regierung. Diese Vermengung der Entscheidungskompetenzen, die laut Verfassungskonstruktion wohlsortiert und getrennt bleiben sollten, lähmt die politische Kreativität der Parteien. Sie lähmt auch die Entscheidungskraft in kritischen Situationen. Ein Beispiel: In Rostock legt der Mob Feuer in einen Häuserblock und verfehlt um Haaresbreite, die Bewohner und Besucher der oberen Etagen (Vietnamesen, deutsche Journalisten) zu verbrennen oder durch Rauch zu vergiften. Dazu tritt im Fernsehen der Innenminister auf. Was er sagen müßte, ist: Ich bin beauftragt, das Gewaltmonopol des Staates gegen terroristische Angriffe zu verteidigen und werde folgende Maßnahmen umgehend ergreifen, um es wieder herzustellen. Nichts anderes will die Bevölkerung in dieser Situation von ihm hören. Statt dessen bestätigt er sich als Parlamentsabgeordneter und redet darüber, daß die Verfassung geändert werden müsse (als ob das den Mob von der Straße brächte), betätigt sich als Parteipolitiker, indem er der Opposition die Schuld zuschiebt, weil sie legislative Maßnahmen blockiere, sowie als Wahlkämpfer, indem er Verständnis für die sozialen Probleme der beifallklatschenden Anwohner ausdrückt (seiner Wähler, deren vielschichtige Interessen er stets im Auge haben muß). Die Rücksicht auf seinen Beruf als Parteipolitiker hindert ihn daran, das zu tun, was ihm die Verfassung zuteilt und damit auch paradoxerweise daran, beim nächsten Wahlkampf mit der Bilanz eines gut erfüllten

Auftrages anzutreten. Der Anschlag auf die Republik wird nicht adäquat abgewehrt, nicht weil er diesen Staat im Grunde nicht anerkannte (wie sein Vorgänger in der Weimarer Zeit), sondern weil er als Interessenvertreter der Partei das sogenannte »Große Ganze« im Auge hat und vor der konkreten Aufgabe versagt.

Solche Art Fehlleistungen häufen sich, und sie sind mein Motiv dafür, daß ich strikte Ämter- und Postentrennung sowie sinnvolle Begrenzung von Amtszeiten fordere. Ist er im Parlament, dann ist er Abgeordneter und nichts anderes. Tritt er in die Regierung ein, dann muß im Parlament jemand nachrücken. Ist er Minister, dann hat er es mit der Exekution von Beschlüssen und Einhaltung von Gesetzen schwer genug und muß nicht noch als Parteivorsitzender an der politischen Willensbildung für zukünftige Gesetze und Beschlüsse führend mitwirken. Formal gesprochen, ich bin dafür, daß die Verfassungsgewalten sauber getrennt werden und daß die historisch entstandene dominierende Rolle der Parteien entweder konstitutionell reduziert oder durch klare Definition fixiert und eingegrenzt werden sollte.

Die gegenwärtigen Schwierigkeiten der Parteiendemokratie stammen aus dem seltsamen Widerspruch, daß ihre Vorentscheidungsbefugnis umfassend geworden ist und gleichzeitig ihr Entscheidungsfeld völlig zerfasert. Vom Begriff »Partei« her sollten sie die Aufgabe haben, den politischen Gestaltungswillen und (in zweiter Linie) die Interessen eines sozioökonomisch wohldefinierten Teils der Bevölkerung zu vertreten, umfassend zu vertreten. Eine Partei der kleinen Landwirte etwa würde sich nur für das, was im Dorf wichtig ist, interessieren, für diesen Lebensbereich aber alles homogen, mit klaren Losungen und Zielen, vertreten. In unserer komplexen Gesellschaft kann diese beschränkte Totalität nicht funktionieren. Das Ergebnis ist das genaue Gegenteil: Die Parteien reden zu allem und überall mit, ihr Kompetenzanspruch ist total, aber sie vertreten ein diffuses Potpourri von Interessen und Willensäußerungen aus allen Schichten der politisch amorphen Bevölkerung. Statt über weniges hart und dezidiert zu urteilen, eiern sie über alles herum. Bei den kleinen Parteien zwingt die

Fünfprozenthürde, Relikt einer vergangenen parlamentarischen Epoche, dazu, mit der Phrasenstange im Argumentnebel herumzustochern, um über die »sichere« Wählerschaft hinaus noch den »Rest der Miete« für das Parlament zusammenzukratzen, anstatt sich auf die deutliche Vertretung der »eigenen« Wählerschaft zu konzentrieren.

Der Zwang, diffus global-konkret zu sein, gilt vor allem für die beiden großen Volksparteien. Damit wird der Mehrheit der Bevölkerung die eindeutige Identifizierung verwehrt. Der Entschluß, die Position einer gewissen Partei oder eines Politikers gut zu finden, wird stets kurz darauf durch deren Zugeständnisse an andere politische Lager bestraft. Tiefernst konservative Arztpersönlichkeiten sind zum Beispiel über den Gesundheitsminister der CSU bitter enttäuscht. Alternative, die neue Wege aus der überkommenen Familien- und Erziehungsstruktur heraus suchen, sind frustriert über das bei den Grünen weitverbreitete Ökospießbürgertum. Und umgekehrt: Engagierte Naturschützer können in Mollis, im Häuserkampf gezündet, keinen Beitrag zum Gewaltabbau und zur ökologischen Gesundung erkennen. Überall ist das Ergebnis das gleiche: Weder kommt ein klares Angebot aus der Politik, noch kann man als Nichtpolitiker klare Ziele bei den Parteien eindeutig unterbringen.

Wiederum ist das Dilemma gegenseitig. Es ist keineswegs so, daß die Parteien sich einem klaren Votum der Bevölkerung einfach verweigern. Volkes Stimme ist vielmehr eine Kakophonie einander widersprechender Willensäußerungen, und nicht einmal innerhalb einer festen Parteiklientel lassen sich die inneren Widersprüche ausräumen. Beispiel: Die Verdrossenheit am allgegenwärtigen papier- und verordnungsspeienden Staat bei gleichzeitigem Anspruch, daß dieser alle Konflikte lösen soll. Nicht nur die Parteipolitiker sind konfus und schwankend – die sie wählen, sind es ebenso.

Wenn nur die Vorschläge zur Lösung des Problems nicht auch wieder so widersprüchlich wären!

Mehr direkte Demokratie, heißt es. Köpfe wählen, nicht Parteilisten. Klare Mehrheiten schaffen und starke Regierungen. Wenn sie übers Ziel schießen, muß eine starke Jurisdiktion sie bremsen. Im Medienzeitalter bedeutet das stets die Gefahr, daß der lauteste Schreihals gewinnt. Wenn es gut geht, hat er eine gute informelle Beratungsstruktur hinter sich und hört auf sie. Aber dann sind wir wieder beim gegenwärtigen Modell. Ich halte es durchaus für sinnvoll, Landräte oder Bürgermeister oder sogar den Bundeskanzler direkt zu wählen; es ist auch sinnvoll, wenn der Bürger beim Wählen einer Liste den Ehrgeizlingen auf den vorderen Plätzen durch Hinabstufen (innerhalb der Liste) einen Dämpfer versetzen und jemand Bescheideneres »hochholen« kann. Aber das sind kleine Reformen. Alles auf Persönlichkeit umzustellen, ist bei den heutzutage dominierenden Auswahl- und Darstellungsstrategien unwirksam, sogar gefährlich.

Mehr partizipatorische Demokratie, heißt es weiter. Wege ebnen, die dem Bürger Einfluß auf die Gestaltung der öffentlichen Entscheidungen über die Wahl von Parteien hinaus ermöglichen. Runde Tische, an denen die Konflikte ausgetragen werden können, ohne daß die Mehrheitsverhältnisse sofort in die Geschäftsordnung und das Antrags- und Rederecht durchschlagen und somit Minderheiten von vornherein in die Verliererposition bringen. Sperrminoritäten sollten so installiert werden, daß Beschlüsse nicht gegen die unmittelbar Betroffenen durchzusetzen sind.

Selbstverständlich muß in den Ausschüssen und Kabinetten mehr Glasnost durchgesetzt werden, müssen Betroffene mehr als bisher zu Wort kommen, muß das Gekungele mit Lobbies und Verbänden unterbunden werden. Aber das ist kein Allheilmittel. Beim Problem »Schwangerschaftsabbruch« liegt das Dilemma nicht darin, daß gewisse Standpunkte nicht in allen Beschlußetappen gehört und bedacht worden wären. Der Konflikt selbst ist vielmehr unlösbar; daß in dieser Situation die eine Scheinlösung mit Macht gegen alle anderen durchgesetzt wird, ist nicht das zentrale Problem. Wäre eine wirklich konstruktive Lösung vorhanden, dann könnte man über ihre Durchsetzung gegen Mehrheiten streiten. Aber ich sehe die erste Voraussetzung nicht.

Ähnlichen Zwiespalt spüre ich bei den Forderungen nach zusätzlichen Konfliktlösungsstrategien bei der Herstellung der deutschen Einheit. Es ist zutreffend, daß Ostdeutschland politisch schwach bleibt, weil es in den Einigungsverträgen zwischen zwei formal souveränen Staaten wichtige Streitpunkte nicht durchhalten konnte und jetzt innerhalb des neuen Staates in der 1:4-Minorität ist, also mit schwächeren Karten in jeder Auseinandersetzung. Ich halte ebenfalls das Argument, das Gregor Gysi immer wieder vorbringt, für zutreffend, daß es eine Unsinnskonstruktion ist, daß der eine Partner eines Staatsvertrages, der unsere Zukunft entscheidend beeinflussen wird, sich nach Unterzeichnung dieses Vertrages in Wohlgefallen auflöst und nicht die Interessen seiner Seite bei der Durchführung anmahnen kann. Nur ist es kein Lösungsvorschlag, wenn die Komitees für Gerechtigkeit fordern, daß eine Art einbalsamierter DDR-Vertragspartner geschaffen werden soll, der mit der Bundesregierung die Einhaltung oder Neuverhandlung von Vertragsartikeln zu verhandeln hätte. Das eigentliche Problem ist nämlich vorgeschaltet: Was sollte dabei durchgesetzt werden? Eine Revision des Eigentumsparagraphen etwa (um einen der Streitpunkte des Einigungswerkes herzunehmen)?

Es ist zutreffend, daß das Prinzip »Restitution vor Entschädigung« von einer von materiellen Interessen geleiteten Minderheit unter Ausnutzung der Sperrmacht unter starkem Zeitdruck in die Einigungskonstruktion hineingepreßt wurde. Eigentumsgewährleistung siegte k.o. über das Sozialbindungsprinzip. In leichtsinnigem Vertrauen wurde ein Ordnungsprinzip in eine historische Situation hineingedrückt, in der es nicht funktionieren konnte. Die verheerenden Folgen für die Erholung und Integration des Ostens sind heute offensichtlich. Das Dilemma ist nur, daß wir in der Falle sitzen. Es läßt sich jetzt nicht mehr umwenden (ich verzichte auf eine Beweisführung). So werden wir für Jahrzehnte unentscheidbare Streitfragen behalten, die die Herstellung einer in sich stimmigen Eigentumsordnung blockieren. Der Knoten läßt sich weder politisch noch juristisch auflösen. Der schwelende Verdruß darüber fällt auf die liberale Demokratie zurück, die es versäumte, diese Entscheidung auf angemessene Weise zu »vertagen«, bis nach Jahren eine weniger eingreifende Entscheidung im Machtkompromiß möglich würde.

Das ist der Grund der Staats- und Parteienverdrossenheit: Es existiert eine Vielzahl von politisch-ökonomischen Konflikten, die für breite Schichten in die existentielle Sphäre einschneiden und für die die klassische Form der Kompromißlösung nicht möglich ist. Und zwar nicht etwa, weil die Konfliktpartner nicht kompromißfähig wären oder kein Machtwort dazu ergeht, sondern weil ein Kompromiß der Logik der Sachlage nach nicht herstellbar ist. In dieser Situation neigt die Bevölkerung dazu, das Problem an die Politik weiterzugeben und mit Unmut zu reagieren, wenn von dort keine Lösung kommt, während die Politik diese Impotenz mit oberflächlicher Taktik zu kaschieren versucht. Die besprochenen Reformvorschläge und viele andere, die ich für sinnvoll halte (ohne alle Einzelheiten zu überblicken), zum Beispiel Ämterentflechtung und saubere Trennung der konstitutionellen Gewaltsphären, Amtszeitbeschränkung, direkterer Einfluß auf Kandidatenaufstellung und persönliche Wahl, direkter Einfluß auf das legislative und exekutive Handeln, Minderheitenschutz durch Sperrvorschriften, sind alle zwiespältig und werden nur dann günstig wirken, wenn die Bevölkerung aus ihrer passiven politischen Anspruchs- und Versorgungshaltung findet und die Politik nicht mehr in die Rolle des Allmächtig-Allwissend-Allweisen drängt. Reformvorschläge ihrerseits dürfen nicht sofort als Prügel im Parteienstreit eingesetzt werden.

Zwei heilige Kühe sind zu schlachten. Daß die Politiker Träger von emotionaler Identifikation sein müßten und daß die Parteien in Zukunft noch »große Volksparteien« wären, die den innergesellschaftlichen Kompromiß in ihrer eigenen Willensbildung vorformulieren. Fürs zweite ist das neuvereinte Deutschland zu kompliziert, fürs erste ist die Mediengesellschaft zu anspruchsvoll. Ich erlebe es doch selbst jedesmal, wenn ich der Polit-Talkshow oder dem Interview der Woche zuhöre: Je mehr Charisma der Politiker aufschminkt, je staatsmännischer die Pose ist, desto allergischer ist die Reaktion der Zuschauer. Fürst Bismarcks große Geste war als stehendes Bild, als Pressezeichnung aus dem Reichstag eindrucksvoll, in der Elefantenrunde hätte er sich sofort demontiert. Nachdenklichkeit und Kompetenz, so überhaupt vorhanden, lassen sich nicht im Scheinwerferlicht einer zugigen Studiohalle darstellen, in der ein Knie-zwischen-die-Ohren-Sessel mit wasserglasgeschmücktem Klubtisch als Attrappe staatsmännischer Tiefenstrahlung aufgebaut ist. Die ständigen Fernsehpalaver sind Aggressionsreusen.

Das Dilemma der großen Parteien ist offensichtlich; wie ihm beizukommen wäre, ist schwierig vorzuschlagen. Versuchen sie den Spagat der weit auseinanderdriftenden Interessen im Parteibüro, dann verfallen sie in Kungelei, und heraus kommt nur »bla-bla« mit faulen Kompromissen. Tragen sie den Konflikt in die Öffentlichkeit, dann ist diese von dem unausweichlichen Basarlärm abgestoßen. Vorschläge, die ich unterstützen könnte, wären: 1. Gebt es auf, ständig nach der absoluten Mehrheit zu streben, alle Impulse aus der Gesellschaft ausnahmslos darstellen zu wollen, das erfordert Chamäleonstalente und nährt nur die Verdrossenheit. 2. Macht euch frei von der Todesangst, daß die Wähler der Mitte zur anderen Seite laufen und an den Rändern neue Parteien entstehen könnten – es ist durch ständiges Flügelschlagen ohnehin nicht zu verhindern. Die Glucke kann nur bestenfalls 35% bedecken. Jede Stimme über die sozioökonomisch überzeugte Klientel hinaus ist ein hochverzinster Kredit bei geringer Rendite. 3. Hört auf, Ethos und Kompromiß in einen Aktenkoffer zu sperren; das ist Heringsfilet mit Himbeersaft und geht nicht zusammen. 4. Laßt eure Bezüge durch unabhängige Gremien nach darstellbaren Kriterien (Lebenshaltungsindex, allgemeine Tarifentwicklung usw.) festlegen. 5. Vermeidet Ämterakkumulation und die Einhaltung des Politproporzes bei jeder Einzelentscheidung: Im großen und ganzen soll der politische Wille der Bevölkerung verhältnismäßig dargestellt sein, nicht bei jeder Expertenrunde und jedem Einzelbeschluß. 6. Beruft mehr Fachexperten in die politischen Positionen, wenn sie sich verschleißen, sind sie nicht so diskreditiert und behalten ihren alten Beruf. 7. Verabschiedet euch von der Wahnvorstellung, daß alle wichtigen Entschlüsse populär sein müssen. Das ist unmöglich und zwingt nur zu Mauschelei unter der Decke bei den Beschlüssen, die notwendig und unpopulär sind. 8. Im Zusammenhang damit: Macht es euch zur Philosophie, nur eine Wahlperiode an der Macht bleiben zu wollen (sie könnte etwas verlängert werden), dann sitzt euch die nächste Wahl nicht ständig im Nacken, ihr wollt ohnehin auf die Koppel zurück, um Kraft fürs übernächste Rennen zu sammeln. 9. Trennt Exekutive vom Prozeß der Willensbildung, wo ihr an der Macht seid: Ideal (etwas zu romantisch vielleicht) wäre es, wenn der Minister einer Partei seine Mitgliedschaft ruhen ließe. 10. Öffnet die Parteidiskussion für politisch Interessierte, in Klubs, öffentlichen Hearings, öffnet die Kandidatenlisten teilweise für Nicht-Mitglieder. Ich weiß aus der Erfahrung der Bürgerbewegung, wie gering das Echo sein kann; aber die Türen müssen offen bleiben, auch wenn zeitweilig nur wenige hereinschauen.

Wie immer die Vorschläge aufgenommen und durchgesetzt werden; fürs Gedeihen der Demokratie ist es lebenswichtig, daß der Mief ausgelüftet wird, der die Parteienlandschaft bedrückt. Parteien sind keine Idealtypen für die Ewigkeit, sie werden sich erheblich ändern müssen – aber die deutsche Öffentlichkeit braucht sie, bis auf weiteres, wenn die res publica nicht im Chaos versinken soll.

Die Protagonisten auf der politischen Bühne Deutschlands, Bürgerschaft und ihre politische Repräsentanz, verharren in malerischen Posen der gekränkten Unschuld. Die Analyse kann nicht zum Kern der Konflikte vordringen, weil falsche Frontstellungen sie blockieren. Die erstarrten rituellen Kampfpositionen (»Volk gegen Politiker«, »Links gegen Rechts«, »Ost gegen West«) sollten einer neuen, lockeren Choreographie weichen.

Dem Ochsen, der drischt, das Maul nicht verbinden

Eine kleine Stilkunde für Bonn

Klaus Harpprecht

Die deutsche Grundfrage heißt: Durfte der das überhaupt? Sagen, was er denkt? Ein Mensch in Amt und Würden, den höchsten des Staates? Er nahm sich das Recht, auf Wahrheiten hinzuweisen, die nicht jedermann angenehm sind? Manchen stoßen sie bitter auf, und sie fordern Auskunft, wie jener Herr dazu komme, den Parteien die Leviten zu lesen. Wem hat er schließlich den Job zu verdanken, der so unangenehm nicht ist und am Ende eine ganz nette Rente abwirft? Biting the hand that feeds him, wie die Amerikaner in solcher Lage mit deftigem Realismus bemerken. Oder? Man hat es geduldig ertragen, daß er bei den unvermeidlichen Jahrestagen ein wenig zu indiskret in die Vergangenheit starrte und taktlos genug war, nicht nur von den Juden, sondern auch von Kommunisten und Homosexuellen zu sprechen – warum übrigens vergaß er damals die Sozis? –, doch das waren alte Geschichten. Seine Reden nervten. Wir aber wußten, was sich gehört, lauschten mit Feiertagsmienen, und das Leben ging weiter. Das Ausland applaudierte. Gut fürs deutsche Image. Besser als die sklerotische Sturheit des Kollegen Waldheim, die das Ansehen Österreichs nahezu ruiniert hat (obschon der Fremdenverkehr merkwürdig wenig unter dem Spektakel litt).

Nun ging er zu weit, der Herr, der einst zum Staatsoberhaupt gewählt worden ist und nicht zum Chefkommentator der Nation. Er mischte sich in die täglichen Geschäfte, die ihn nichts angehen. Sie haben am Rande mit der Moral zu schaffen, für die er in Gottes Namen zuständig ist, das läßt sich nicht leugnen, doch vor allem mit den ernsten Fragen des Daseins: Wahl-Ergebnissen, Karrieren, mit Kasse und Macht... Das kann seine Sache nicht sein. Der Bundespräsident hat Pflichten, das vor allem. Aus seinen Rechten macht die Verfassung aus guten Gründen nicht viel daher: Wäre es anders, hätte sich der uralte Adenauer das Amt auf keinen Fall entgehen lassen. Warum brach der Bundesvater nun plötzlich aus seinem Revier aus, in dem er niemanden stört: Humanität, Kunst, Geist und was noch, Geschichte, wenn es denn sein muß (obwohl wir die lieber dem Historiker aus Oggersheim anvertraut wissen)? Was hat ihn verführt, sich mit den beiden gerissenen »Zeit«-Journalisten so willig aufs Eis zu begeben? Das Ego? War es zu wenig gefordert?

Er soll repräsentieren, weißhaarig, würdig, nobel und auf eine unverfängliche Weise christlich. Seine Ansprachen sollen den Alltag ölen, jedem wohl und keinem weh. Sie sollen erbauen, wofür der Hauch eines schwäbischen Pfarrhaus-Akzentes so hilfreich ist, der ihm – trotz Berliner Jugend und IR 9, dem feinen Potsdamer Regiment – von den Vorfahren auf geheimnisvollen Wegen überkommen zu sein scheint. Gebildet, adlig (gottlob nicht zu arg), liberal (nicht zu forsch) und zugleich konservativ (nicht zu scharf): Das alles paßte wie maßgeschneidert zum Bilderbuch-Präsidenten, der er sein könnte. Wohl trifft es zu, daß ihn auch früher schon gelegentlich die Neigung befiel, aus der Reihe zu tanzen. Auch darum empfahl sich seine Wahl in die Villa Hammerschmidt, die eine neutralisierende Funktion hat: Dort würde er nicht zu viel Schaden anrichten. Wie warf er sich einst – er selber hat daran erinnert – für die Ost-Verträge Willy Brandts ins Zeug! Konnte er damals wissen, daß er Helmut Kohl und seiner Partei damit eines Tages die nützlichsten Dienste leisten würde? Ein gewisses Mißtrauen, man muß es zugeben, war angebracht. Immerhin ging in jenen Tagen das Wort vom »Ausverkauf« und vom »Landesverrat« um, nicht nur in Bayern. Wer zu früh recht hat, hat in gewisser Weise unrecht. In den Vereinigten Staaten sprach man zu den Zeiten des Senators McCarthy in FBI-Kreisen gern vom »vorzeitigen Antifaschismus«: Das war nicht freundlich gemeint. Unser Präsident wirkt vornehm, das kann keiner bestreiten, doch schon wie einer, der ein Wässerchen trüben kann. Dennoch: ein Herr vom Scheitel bis zur Sohle, um das Schönste nicht zu verschweigen, was unsere Gattinnen von den Männern an der Spitze des Staates erwarten. Glänzende Erziehung. Tadellose Manieren. So weit so gut: Aber warum brachte ihm keiner bei, daß man sich an die Regeln der öffentlichen Ordnung zu halten hat – auch und erst recht als Staatsoberhaupt? Er nimmt sich heraus, mit kaum unterdrücktem Spott über unser Regime der Ordnung zu reden, das er gern durch die »demokratische Bürgergesellschaft« ersetzt sehen möchte.

Nach Anarchie, wir danken, steht uns der Sinn keineswegs. Er aber nahm nicht einmal Anstand, den heiligsten Gütern nahe zu treten: Wir Deutschen, sagt er, würden »nicht in die alte Nation zurückkehren«. Weiter: für »einen ausschließlichen, auf die Nation beschränkten Patriotismus« böte sich »kein Raum«. Und: Für uns Deutsche sei es »ein Glücksfall der Geschichte, daß die Vereinigung unseres Landes diesmal in eine Epoche« falle, »in der es ernst wird mit der Vereinigung Europas«. – Bismarck rotierte, würden ihm solche Behauptungen hinterbracht, tobend und donnernd in seiner Gruft. Im übrigen warten wir ab, wie ernst es mit diesem Europa am Ende dann wird. Einstweilen strömt noch viel Wasser den Rhein hinab. – War es übrigens nicht der Alte im Sachsenwald, der einst unterm Kürassierhelm gemurrt hat, Europa sei ein Traum, und nicht einmal ein schöner? (Oder sprach er vom »ewigen Frieden«? Gleichviel...)

Über die Nation, Europa, den Frieden, die Vergangenheit mag er reden, wie ihm zumute ist, Schwamm drüber, doch bei den Parteien findet der Spaß ein Ende. Ironie, ohnedies undeutsch, ist keinesfalls angebracht. Der Präsident aber zögerte nicht, den Artikel 21 des Grundgesetzes – »Die Parteien wirken bei der politischen Willensbildung mit« – ein »geradezu gigantisch eindrucksvolles Beispiel von understatement« zu nennen, das im Vergleich mit der Wirklichkeit »dem einen Tränen der Rührung« in die Augen treibe, anderen »die Zornesadern« schwellen lasse. Wie das? Verlor er die Zustände Österreichs aus dem Auge, in dem selbst die Pensionisten-Vereine und die Automobil-Clubs »schwarz« oder »rot« sind? Hat man in Deutschland Anlaß, von einer »linken« und einer »rechten Reichshälfte« zu sprechen? Werden bei uns die Stellen der Putzfrauen in den Staatsfirmen nach dem Proporz vergeben?

In Wirklichkeit darf unseren Partei-Sekretären eine geradezu meisterhafte Zurückhaltung bescheinigt werden. Wohl reicht, wie der hohe Herr sich auszudrücken beliebte, ihr Einfluß »direkt oder indirekt in die Medien und bei der Richterwahl in die Justiz, ... in die Kultur und den Sport, in kirchliche Gremien und Universitäten«. Und? Was kann daran falsch sein? Man frage die Fernseh-Reporter, wie verlassen und einsam sie wären, wenn sie in den »Freundeskreisen«, den christ- und sozial-demokratischen, den liberalen, nicht Rat und Trost und Halt finden würden! Wie sollten die Landesbanken ihr führendes Personal rekrutieren? Wie könnte – zum anderen – den verdienten Partei-Arbeitern jemals die Selbstverwirklichung glücken, die sie beanspruchen dürfen wie andere Bürger auch, würden ihnen nach langer, entbehrungs- und opferreicher Mühe nicht endlich die Wege in die höhere Ministerial-Bürokratie, die Finanz-Institute, die befreundeten Industrien oder die öffentlich-rechtlichen Anstalten fürsorglich geebnet? Wie sollten, um das Wichtigste nicht zu vergessen, zuverlässige Mitglieder für die Stadt-, die Landesparlamente und für den Bundestag ausgesiebt werden, wenn nicht durch den Filter der Parteien?

Außenseiter stören. Sie beunruhigen das System. Bei ihnen weiß man nie. Sie reißen das Maul auf, sie prunken mit ihren Talenten, und sie glänzen auf Kosten der »zehntausende von uneigennützigen Marschierern«, die in den Volksparteien die »Tageskärrnerarbeit« leisten, wie der hessische CDU-Vorsitzende Kanther mit gerechter Empörung rief. Die Politik könne nicht wieder attraktiv werden, mahnte dieser gesinnungskräftige Christ-Demokrat, wenn die »Parteien nun auch noch von höchster Stelle in Verruf gebracht würden«. In der Tat: Es berührt die Grenzen der Loyalität, wenn das Staatsoberhaupt den Bürgern die Nachricht vermittelt, schwarz auf weiß gedruckt, daß »die Parteien bei uns im Vergleich zu anderen westlichen Demokratien in ihrer materiellen Ausstattung« – auch nach einem korrigierenden Urteil des Verfassungsgerichtes – »immer noch im Schlaraffenland« lebten.

Wenn der Demokratie solche Bärendienste geleistet werden, darf es niemanden wundern, daß sich das Volk von seinen

Volks-Parteien -- mithin von sich selber – in wachsender Verwirrung fernhält. Den Präsidenten und all die anderen billigen Schelter trifft – daran ist kein Zweifel erlaubt – die Verantwortung für den beklagenswerten Zustand, daß die tüchtigen Leute ihr Geld lieber in der Wirtschaft, in den Anwaltskanzleien oder in den Medien verdienen. Ist das erstaunlich? Wie soll eine Elite in die Parlamente gelockt werden, wenn den Abgeordneten künftig das Recht versagt ist, ihre Diäten selbst festzulegen? Der Präsident heißt das gut? Hat er die Bibel vergessen, die er dank seiner reichen Synodal-Erfahrungen sonst so kundig zu zitieren weiß: »Man soll dem Ochsen, der da drischt, das Maul nicht verbinden«: So steht es im Buch der Bücher.

Der Vorsitzende Kanther sprach, nach Süden blickend, nicht zu unrecht von einer »Cossiga-Verwandtschaft«. Er legte damit den Finger, wie man so sagt, in eine schmerzende Wunde. Der italienische Landesvater hieb – erinnert man sich? – mit geradezu unstillbarem Zorn auf die Regierung und die Parteien ein, die ihn vordem mit den schönsten Erwartungen auf ihren Schild gehoben hatten: Dies, rief er, sei seine Pflicht, um Volk und Staat vor der Verrottung zu retten. Viel richtete er nicht aus. Doch mit seinem Abgang prügelte er wenigstens Giulio Andreotti, seit nahezu einem halben Jahrhundert der Garant unwandelbarer Verhältnisse, in den Ruhestand, in den er sich aus freien Stücken kaum je begeben hätte.

Soweit trieb es der unsere nicht. Doch er muß den Vorwurf ertragen, daß er sich – nicht anders als der Kollege in Rom – in ein allzu populistisches Getechtel mit der öffentlichen Kritik an den Parteien eingelassen hat. Gewiß kannte er die Umfrage, bei der sechzig Prozent der Bürger unserer alten Bundesrepublik die Auskunft gaben, sie vertrauten den Politikern nicht, weil sie zu oft erlebt hätten, daß sie nicht die Wahrheit sagten. Also hätte die »Obhutspflicht«, die ihm der Vorsitzende Kanther zuschrieb, vom Präsidenten wenigstens ein solidarisches Schweigen gefordert. Aber nein; er bestand darauf, wie ein Mensch zu Menschen zu reden: unverstellt und unmittelbar, die Unangreifbarkeit seines Amtes nutzend. Unfair genug, daß er die Abgeordneten so rücksichtslos an ihre Verpflichtung zur Unabhängigkeit erinnert hat. Er weiß so gut wie jeder von uns, daß wir allesamt in ein Netz von Abhängigkeiten verstrickt sind: von den Fraktionsbütteln, vom Geld, von den Bürokraten, den Medien, außerdem – auch das noch – von den Wählern. Nur er nicht. Er führt sich auf wie ein freier Bürger: Dies ist das schlimmste. Er darf das. Er hat, was er braucht. Er will nichts mehr werden.

Kürzlich stellte ein wunderlicher Professor fest, der deutschen Republik mangle vor allem dies: der Stil. Vom Bundespräsidenten persönlich müsse unverzüglich ein »Deutscher Stilrat« berufen werden, der die dringend gebotene Abhilfe schaffe. – Sage keiner, wir hätten wichtigeres zu tun. Vielleicht hungert das Volk in Wahrheit vor allem nach Stil? Zum Beispiel die Ossis, die den preußischen Stechschritt der roten Ehrenbataillone womöglich ärger entbehren, als wir es ahnen?

Man darf den Vorschlag jenes Professors keinesfalls zu rasch von der Hand weisen: Er regt die Phantasie an, und er mag uns für den Rest des Sommers in unseren Berghütten und unseren Sandburgen aufs angenehmste beschäftigen, indem wir Zusammensetzung und Vorsitz jenes Gremiums gründlich und genußreich erörtern. Welche Karrieren könnten sich öffnen!

Der Genosse Oskar allerdings darf, der Saarbrückener Schäferspiele wegen, nicht ohne weiteres auf eine Ernennung zum deutschen Oberstilrat hoffen. Überhaupt ließ der Bundespräsident durch seine Vertrauten vorsorglich ausstreuen, er werde die Partei-Bediensteten vom Kreis der Stil-Experten fernzuhalten wissen.

Das ist es: Den Kärrnern, die diesen Staat voranstemmen, Tag und Nacht in den Speichen, gönnt der hohe Herr am Ende nichts, rein gar nichts. Wir stellen es nicht ohne Bitterkeit fest.

P.S. (im Klartext): Warum gingen Richard von Weizsäcker und die beiden Frager in ihrem Buch dem Problem der Bürokratie aus dem Weg? Sagte man nicht, sie führe die »politische Klasse« in Deutschland fest am Zügel? Nannte man die Bundesrepublik ganz grundlos einen »Beamten-Staat mit vor- und nachgeschalteter Demokratie«? In der Tat wäre zu untersuchen, wieweit sich die Interessen von Parteien und Bürokratie ineinander verschränken. Mit anderen Worten: Es wäre zu prüfen, ob es denn wahr ist, daß sich die Parteien der Bürokratie im Gang der Jahrzehnte nahezu rückhaltlos ausgeliefert haben. Oder verhält es sich umgekehrt? Sind wir mit einer fatalen Identität konfrontiert, die mit dem traditionellen Begriff der Demokratie nur noch von fern übereinstimmt?

Vom Elend der Selbstthematisierung

Dringende Bitte um eine neue Politik

Warnfried Dettling

Kritik und Antworten auf die extensive Debatte, die Richard von Weizsäcker ausgelöst hat, bewegen sich im traditionellen Paradigma des Politik- und Parteiendiskurses. Fixiert auf die politischen Parteien vermögen sie nicht zu erkennen, daß deren Krise vor allem die Außenansicht einer Krise der Politik am Ende des 20. Jahrhunderts darstellt.

Dieser Hinweis trifft weniger den Bundespräsidenten selbst als seine Kritiker, die sich auf die Reizworte von der »Machtvergessenheit« und der »Machtversessenheit« konzentriert und dabei das eigentliche Ansinnen des Bundespräsidenten übersehen haben, und so blieb die Kritik der Kritik denn auch merkwürdig äußerlich, oberflächlich, nicht selten auch selbstgerecht. Da sind jene, die auf seine analytische Kritik normativ reagieren, will sagen: Konfrontiert mit den empirischen Befunden der real existierenden Parteiendemokratie zitieren sie das Grundgesetz, verweisen sie auf den Auftrag der Verfassung, daß die Parteien bei der politischen Willensbildung des Volkes mitwirken, oder sie beschreiben einfach ihr idealtypisches Selbstverständnis, nämlich wie sie sich selbst als Parteien gerne sähen oder, dies vor allem, wie sie von anderen, von der Öffentlichkeit und von den Wählern gerne gesehen werden wollen. Diese Reaktionsweise ist aus anderen Zusammenhängen wohl vertraut: So reagieren Gewerkschaften und Kirchen, früher auch sozialistische Parteien und Staaten, auf kritische Hinweise und Fehlentwicklungen. Dieser Versuch, eine sachliche, eine empirische Kritik normativ zu unterlaufen, ist immer auch eine bewährte Strategie, sich selbst gegen jede Kritik zu immunisieren.

Andere wiederum lehnen die Kritik und ihre Berechtigung nicht rundweg ab, wollen die Mißstände aber nur einzelnen Sündenböcken und schwarzen Schafen aufgebürdet wissen. Die Mehrheit leiste tapfer und entsagungsvoll eine ebenso schwierige wie notwendige Arbeit für unsere Demokratie, mit großem Engagement und ganz ohne Affären und Skandale. Sie weisen die Kritik des Bundespräsidenten als ungerecht und wenig hilfreich zurück. Während sie sich selbst im Dienste des Vaterlandes verzehren, kommen die Kritiker und nun auch der Bundespräsident daher und, statt sie dafür mit Lob, Dank und Anerkennung zu erquicken, beladen sie sie noch zusätzlich mit Tadel und Vorwürfen.

Wieder andere erklären die Krise der Parteien aus dem Verhalten von Personen. In der Tradition der Fürstenspiegel bieten sie nun Parteienspiegel an, einen persönlichen und politischen Verhaltenskodex, der vorschreibt, wie sich ordentliche Politiker und Parteien zu verhalten haben: bessere Menschen, bescheidenere Politiker, weniger Aufwand als Antwort auf die Krise. In zugespitzter Form begegnet uns diese Position als dialektisch-materialistische Variante in postsozialistischer Zeit: das (materielle) Sein bestimmt das (politische) Bewußtsein. Am Gelde hängt, zum Gelde drängt doch alles... Die Krise der Parteien also als eine Frage und Folge der Parteienfinanzierung, und wenn diese erst einmal, samt Diäten und Pensionsregelungen, reformiert ist, dann kehrt auch das Vertrauen in die Parteien wieder zurück.

Was ist das Resümee dieser kurzen Geschichte einer leidenschaftlichen Debatte? Ich meine: Das Kurieren an Symptomen wird die Krankheit nicht heilen. Auch wenn Abgeordnete und Minister nicht mehr erster Klasse fliegen, weniger verdienen, länger auf ihre Altersversorgung warten müssen, werden sich Politik- und Parteienverdrossenheit nicht einfach auflösen, wird das Vertrauen in sie, in die politische Klasse, nicht einfach nachwachsen. Auch wenn in einer heilen Welt kein Politiker mehr korrupt wäre und alle Politiker Heilige, es würde an der »Krise der Parteien« wenig ändern. Wir haben es hier mit Strukturproblemen entwickelter demokratischer Gesellschaften zu tun, und deshalb können auf diese Weise, auf dieser Ebene des persönlichen Verhaltens und der persönlichen Moral, die Ausfallerscheinungen der real existierenden Parteiendemokratie nicht behoben werden.

Ebenso irrig war die Annahme, Ausfallerscheinungen des

frühen Kapitalismus durch Appelle an Veränderung des Verhaltens von Unternehmern beheben zu können. Statt dessen entstanden damals, als Antwort auf die strukturellen sozialen Verwerfungen der frühkapitalistischen Gesellschaft, politische Parteien, Gewerkschaften, Tarifparteien, soziale Verbände, die in Theorie und Praxis eine grundsätzliche Antwort auf die sozialen Konflikte jener Zeit suchten und nach politischen und gesellschaftlichen Alternativen fragten. Als Antwort auf die Krise des frühen Kapitalismus gab es Theorien und Debatten, die ihr Maß nahmen an der Frage nach einer besseren, nach einer möglichst gerechten Ordnung der Gesellschaft: eine andere Politik als Weg aus einer sozialen Krise.

Eine Ahnung von dieser politischen Dimension der Parteienproblematik vermittelt immerhin noch Heiner Geißlers voluntaristische Reaktion auf die Weizsäcker-Kritik. Gerade weil die politischen Aufgaben und die sozialen Konflikte schwieriger werden, gerade weil die politische Landschaft so zerklüftet ist, brauchen wir, so argumentiert er, die großen Volksparteien mitsamt ihrer besonderen Leistung, nämlich Interessen zu bündeln, Konflikte auszutragen, Alternativen zu formulieren, über den Tag hinauszudenken und so die Gesellschaft mit Blick nach vorn zu integrieren. Zu den Volksparteien gebe es keine gute Alternative.

Die Parteiendebatte hierzulande ist selbstreflexiv: Sie beschäftigt sich immerfort nur mit sich selbst. Auf diese Weise bestätigen und praktizieren noch die Kritiker durch ihre Kritik, was sie den politischen Parteien gerade lautstark vorwerfen: die (Selbst)Überschätzung der Parteien. Wer auf diese Weise die Krise der Parteien als Ursache (nach dem Motto, salopp formuliert: »Die Parteien sind an allem schuld«) und nicht als Folge einer Krise der Politik sieht, der bestätigt noch in seiner Kritik, was er ansonsten gerade vehement bestreitet: eine tatsächliche oder mögliche Omnipotenz der Parteien, und dies ausgerechnet in einer Zeit, in der ihre Ohnmacht immer offensichtlicher wird. Wenn Parteien (und ihre Repräsentanten) nur über Parteien (und ihre Repräsentanten) denken und reden, begegnen sie natürlich immerfort nur sich selbst. Dieses Elend der Selbstthematisierung, ein auch sonst, etwa in der therapeutischen Szene, nicht unbekanntes Phänomen, läßt sich hier wie dort nur überwinden, wenn es gelingt, den Blick von den Parteien weg und auf die großen Fragen der Zeit und der Zukunft zu richten. Nehmt euch, nehmt sie nicht so wichtig, möchte man den Parteien *und* ihren Kritikern zurufen, und kümmert euch statt dessen wieder mehr um Politik.

Ein Blick über die Grenzen bestätigt diese Vermutung. Die »Krise der Parteien« ist ja alles andere als ein deutsches Phänomen. Selbst in den USA, in dem neben Großbritannien klassischen Land des Zwei-Parteien-Systems, ist eine Diskussion darüber entbrannt, ob die Möglichkeit von *multi-party-politics* ein Weg sei, das alte Parteiensystem zu verjüngen oder aber es zu überwinden? Wie kommt es zu dieser fast gleichförmigen Entwicklung in vielen westlichen Demokratien?

Ein Blick zurück legt eine erste Vermutung nahe: Parteien waren immer auch Ausdruck gesellschaftlicher Verhältnisse und Entwicklungen. Sie sind keineswegs die allmächtigen Agenten des sozialen Wandels. Vielmehr spiegeln sie die Interessen und die Konflikte ihrer jeweiligen Zeit, oder sie werden, wenn sie es nicht (mehr) tun, mit der Zeit obsolet...

Die beiden großen deutschen Volksparteien, SPD und CDU bzw. deren Vorläufer, das Zentrum, entstanden im 19. Jahrhundert entlang zweier Konfliktlinien, dem sozialen Konflikt und dem religiösen Konflikt. Kirchenkampf und Klassenkampf als Realität und als Hoffnung oder Gefahr. Diese Konfliktlinien, in der Gesellschaft und im Bewußtsein der Menschen real und mächtig vorhanden, waren klar und eindeutig, sie mobilisierten und polarisierten die Menschen und die Gesellschaft. Die soziale Frage und die religiöse Frage wirkten parteibildend, sie gaben der Arbeiterbewegung und dem politischen Katholizismus sowie den entsprechenden Parteien ihr soziales und ihr ideologisches Profil. Anders gewendet: SPD und Zentrum waren neue konstruktive Antworten (und Alternativen) auf die potentiell »destruktiven« Konfliktlagen jener Zeit; beide haben entscheidend zur Institutionalisierung des sozialen und des religiösen Konflikts beigetragen, ihn dadurch entschärft und so zu einer Integration der Gesellschaft und des Staates beigetragen.

Man mag diese Phase als die erste formative Periode des deutschen Parteiensystems bezeichnen. Der Klassenkampf fand nicht statt, der Kirchenkampf bald sein Ende, und Gewerkschaften wie Kirchen gehören heute zu jenen befestigten Institutionen der Gesellschaft, die ihren ideellen und ideologischen Schwung zwar verloren haben, denen es aber (trotzdem oder gerade deshalb?) materiell ganz gut geht. Die religiöse und die soziale Frage haben ihre Sprengkraft und ihre Bindewirkung mehr und mehr eingebüßt. Die CDU hat früh und als erste Partei aus dieser veränderten Lage die politischen Konsequenzen gezogen (Union, Volkspartei) und an ihren Anfängen 1945 so eine nicht erwartete Erfolgsgeschichte begründet. Die SPD zog eher von ihren Mißerfolgen bei den Wahlen 1953 und 1957 gezwungen nach, mit dem »Godesberger Programm« (1959).

Die alten Konfliktlinien aus der ersten formativen Periode des deutschen Parteiensystems wurden blaß und blässer, im Bewußtsein der Menschen und in der Programmatik der Parteien, und dafür traten in den 50er Jahren neue Konfliktlinien in den Vordergrund des politischen Bewußtseins: Kalter Krieg und Ost-West-Konflikt, Westintegration oder deutsche Einheit zwischen Ost und West. »Freiheit statt Sozialismus«, das Für und Wider der Sozialen Marktwirtschaft, der Streit um die Entspannungspolitik. Man mag diese Phase von 1945-1989 als die zweite formative Periode des deutschen Parteiensystems beschreiben.

Auch in diesen formativen Jahren nach 1945 war es möglich, eindeutig zu sagen, wofür und wogegen CDU und SPD stehen, wen oder was sie repräsentieren. Die politische Rhetorik der Polarisierung und der Konfrontation hatte ihr *fundamentum in re* noch nicht verloren. Und das blieb auch, mehr oder weniger, bis in die achtziger Jahre hinein so: Die CDU stand für gute, für bessere Beziehungen zur Wirtschaft, für eine Ablehnung von Sozialismus und Kommunismus nach innen und nach außen und nicht zuletzt für jene widersprüchliche aber erfolgreiche Kombination von Kulturkonservativismus sowie wirtschaftlicher und technischer Modernisierung. Die SPD stand für mehr soziale Gerechtigkeit durch mehr Umverteilung, für eine Politik der Entspannung und des Ausgleichs mit dem Osten, für Kulturliberalismus und jene ihr eigentümliche Spannung zwischen Fortschrittsglaube und Fortschrittskritik.

In den achtziger Jahren verloren die Profile der beiden großen Volksparteien dann mehr und mehr ihre politische und ideologische Trennschärfe, und in Zukunft dürften alle Versuche, sie in der politischen Rhetorik des Alltages einfach und eindeutig gegeneinander abzugrenzen, hilflos oder nur noch komisch wirken oder aber nur um den Preis offensichtlicher Demagogie zu haben sein.

Die achtziger Jahre zeigten nämlich, daß die Regierung Kohl die Entspannungspolitik bruchlos fortführte, den Sozialstaat nicht demontierte und das neue Deutschland maßvoll und moderat repräsentierte. Und die SPD hat sich, konsequenter denn je seit ihrem Godesberger Programm, mit der marktwirtschaftlichen Ordnung nicht nur äußerlich arrangiert, die Grenzen der sozialen Verteilungsspielräume erkannt und anerkannt; gegenwärtig ist sie vor allem damit beschäftigt, »Ballast« abzuwerfen, und es fällt ihr sichtbar schwer zu unterscheiden, was denn Ballast und was Substanz ist.

Diese Konvergenz der beiden großen Parteien, die gewiß das politische Spiel langweiliger und die Zuschauer verdrossen macht und die Möglichkeiten für grundsätzliche Opposition an die Ränder drängt, hat nun nicht, wie ich meine, persönliche (Kohl und Engholm) und auch nicht nur taktische (Große Koalition) Gründe. Sie liegen vielmehr tiefer, sie wurzeln in Entwicklungen, die irreversibel sein dürften: Nicht nur haben sich, es ist oft beschrieben worden, die sozialen Milieus der Parteien abgeschliffen, auch ihr soziales Hinterland (Wähler, Sympathisanten) weist immer weniger eine unterschiedliche soziale Topographie auf. Die sozialen Profile der beiden Volksparteien werden einander immer ähnlicher.

Es ist offensichtlich: Jeder Versuch, im traditionellen Sinne die Menschen über die alte soziale Frage oder über die religiöse Frage anzusprechen, um auf diese Weise Wähler zu gewinnen, läuft auf ein Minderheitenprogramm hinaus. Aber auch aus den großen Themen der vergangenen Jahrzehnte lassen sich keine politischen Funken mehr schlagen, die auf eine Mehrheit überspringen. Der Zusammenbruch des real existierenden Sozialismus hat den einen ihre Utopie und den anderen ihr Feindbild genommen. Es sind diese großen Veränderungen, die stillen Revolutionen nach und vor 1989, die die Kulissen für das politische Stück und für die Personen des Dramas völlig neu gestellt haben. Alles hat sich geändert, nur die Parteien nicht und auch nicht ihre politischen Drehbücher. Verglichen mit diesen Verwerfungen sind die hausgemachten Ursachen für die Krise der Parteien nun nicht gerade Petitessen, aber doch von nachrangiger Bedeutung.

Die Antwort auf die Parteienkrise ist deshalb nicht in einer Parteienreform zu suchen und zu finden, sondern in einer anderen, in einer neuen Politik. Erst wenn politische Parteien (wieder) über sich hinausweisen auf Entwicklungen, auf Chancen und Gefahren der Zukunft, haben sie auch wieder eine Chance, für das politische Publikum wie für die aktive Öffentlichkeit interessant und attraktiv zu werden.

Der Bezugsrahmen und die Perspektive für die dritte formative Periode des deutschen Parteiensystems, in die wir jetzt eintreten, lassen sich nicht fix und fertig und a priori entwerfen, noch ist zu erwarten, daß sie sich konfliktfrei, ohne Brüche und Verwerfungen herausbilden werden. »Neue Ordnungen werden immer unordentlich geboren«, hat Guy Kirsch einmal lapidar bemerkt. Aber der Versuch, die Umrisse einer politischen Antwort auf die Krise der Parteien zu beschreiben, kann immerhin bei jenen Defiziten ansetzen, über die heute weitgehend Konsens besteht. Rolf Zundel hat bereits vor zehn (!) Jahren die wichtigsten Entwicklungen genannt, und er tat dies unter der Überschrift »Parteien in der Krise. Warum die traditionelle Politik überfordert ist«:

Die politische Ordnung der Gesellschaft, der Staat, wurde und hat sich im Laufe der Jahre mit immer mehr »politischen« Problemen überfrachtet. Der Umfang der politischen Probleme hat zugenommen: von der Sicherung des inneren und äußeren Friedens (Rechtsstaat) über die Daseinsvorsorge (Sozialstaat) bis hin zur Gestaltung der Lebenswelt. Kurz und bündig: Politik tut immer mehr – und gestaltet immer weniger. »Der Großbegriff von Politik ... hat alles aufgefressen.« (Rolf Zundel)

Die Unzufriedenheit der Menschen mit einer Politik, die immer nur ihren selbsterzeugten Erwartungen hinterherhechelt, führt zur vorläufig letzten Etappe in dieser Entwicklung, in die Flucht aus der Politik in populistische Bewegungen und Parteien. Immer mehr Menschen erwarten von der Politik die Erlösung von der Politik, immer mehr verfallen dem falschen Zauber der einfachen Antworten. Das ist die Stunde der Populisten. Sie werden weiter Erfolg haben, wenn der politische und der moralische Diskurs in den westlichen Demokratien auch künftig so kraftlos und kümmerlich geführt wird. Wir brauchen mehr Politik und weniger Staat, mehr Politik im klassischen Sinne: Verständigung über die öffentlichen Dinge des Gemeinwesens, nicht in Angst und Opportunismus, sondern in Rede und Gegenrede, die sich legitimiert durch gute Gründe, durch Ziele und Werte. Wir brauchen eine neue Wertedebatte, nicht im platonischen Ideenhimmel der Grundsatzprogramme, sondern eine öffentliche Verständigung darüber, was uns wichtig, was uns warum wieviel Wert ist, von Familien mit Kindern bis hin zur Lage der Menschen in Ostdeutschland. Eine technisch noch so perfekte, aber politisch-moralisch anspruchslose Politik vermag Loyalitäten nicht zu binden, gemeinsame Anstrengungen nicht zu legitimieren, solidarische Leistungen nicht zu begründen.

Das technokratische Politikverständnis stößt sichtbar und um so mehr an seine Grenzen, je offener, unsicherer und bedrohlicher die Zukunft wird. Aber auch mehr Partizipation im Sinne einer formalen Demokratisierung wird das Problem nicht lösen, sondern nur Unbehagen und Frustration vermehren. Klar ist: Die demokratische Frage stellt sich neu. Niemand hat Antworten, die befriedigen. Immer mehr Menschen wird staatliches Handeln immer undurchschaubarer. Das ist nur natürlich, je weiter weg, in Bonn oder in Brüssel, Politik sich ereignet. Die Verfassungsdebatte wird deshalb auch daran zu messen sein, wie radikal sie mehr Föderalismus und mehr Dezentralisierung (bis in die Kommunen hinein) wagt. Die real existierende Demokratie in Deutschland ist gegenwärtig nicht in guter Verfassung.

Als Politikverdrossenheit und als Kritik an den Parteien entladen sich gegenwärtig Stimmungen, die in dem Gefühl wurzeln, Politik sei ein undurchschaubarer und undurchdringlicher, gleichsam naturwüchsiger und nicht mehr kontrollierbarer Prozeß, eine Stimmungslage, die in gewisser Weise die notwendige Schattenseite eines politischen Betriebs darstellt, der gekennzeichnet ist durch Spezialisierung, Arbeitsteilung, eben durch die abgehobene Professionalisierung der Politik, eine Stimmungslage außerdem, die durch andere Entwicklungen noch zusätzlich verstärkt wird, so vor allem durch die Internationalisierung der Politik. Es duldet ja keinen Zweifel mehr, daß Europa, daß der Prozeß und die Institutionen der europäischen Einigung sich für immer mehr Menschen zunehmend von einer Hoffnung in einen Alptraum wandeln. Man mag darin durchaus auch ein positives Zeichen für die demokratische politische Kultur sehen, daß nämlich der *political man* in Deutschland noch nicht völlig sanft entschlafen ist, sondern Widerspruch anmeldet, wenn immer mehr Macht und Einfluß dort konzentriert werden, wohin keine demokratische Legitimation und Kontrolle mehr reichen.

Die Zurechnung der Ursachen für das eigene soziale Befinden wird mehr und mehr adressiert an Staat und Gesellschaft, sie werden immer weniger festgemacht im eigenen sozialen Nahbereich oder gar in der persönlichen Verantwortung. Zugleich schwindet die gesellschaftliche Wirkungsmächtigkeit jener sozialen Institutionen, von der Familie über die Nachbarschaft bis hin zur Religion, die den Menschen auch in Not und bei Versagen gehalten und getragen haben. Es sind diese menschlichen und sozialen Kosten der Modernisierung, die den sozialpsychologischen Boden bereiten, auf dem Politik- und Parteienverdrossenheit allererst gedeihen. Was als »Unbehagen an den Parteien« aufscheint, enthüllt sich in Wahrheit als »Unbehagen an der Modernität« (Peter L. Berger).

Sieht man die Provokation Richard von Weizsäckers in dieser Perspektive, und er selbst gibt hinreichend Hinweise dafür, dann wird vollends deutlich, daß die »Krise der Parteien« recht eigentlich auf eine Krise der Politik verweist, die ihren Grund nicht im persönlichen Verhalten und auch nicht im Versagen dieser oder jener Politiker oder Parteien hat, sondern in langfristigen Entwicklungen.

Dies mag Politiker und Parteien entlasten. Aber es macht auch die Größe ihrer Aufgabe deutlich. An ihr können sie scheitern oder wachsen. Doch es gibt keinen Weg zurück.

Im Zweifel für den Angeklagten
Fünf Thesen zur politischen Klasse

Claus Leggewie

Die da oben sind ganz schön unten durch. Die staatstragende Klasse in Bund, Ländern und Gemeinden wird mit einem Begriff bedacht, der seinerzeit einem Häuflein militanter Staatsfeinde vorbehalten war: Bande, Verdruß, Unbehagen, Wut, anfangs anonyme Stimmungen politischer Unzufriedenheit, haben unterdessen in raumgreifender Wahlabstinenz und rechtswie linkspopulistischer Akklamation sichtbaren Ausdruck gefunden. Politik gleicht einem Spießrutenlauf: Und Politiker, einstmals hochangesehene Amtsinhaber und Vertreter des Volkes, sind zu Sündenböcken und Watschenmännern der Nation heruntergekommen.

In der Politik gibt es den Zyklus von Engagement und Enttäuschung[1]. Im westlichen Nachkriegsdeutschland herrschte beinahe Ehrfurcht vor dem restaurierten Staat und untertäniger Respekt vor Staatsmännern; in den *roaring sixties* übertönte diese michelige Bravheit die schrille Empörung einer Minderheit, die eine kulturrevolutionär zu nennende Abkehr von der Obrigkeit auslöste. In den 70er Jahren führte das zur massenhaften Abwanderung, teils in Bürgerinitiativen und soziale Bewegungen, teils auch in gemütliche Privatpolitik. Die Wechsel- und Nichtwählerei nahm zu. Jetzt folgt offenbar, am Ausgang eines langen Demokratisierungszyklus, die negative Repolitisierung; Leute, die schon im »Exit« verschwunden schienen, kommen durch die Hintertüre wieder herein und erheben ihre Stimmen. Der vordem marginale Affront gegen das Bonner Establishment hat sich gemein gemacht; ihn verstärkt nun die ostdeutsche Aversion gegen die West-Kolonisatoren. Wie die populistische Welle in ganz Europa zeigt, ist solche Anti-Politik keine deutsche Spezialität, auch die Erfolge von Ross Perot oder des Japaners Morohiro Hosokawa unterstreichen dieses Syndrom der Politik- und Demokratiemüdigkeit.

Vor diesem Hintergrund ist es wirklich keine Kunst, Parteien zu schelten, und erst recht nicht mehr progressiv, Politiker (»Hallo Deutschland«) lächerlich zu machen. Was da schimpft und lacht, ist der Auftakt zum Grabgesang einer Demokratie, die keine Freunde und erst recht keine Vorkämpfer mehr hat. Aber wenn das Ensemble schlecht spielt, muß nicht gleich das ganze Theater geschlossen werden. Wir sitzen in der Kritikfalle. In der Abrechnung des politischen Bankrotts bleibt der Bürger, das sakrosankte Wesen, unverdient geschont. Doch die Hand, mit der das Volk anklagend oder drohend auf die da oben zeigt, weist auf den verdrossenen Souverän selbst zurück. Das antipolitische Argument dreht durch und läuft leer.

Ich werde hier eine Lanze für die Politik brechen und sogar das Loblied auf Politiker anstimmen, auch wenn sie alles tun, um die gemeine Klage zu bestätigen. Das klingt leicht apologetisch. Aber ich rede nicht *pro domo*, sondern pro Demokratie.

1. Vom Schimpfwort zum Begriff

Die gesamte »politische Klasse« ist ins Gerede gekommen. Die Attacke Richard von Weizsäckers saß; »getroffener Hund« bellte pflichtgemäß und beleidigt zurück[2]. Aber wer ist eigentlich gemeint? Ideengeschichtliche Ableitungen und terminologische Spitzfindigkeiten außer Betracht gelassen, sind mit politischer Klasse gewöhnlich alle Akteure gemeint, die maßgeblich an der Staatsleitung beteiligt sind: führende Regierungspolitiker im Kanzleramt und in den zentralen Ressorts, dazu die Fraktionsspitzen, die leitende Ministerialbürokratie und die aktiven Abgeordneten der wichtigsten Ausschüsse[3]. In korporatistisch versäulten Regierungssystemen und solchen mit »Mitte-Drift« (wie bei uns), gehören dazu auch die Chefs der staatstragenden Opposition, hohe Parteileute, Spitzenfunktionäre von Großverbänden und Hierarchen öffentlichrechtlicher Körperschaften, bisweilen noch nahestehende Journalisten, Berater, Professoren und andere graue Eminenzen, Landesfürsten und Stadtoberhäupter komplettieren dieses Netzwerk und sind, via Parteien, Bundesrat usw., mit der

Hauptstadtszene verflochten. Diese Leute bilden kaum ein so geschlossenes und an sich und für sich identifizierbares Gebilde wie eine Klasse; aber sie kooperieren und kommunizieren häufiger und intensiver untereinander als mit anderen. Dadurch nehmen sie eine gewisse Familienähnlichkeit an: Sie teilen Bildungswege und Generationsgefühl, Jargon und Rituale; sie bilden noch im Streit einen gewissen Korpsgeist aus und nehmen, nicht zu vergessen, gewisse Vorrechte in Anspruch. Nennen wir sie einfach (und weniger reißerisch): die politische Elite der Bundesrepublik Deutschland.

2. Wider die populistische Heuchelei

Ein Teil der Kritik an dieser Elite spießt nur unübersehbare Schwächen des politischen Alltagsbetriebs auf und meldet konkrete Reformwünsche an, um die Rekrutierung und Arbeitsweise der Berufspolitiker (und ihre Darstellung in der Öffentlichkeit) zu verbessern. Von der Parteienfinanzierung über die Politikerbesoldung und die Parlamentsreform bis zum Rückzug von Parteivertretern aus öffentlichen Gremien wie Sparkassen und Funkhäusern sind hier seit Jahren nützliche Selbstbescheidungsangebote von Vertretern der politischen Elite vorgelegt worden; zu einem Paket gebündelt, würden sie eine kaum hoch genug zu bewertende Selbstreinigung der Bonner Republik einleiten[4]. Doch hat die romanisch (von den italienischen Soziologen Gaetano Mosca und Vilfredo Pareto)[5] entlehnte, in die Politologensprache eingegangene Reizvokabel politische Klasse in ihrer aktuellen deutschen Verwendung einen unangenehmen Beigeschmack: Linke Populisten wollen das Volk vor den Machenschaften der »herrschenden Klasse« oder der »Machtelite« schützen, ihre rechten Kollegen die »einfachen Leute« vor den Umtrieben der »Bürokraten« und »Bonzen«. Immer schwingt hier der Verdacht eines uferlosen Privilegs, des sorgfältig gehüteten Geheimnisses oder gar der Verschwörung mit.

Das kommt angesichts der Skandalserie, die zuerst die Volksparteien, dann die Gewerkschaften und schließlich sogar die Umweltverbände in Verruf brachte, nicht von ungefähr. Aber den alten Gegensatz von Hinterland und Hauptstadt, von Politikerkaste und Volk gibt es in Wirklichkeit nicht mehr; er ist eine rhetorische Figur, eine journalistische Fiktion zur Verdrängung einer unübersichtlich gewordenen Realität. Die Dichotomie von mächtiger Klasse und machtloser Masse ist eine Phrase: nicht fehlende Bürgernähe der Politiker, sondern ihre viel zu enge Nachbarschaft zu »den Leuten« und die Indifferenz von Politik und Gesellschaft ist das eigentliche Problem, und zwar der Wahrnehmung wie der Erfolgschancen von politischen Amtsinhabern. Die Krisenerscheinungen der westlichen Demokratien werden nicht überwiegend von »der Politik« oder »den Parteien« verursacht, sondern vor allem vom Erlahmen des Bürgersinns und von der rasanten Verknappung der Zivilcourage. Politiker, die angeblich zu wenig tun und zu viel verdienen, die abgehoben agieren und gleichzeitig doch viel zu gewöhnlich sind, kommen da als Sündenböcke ganz recht.

Dieses Manöver ist, um es deutlich zu sagen, ein Ausbund an Selbstgerechtigkeit. Die Mentalität der allseitigen »Selbstbedienung«, des ungenierten »Beutemachens«, des bedenkenlosen »Durchstechens« ist dem Bürger-Volk, das sich an den Parteipolitikern abarbeitet und selbstgnädig freispricht, so fremd nicht. Politik ist zwar wirklich so schlimm, wie Lieschen Müller es immer befürchtet hat – aber Lieschen ist keinen Deut besser. Die Kritik an denen da oben, vor allem, wo sie Einkünfte betrifft, ist phärisäerhaft bei einem Volk, das ebenso dreist fünfe gerade sein läßt. Geradezu lächerlich ist es, wenn andere Eliten, Unternehmer zum Beispiel, in den Chor der Heuchler einstimmen. Und nicht ganz wohl fühlt man sich auch im Fähnlein von Robin Hoods wie Hans Herbert von Arnim und Erwin K. Scheuch, die ihre begründeten Bedenken aus der Warte korporativer Interessen (hier: des Bundes der Steuerzahler und der »Freiheit der Wissenschaft«) in eine grundsätzliche Kritik am Parteienstaat münden lassen[6]. Zu ihm – so unansehnlich und reformbedürftig er ist – sehe ich keine realistische und demokratieverträgliche Alternative mehr.

3. Double bind

In der Kritik an der politischen Klasse fließen die generelle Klage über die »Abgehobenheit« der Berufspolitik und das summarische Lamento über Staatsversagen und Showpolitik zusammen. Zahllose Affären, Entscheidungsblockaden und mißratene Inszenierungen von der Basis bis zur Spitze der Politik geben dem überreichlich Nahrung: Die politische Elite wirkt in der Tat weder besonders leistungsstark noch recht vertrauenswürdig. Aber das kritisierende Publikum verwickelt sich erneut in Widersprüche und produziert serienweise *double binds*. Es wünscht sich den professionellen Krisenmanager und den Politikamateur zum Anfassen in einer Person. Es möchte »klare Alternativen«, aber »Krach« in jeder Form verabscheut es. Es sehnt sich nach Harmonie, geißelt aber die Kompromisse, die die Politiker aushandeln. Es träumt von der Wiederkehr der starken Persönlichkeit, doch wehe, wenn sich ein neuer Adenauer oder Wehner in Bonn festsetzte. Es wünscht Seriosität, aber jede Talkshow, in der nicht die Fetzen fliegen und keine Indiskretionen auf den Tisch kommen, wird ungeduldig abgeschaltet. Es moralisiert ausdauernd, aber nur über die anderen. Die Bürger wollen kunstvoll regiert werden, aber sie erwarten vom Staat eben jene elende Interessenvermittlung, die sie selbst nicht übernehmen wollen.

4. Versagen der Opposition

Die populistische Aversion verlöre einen Teil ihrer Brisanz, wenn der Wechsel zwischen Regierung und Opposition in den westlichen Demokratien auf die gewohnte Weise funktionieren würde. Allenthalben stehen Regierungen auf Abruf. Doch in den Strudel des Vertrauensverlustes sind die Oppositionskräfte einbezogen. Auch von ihnen erwartet man keine Besserung mehr. Nicht sie werden an die Macht gewählt, sondern die da oben gehören abgewählt; wer, wie Helmut Kohl, über ein Jahrzehnt dranbleibt, ist vor generellem Mißbehagen erst recht nicht gefeit. Der intelligente Nichtwähler, der ja insbesondere die Opposition nicht wählt, wird neuerdings von den Demoskopen zum exemplarischen *zoon politikon* geadelt[7]. Die Opposition muß sich personell und programmatisch ins Zeug legen, um noch den überfälligen Machtwechsel zu bewirken; ersatzweise bekundet sie »nationale Gemeinsamkeit« und inszeniert künstliche Polarisierungen. Doch das alte Indianerspiel zwischen Radikalen und Konservativen, zwischen Republikanern und Demokraten, zwischen Rechts und Links hat seinen Reiz und seine Berechtigung längst verloren und ödet das Publikum an[8].

Dahinter steckt ein allgemeines Problem: Die sogenannte Beteiligungsrevolution der 60er und 70er Jahre, die den Graben zwischen Bürgern und Politik verringert und Ansprüche auf allseitige Mit- und Selbstbestimmung ermuntert hat, war nicht von einer entsprechenden Runderneuerung der politischen Eliten innerhalb oder außerhalb des Parteiensystems begleitet – der bürgerliche Höhenflug ist jetzt selbst im allgemeinen Granteln gestrandet. Man wirft der politischen Klasse gern vor, sie blockiere die potentiellen Nachrücker, so daß weder die 68er noch die Ökologen noch schließlich die Bürgerbewegungen ins Bonner Biotop hineingelassen worden wären. Aber zu diesem Vorgang gehören zwei, nämlich das Wegbeißen der Etablierten und die erstaunliche Zahnlosigkeit (soll man sagen: Machtvergessenheit?) der nur *wort*gewaltigen Anwärter.

Die alten Berufsbilder sind obsolet und die gewohnten Rekrutierungskanäle unbrauchbar geworden. Man rückt ins politische Establishment nicht mehr kraft Adelstitel, Besitz oder Bildung ein, nicht mal dank Juristen- oder Studienratsmonopol. Das abschreckende Bild der politischen Klasse wirkt als selbsterfüllende Prophezeiung: Wer heute etwas auf sich hält, geht bestimmt nicht in die Politik; wer dort landet, ist Produkt einer Negativauslese oder heroisches Opfer künftiger Intrigen. Einer vom Format des viel gerühmten Vaclav Havel wäre bei uns schon im Ortsverein hängengeblieben, wenn er sich überhaupt auf den Weg gemacht hätte. Der verzweifelte Ruf nach Seiteneinsteigern und Querdenkern, in den Oppositionschefs und neuerdings sogar der Kanzler einstimmen (ohne als Parteivorsitzende entsprechend tätig zu werden), deutet auf diese Lücke hin. In das Vakuum stoßen andere, ganz und gar unberufene Ersatzleute, die Träger des blauen Haider-Schals oder Leute in schwerer Montur[9].

5. Paradoxien postmoderner Politik

An Demokratien unseres Typs enttäuscht ihre »normalisierte Durchschnittlichkeit« (Helmut Plessner), die Mittelmäßigkeit des Personals wie der Kompromißcharakter ihrer Lösungsangebote. Es geht aber nicht primär um den guten Willen oder den Charakter der Akteure und Darsteller von Politik. Postmoderne Gesellschaften können kein festumrissenes Steuerungszentrum mehr hervorbringen, das sich personell und in der Art seiner Eingriffe klar von seiner Umwelt, den verschiedenen gesellschaftlichen Teilsystemen, abgrenzt. Politik dezentriert sich mit der Gesellschaft und ihren Lebensstilen[10]. Es fällt den politischen Repräsentanten schwer, den alteuropäischen Regierungsstil und Interventionsanspruch zu begründen und durchzusetzen. Sie bewegen sich selber gleichrangig in einem Netz politischer Kommunikations- und Austauschprozesse. Gleichzeitig wächst, vor allem durch dringende Umweltprobleme und weltweite Wanderungsströme, der Problemdruck: Alle schauen erwartungsvoll auf »den« Staat, obwohl der sich zwischenzeitlich in seiner alten Form selbst abgeschafft hat. Damit wachsen die Risiken der sozialen Anomie und Desintegration. Die Restauration eines starken Zentrums, eines leistungsfähigen und repräsentativen Leviathans, ist eine Scheinlösung. Die Schwierigkeit besteht also darin, daß man weder naiv auf die Wiederherstellung einer »guten« politischen Klasse drängen noch ihre systembedingte Selbstabschaffung nonchalant feiern kann. Was also dann?

Im zwanzigsten Jahrhundert sind viele Alternativen durchgespielt worden (und werden noch immer erprobt): Volksgemeinschaft, Rätediktatur, Basisdemokratie, Elitenkorporatismus, das Regiment parteiloser Fachleute usw. usf. Viel zu viel davon hat sich in westlichen Demokratien gehalten oder eingeschlichen. Man kann sich (siehe oben) Korrekturen innerhalb des bestehenden Institutionengefüges vorstellen, die die allseitige Unzufriedenheit ein wenig mildern dürften – auch sie sind wieder wenig aufregend, kaum medienwirksam und ziemlich »technisch«. Aber damit ist dem demokratischen Urvertrauen noch nicht wieder aufgeholfen. Die Abdankung einer konservativen Staatstheorie, die nur noch in einigen Nachrufen auf den Meister Carl Schmitt reklamiert wird, erkennt man auch daran, daß eigentlich lagerübergreifend Einigkeit besteht: vor den Übergriffen selbstgerechter Eliten, darunter der politischen, vor dem Versagen der Eingriffe des überforderten Staates, vor der Illusion der unsichtbaren Hand des Marktes, auch vor dem Rückfall in autoritäre und volksgemeinschaftliche Muster ohne Wert, bewahrt nur die Bürgergesellschaft[11], die wir selber bilden – ohne stabiles Zentrum, ohne genaue Kompetenzzumessungen, ohne homogene Überzeugungen, ohne vorausgesetzten Konsens, ohne perfekten Masterplan. Gefragt ist eine Ansammlung politischer Unternehmer, Bastler, Ingenieure, die eine Politik der Differenz zu gestalten und zu repräsentieren vermögen.

Staat gemacht wird bei uns noch in der Tradition der Moderne: mit den altbewährten Mitteln von Gewalt, Gesetz und Geld will und soll der bürokratische Kopf den Körper der Gesellschaft regieren – und zielt dabei mehr und mehr ins Leere. Das Mäkeln an der politischen Klasse und der konservative Ruf nach einer potenten Verwaltung und bullenstarken Persönlichkeiten trauern dem alteuropäischen Staat nach. Der aber kann weder das Ozonloch schließen noch das Geburtendefizit ausgleichen. Und wer baut das demolierte South Central L.A. wieder auf, wer repariert das Nordend einer ordinären Ruhrgebietsstadt?

Solche Eingriffe können, wenn überhaupt, nur noch gelingen, wenn der Staat selber als Verhandlungspartner mit am Tisch sitzt und als Moderator auftritt. Dazu muß er neben seinen spärlicher werdenden Gewalt- und Geldressourcen das weiche Medium der Überzeugung, die Persuasion, einsetzen und versuchen, dem gesellschaftlichen Wildwuchs von Ideen und Interessen Richtung zu verleihen. Mit anderen Worten:

Die Macht des Staates besteht in der Ermöglichung gesellschaftlicher Selbstregelung, auch gegen mächtige Monopole und Korporationen. Autoritäre Direktheit verfängt beim besten Willen nicht mehr – auch wenn man Polizei und Budgets noch so aufbläht. Und wenn sich die Kassen auch wieder füllen: Der Wohlfahrtsstaat kann uns nicht vor allen Risiken feien.

Unsere politische Phantasie reicht bisher kaum aus, uns einen solchen Supervisionsstaat auszudenken und ins reformierte Grundgesetz einzutragen; dabei ist er in lokalen und regionalen Verhandlungssystemen, Netzwerken und Runden Tischen schon ganz unscheinbar auf dem Weg. Der dezentrale Staat ist kein Hirngespinst; auch das Regieren wird entzaubert – mal sehen, ob wir das aushalten. Der Staat wird damit nicht absterben, auch nicht verkommen; aber politisches Handeln verlegt sich in die vielarmig »ausdifferenzierte« Gesellschaft.

Staatliche Politik wird raffinierter und bescheidener zugleich – und vielen fremd, die sich gern nach altem Muster regieren lassen. Sie neigen deshalb zu einer Heiligung des Staates als Nation – und hier liegt die Achillesferse einer fein gewebten, kaum sichtbaren Staatskonstruktion, die nichts für die symbolische Erscheinung, das Design, die Zurschaustellung ihrer Künste unternimmt. Die Einübung des politischen Experiments mit lose gefügten sozialen und professionellen Netzwerken steht in keiner Relation zu den ökologischen und demographischen Risiken, unter denen unsere ganze Existenz steht. Angesichts des Zeitdrucks kann einem der Mut sinken und die Lust an der Politik vergehen. Deshalb macht jeder Tag, den wir uns weiter den Luxus einer sich selbst verstärkenden und bestätigenden Politikverdrossenheit leisten, den Erfolg dieses Experiments noch unwahrscheinlicher.

---

1 Albert O. Hirschman, Exit, Voice, and Loyalty. Responses to Decline in Firmes, Organizations, and States, Cambridge/Mass. 1970

2 In Richard v. Weizsäckers Gespräch mit Gunter Hofmann und Werner A. Perger, Frankfurt/Main 1992 wird die politische Klasse nicht explizit als solche tituliert und kritisiert. Der Bundespräsident äußert aber eine Parteienschelte, die so verstanden wurde, daß »sich die deutsche Politiker-

kaste solch ätzendem Tadel ausgesetzt« sah wie selten zuvor (Spiegel 26/1992, S.3). Vgl. die Reaktion Norbert Blüms, ebda. und Helmut Kohls Meinungsbeitrag, sowie Wolfgang Schäuble in: Die Zeit Nr. 32/1992. Von SPD-Seite (namens eines anderen, der gerade verhindert war) Reinhard Klimmt, In der Legitimationsfalle, tageszeitung, 15.6.1992

3 Die politologische Debatte kann in drei neueren Beiträgen nachvollzogen werden: H.D. Klingemann u.a. (Hg.), Politische Klasse und politische Institutionen, Opladen 1991 und Dietrich Herzog, Brauchen wir eine Politische Klasse?, in: Aus Politik und Zeitgeschichte, B 50/1992; S.3 ff. beantworten die Frage positiv, während Klaus von Beyme, Der Begriff der politischen Klasse – Eine neue Dimension der Elitenforschung, in: Politische Vierteljahresschrift, Bd. 33, H. 1/1992, S.4 ff., skeptisch bleibt.

4 Zu verweisen ist auf die u.a. von Hildegard Hamm-Brücher seit Jahren betriebene Initiative zur Parlamentsreform, die vom Bundespräsidenten, von der Bundestagspräsidentin und von der Bundesregierung berufenen Kommissionen zur Reform der Parteienfinanzierung und des Abgeordnetenrechts und Vorschläge einer Gruppe von CDU-Abgeordneten um den Geschäftsführer der CDU/CSU-Fraktion, Jürgen Rüttgers, z.B. in: DIE ZEIT, Nr. 21/1992 und FAZ-Sonntagszeitung, 5.7.1992

5 Die beiden »Klassiker« stammen von 1896 (Gaetano Mosca, Elementi di scienzza politica, dt. u.d.T. Die herrschende Klasse. Grundlagen der politischen Wissenschaft, 1923, zuletzt München 1950; dazu E.A. Albertoni, Mosca and the Theory of Elitism, Oxford 1987) und 1916 (V. Pareto, Trattato di sociologia generale, dt. u.d.T. Allgemeine Soziologie, zuletzt Tübingen 1953)

6 Gemeint sind die möglichen Implikationen der Streitschriften von Hans Herbert von Arnim, Die Partei, der Abgeordnete und das Geld, Osnabrück 1990 und vor allem Erwin K. und Ute Scheuch, Cliquen, Klüngel und Karrieren. Über den Verfall der politischen Parteien – eine Studie, Reinbek 1992

7 so z.B. in der Argumentation von Dieter Roth (Forschungsgruppe Wahlen), in: SZ XX, 1992

8 dazu aus amerikanischer Sicht jetzt E.J. Dionne, jr., Why Americans Hate Politics, New York 1991

9 Zum Nationalpopulismus vgl. meinen Art. im Evangelischen Kirchenlexikon (i.E.)

10 dazu zuletzt der systemtheoretische Versuch von Helmut Willke, Ironie des Staates. Grundlinien einer Staatstheorie polyzentrischer Gesellschaften, Frankfurt/Main 1992 und Fritz W. Scharpf, Die Handlungsfähigkeit des Staates am Ende des 20. Jahrhunderts, in: PVS Bd.32, H.4/1991, S.621-634 und mein Beitrag: Staatskunst. Über die Politik der Differenz, zum Kongreß Die Aktualität des Ästhetischen, Hannover 1992 (i.E.)

11 Zur Bürgergesellschaft vgl. die Beiträge von Ralf Dahrendorf (zuletzt in: Merkur 7/1992, S.557 ff.) und Dubiel/Frankenberg/Rödel, Die demokratische Frage, Frankfurt 1990; aus amerikanischer Sicht Benjamin Barber, Strong Democracy, Berkeley 1984

Neue Grenzen der Politik

Von der notwendigen Selbstbeschränkung der Parteien

Jürgen Rüttgers

Zu den Ursachen der aktuellen Vertrauenskrise zwischen Parteien und Bürgerschaft zählt, daß die Parteien in den zurückliegenden Jahren ihre Einflußbereiche über Gebühr in die Freiräume bürgerschaftlicher Selbstbestimmung hinein ausdehnten. In immer weitere Bereiche des gesellschaftlichen Lebens verzweigten sich ihre Aktivitäten. Die Folge dieser Entwicklung war – entgegen der ausführenden Begründung: mehr Teilhabe der Bürger an der politischen Willensbildung – mehr Teilhabe der Parteien an der Lebensgestaltung der Bürger. Die Parteiendemokratie überlagerte häufig die bürgerschaftliche Selbstorganisation. Statt ihrer orginären Aufgabe nachzukommen, Mittler zwischen Bürger und Staat zu sein, verfingen sich die Parteien mehr und mehr im Geflecht gesellschaftlicher Ansprüche einerseits und staatlicher Machtausübung andererseits.

Zu den Schubkräften dieser Entwicklung zählte der mit dem euphorischen Attribut einer Demokratisierungsoffensive versehene Beginn der sozial-liberalen Koalition im Jahre 1969. Bundeskanzler Willy Brandt kündigte in seiner Regierungserklärung an: »Wir stehen nicht am Ende unserer Demokratie, wir fangen erst richtig an.« *Mehr Demokratie wagen* wurde zum Synonym einer intellektuellen Aufbruchstimmung, deren Kurs Willy Brandt mit der Formel bestimmte: »Für die CDU/CSU bedeutet Demokratie eine Organisationsform des Staates. Für die SPD bedeutet Demokratie ein Prinzip, das alles gesellschaftliche Sein der Menschen beeinflussen und durchdringen muß.«

Mit dieser programmatischen Zielvorgabe verband sich die Mobilisierung der Gesellschaft im Sinne der Leitvorstellungen der etatistischen Linken, die von Demokratisierung sprach, aber letztlich Verstaatlichung meinte. Sie war überzeugt, daß nur der staatliche Zugriff auf alle Bereiche der Gesellschaft vorhandene Ungerechtigkeiten beheben könne. Das Instrument dieser Politik sollte ein Programm innerer Reformen sein. Aus der Sicht der neuen Regierung waren »Mensch und Mittel so einzusetzen, daß ein optimaler Effekt erzielt wird«. Es ging um staatliche Planung und Steuerung der menschlichen Umwelt und Lebensverhältnisse. Dies traf für die Bildungspolitik ebenso zu wie für die Strukturpolitik, für die Raumordnung und die Finanzplanung. Mithin galt es, der Politik und damit auch der staatlichen Steuerung neue Bereiche zu erschließen.

Neben »Planung« machte »Partizipation« als zweites Zauberwort Karriere. Beide, Planung und Partizipation, sollten die charakteristischen Merkmale der Reform in Schule und Hochschule, in den Betrieben und Unternehmen, bei der Strukturpolitik und Raumplanung sein.

Die Folgen dieser Weichenstellung bleiben zwiespältig: Einerseits zeigten sich Erfolge dort, wo sich für autonome gesellschaftliche Gruppen neue Gestaltungsräume boten. Andererseits aber – und diese Entwicklung wirkte nachhaltiger – griff der Staat zunehmend in die Lebensbereiche seiner Bürger ein. Metastasenhaft wucherten die Bürokratien. Der Leistungsstaat, vielfach schon als Betreuungs- oder Bevormundungsstaat kritisiert, expandierte. So stieg etwa die Zahl der Vollzeitbeschäftigten im Öffentlichen Dienst zwischen 1970 und 1990 um fast ein Drittel, nämlich von 3,6 auf 4,6 Millionen. Der Staat sicherte nicht nur weitgehend seine Bürger gegen Risiken ab, sondern subventionierte den ohnehin steigenden Wohlstand mit Zuwendungen aus den öffentlichen Kassen, vor allem dann, wenn sich Interessengruppen deutlich zu Wort meldeten. Wer laut rief, bekam. Da dabei aber das Gießkannenprinzip Anwendung fand, geriet der einzelne mehr und mehr aus dem Blick.

Mit der Entwicklung zum Leistungsstaat erweiterten sich auch das Handlungsfeld und die Einflußsphären der Parteien. Je tiefer der Staat in den gesellschaftlichen Bereich hinein intervenierte, um so stärker wuchs die Rolle der Parteien als

Entscheidungs- und Verteilungsinstanzen. Zu oft erwiesen sich dabei die Parteien in den zurückliegenden Jahren auf einem Auge blind. Durchaus guten Willens, machten sie sich für Einzelinteressen der Bürger stark, ohne dabei jedoch in ausreichendem Maße ihre Verpflichtung gegenüber dem Gemeinwohl zu verdeutlichen. »Nein«-Sagen kam außer Mode. Die Folge war, daß die Parteien immer mehr als Interessenvertreter identifiziert und auch von den Bürgern belangt wurden. Gelang es den Parteien nicht, die Privatinteressen ihrer Klientel zu verwirklichen, entzogen die Bürger den Parteien die Unterstützung.

Hinzu kommt, daß neben der Ausdehnung der Befugnisse von Parteien eine Verlagerung von Entscheidungen in nicht öffentliche Zirkel stattfand, was vom Bürger kaum noch als demokratisch legitimiert, sondern eher als Form der Fremdbestimmung empfunden wird. Viele Bürger glauben heute, daß die Parteien und Fraktionen in den Städten und Gemeinden, aber auch im Bund und in den Ländern, immer weniger ihre Interessen vertreten. Für sie sind Parteien ein Teil staatlicher Gewalt. Dadurch gerät der grundgesetzliche Auftrag der Parteien, Mittler zwischen Bürger und Staat zu sein, in Gefahr. Es gilt, die Schwergewichte neu zu setzen.

Mit der Ausweitung ihres Handlungsbereichs haben die Parteien auch ihre Kräfte überspannt. Dadurch, daß immer weniger Funktionsträger immer mehr Arbeit zu bewältigen haben, wird die Rolle der »Partei-Profis« immer bedeutender. Selbst auf kommunaler Ebene wurde die bürgerliche Selbstverwaltugn durch den Trend zur Professionalisierung abgelöst. Die Selbstüberforderung der Parteien ist auch ein Grund dafür, daß viele Bürger das Parteihandeln als Fremdbestimmug und nicht als Chance der Mitwirkung empfinden.

Die Parteien haben auf den Vorwurf zunehmender Parteienverdrossenheit alle in ähnlicher Weise reagiert: Sie leiteten Reformen der Binnenstrukturen und der Erscheinungsformen ein. »Praktizierte Bürgernähe« ist das Stichwort. Die Rezepte gleichen sich im wesentlichen: stärkere Berücksichtigung von Frauen und jungen Menschen bei der Vergabe von Ämtern und Mandaten; Abbau überflüssiger Reglementierungen, intensivere Beteiligung von außenstehenden Bürgern am Meinungsbildungsprozeß in der Partei; mehr Informationsangebote für Mitglieder; Vermeidung von Ämterhäufung.

Dies sind wichtige Ansätze. Sie bezeichnen den Weg von der Gremienpartei zur Bürgerpartei und sind durchaus geeignet, Fehlentwicklungen zu korrigieren, denen Parteien als moderne Großorganisationen immer wieder ausgesetzt sind. Aber sie sind letztlich der Versuch, das Grundproblem der Überdehnung des Handlungsfeldes der Parteien dadurch zu beheben, daß an Symptomen kuriert wird. So wichtig die Entbürokratisierung der Parteien ist, so kann sie doch nur eine notwendige, nicht aber hinreichende Voraussetzung für eine Revision sein.

Die strukturelle Ausdehnung von Politik und Parteien auf die Teilbereiche der Gesellschaft besitzt ihre besondere Eigendynamik und Eigengesetzlichkeit. Sie führt auf Dauer zu einer Lähmung der Gesellschaft bei der ihr obliegenden Bewältigung von Konflikten, die nicht mehr dort entschieden werden, wo sie entstehen, sondern auf politische Instanzen verlagert werden. Zeigt sich nun aber die Politik außerstande, die Konflikte zu lösen, steigt der Problemdruck weiter an.

Hier nun offenbart sich ein Dilemma: Die Politik reklamiert für sich umfassende Lösungskompetenz, während gleichzeitig die Überforderung ihrer Gestaltungskraft zutage tritt. Eine wachsende Kluft zwischen der Anhäufung neuer Probleme und der Abarbeitung der alten ist die Folge. Hält das Angebot vorgetäuschten politischen Problemlösungsvermögens an, steigern sich die gesellschaftlichen Ansprüche nach Einlösung dieser vorgegebenen Kompetenz. Die Erwartungshaltungen werden größer. Entspricht die Politik nicht diesen Erwartungen, sind Enttäuschungserfahrungen und Enttäuschungshandlungen offenkundig.

Über diese Umwege politischer Überforderung produziert die Politik selbst jenen Verdruß und jene Vertrauenskrise, denen sie zunehmend zum Opfer fallen könnte. Es ist die selbst aufgestellte Falle der Diskrepanz von Allmachtsofferten und Einlösungskompetenz.

Notwendig bleibt wohl eine Selbstbeschränkung der politischen Parteien und eine Stärkung der gesellschaftlichen Selbstbestimmung. Sie ermöglicht selbstorganisierte Regelungsmechanismen. Die Parteien sollen – das ist der Auftrag laut Artikel 21 Grundgesetz – an der politischen Willensbildung des Volkes mitwirken. Dort steht nicht, daß die Parteien ein Monopol für die politische Willensbildung haben. Aufgabe der Parteien muß es vor allem sein, Problemlösungen in Bereichen staatlichen Handelns zu erarbeiten, durchzusetzen und den Bürgern zu erläutern. Die Parteien haben nicht die Aufgabe, in alle Bereiche des gesellschaftlichen Lebens hineinzuwirken. Im gesellschaftlichen Bereich tut Rückzug not. Demokratische Selbstorganisation gesellschaftlicher Entscheidungen kann die Antwort sein, die sowohl zu mehr Akzeptanz der Parteien führt wie den Trend des Rückzuges der Bürgerschaft aus den öffentlichen Angelegenheiten umkehrt.

Notwendig ist auch Offenheit im Erkennen der Gestaltungsgrenzen der Parteien und der Abschied von der Fiktion jener unbegrenzten Handlungsallmacht, die ihnen nicht zusteht und in modernen Industriegesellschaften mit ihren vielfältigen Formen eigenständiger Steuerung auch nicht zustehen kann.

Der politische Raum, in dem die Parteien eine nicht zu ersetzende demokratische Aufgabe wahrnehmen, muß sich wieder deutlich unterscheiden von dem Raum, in dem die Bürger unmittelbar und selbstverantwortlich entscheiden. Während in den zurückliegenden Jahren die Verantwortung mehr und mehr auf demokratische Gremien delegiert und damit auch entpersonalisiert wurde, muß sie heute wieder stärker von den Bürgern selbst wahrgenommen werden. In diesem Sinne erweist sich die Renaissance der freiheitlichen Bürgergesellschaft auch als eine Rückkehr zu mehr Eigenverantwortung der Menschen. Dies entlastet auch die Parteien.

Die Parteien müssen erkennen, daß sich ihnen darüber hinaus auch neue Aufgaben stellen, die sie wahrnehmen müssen, wollen sie ihre Handlungsfähigkeit unter Beweis stellen. Im gleichen Maße, wie sich der weltanschauliche und soziale Kontext, in den die Parteien eingebunden sind, verändert, wandeln sich auch die Anforderungen an das Parteiensystem. So ist erkennbar, daß die klassische – binnenorientierte – Integrationsfunktion der Volksparteien an Bedeutung verliert, während ihre – nach außen gerichtete – Befähigung zur Koordination und Moderation an Gewicht gewinnt. Immer weniger gelingt es den Parteien, die – weiter wachsende – Vielzahl der Interessen und Anschauungen unserer Gesellschaft in sich zu vereinen, immer mehr sehen sie sich dagegen gefordert, zwischen den Positionen zu vermitteln. Der Koordinationsbedarf wächst.

Dies gilt auch für die politischen Entscheidungsprozesse selbst. Die Parteien sind weder in der Lage, noch kann es ihre Aufgabe sein, den zur Problemlösung notwendigen Sachverstand selbst zu bevorraten. Sie sind auf die Expertisen, auf die Mitwirkung »von außen« angewiesen. Diese sachgerecht und rechtzeitig anzufordern, Querverbindungen herzustellen und Quersummen zu addieren, wird zunehmend zur politischen Aufgabe. Die Erarbeitung politischer Problemlösungen erfolgt nicht primär innerhalb der Parteien, sondern auf Initiative der Parteien. Sie suchen die entscheidungsrelevanten Interessen und Erkenntnisse zu koordinieren.

An konkreten Möglichkeiten, den Einfluß der Parteien zurückzunehmen, mangelt es nicht. Etwa im Bereich des Bildungssystems. Hier üben die Parteien Einfluß z.B. auf die Auswahl von Schulleitern aus. Zwar erfolgt die Bestellung von Schulleitern – je nach den gesetzlichen Bestimmungen der einzelnen Bundesländer – in der Regel durch ein Zusammenwirken von Schulträgern, Schulkonferenz und oberer Schulaufsichtsbehörde, so daß die Parteien formal über kein fixiertes Mitbestimmungsrecht verfügen. Tatsächlich aber sitzen sie am entscheidenden Hebel, was die Frage aufwirft, ob die Personalauswahl nach parteipolitischen Kriterien wirklich angemessen ist. Wäre es demgegenüber nicht bürgernäher und auch sachlich angemessener, wenn die Schulgemeinschaft im Zusammenwirken von Lehrerkollegium und Elternrecht das Recht erhielten, den Schulleiter selbst zu wählen – vorausgesetzt, die fachliche Qualifikation der Bewerber würde durch entsprechende Vorauswahlverfahren sichergestellt und die Amtszeit der Direktoren zur Gewährleistung demokratischer Kontrolle befristet?

Ein anderes Beispiel stellen die Sparkassen dar, deren Verwaltungsratsmitglieder sich oftmals aus den im kommunalen Parlament vertretenen Parteien entsprechend ihrer Stärke rekrutieren. Daß Politiker diese Doppelrolle wahrnehmen, führt zu einer Vermischung von öffentlicher, oftmals ehrenamtlicher Tätigkeit mit nichtöffentlicher, wirtschaftlicher Tätigkeit und damit zu einem Verlust an Akzeptanz. Sollten sich hier die Parteien nicht mehr Zurückhaltung auferlegen?

Ähnliches gilt mit Blick auf die kommunalen Versorgungs- und Verkehrsunternehmen. Auch hier wird die Wahrnehmung zahlreicher Aufsichtsratsmandate durch Politiker mit Recht kritisiert. Eine Lösung des Dilemmas könnte in einer Änderung der Gemeindeordnungen und Abgeordnetengesetze liegen, die die Unvereinbarkeit von parlamentarischen Mandaten mit Tätigkeiten in Aufsichtsgremien öffentlich-rechtlicher bzw. privatrechtlich organisierter Unternehmen der öffentlichen Hand zum Ziel hat.

Solche Überlegungen lassen sich auch auf den Medieneinfluß der Parteien übertragen. So gilt für die öffentlich-rechtlichen Rundfunkanstalten, daß ihre Rundfunkräte durch gesellschaftliche Gruppen, d.h. also direkt und indirekt wesentlich auch durch die Parteien, bestimmt werden. Demgegenüber sprechen aber weder die rechtlichen Rahmenbedingungen noch mögliche Effizienzkriterien dafür, daß Staatskanzleien, Parteizentralen oder Parlamentsfraktionen als Medienkontrolleure besonders geeignet seien. Wäre es da nicht weit eher sachdienlich, die Aufsichtsratsgremien direkt vom Zuschauer und Hörer in Briefwahl wählen zu lassen – ein Verfahren, wie es etwa in der Sozialversicherung längst gängige Praxis ist?

Weitere Beispiele wären schnell zur Hand, etwa aus dem Bereich der Verbände und Vereine, dem »vorpolitischen Raum«, der aber schon lange seine parteipolitische Unschuld verloren hat.

Vor allem für die Kommunalpolitik lassen sich aus diesen Überlegungen konkrete Konsequenzen für die Parteien ableiten.

Bereits Ende der 70er Jahre konstatierten politische Praktiker Mangelerscheinungen beim Bürger. Er empfinde Informations-, Überzeugungs- sowie Vertrauensmangel und reagiere darauf mit geringer Kooperationsbereitschaft und mangelndem Engagement.

Obwohl diese »Mängelliste« schon 1978 erstellt wurde, erinnert sie stark an derzeit aktuelle Äußerungen zum Thema Parteiverdrossenheit. Dies verwundert um so mehr, als in den dazwischen gelegenen 80er Jahren umfangreiche Anstrengungen unternommen wurden, um Bürgernähe in Politik und Verwaltung zu erreichen. Bürgerversammlungen, Bürgertelefone, Bürgersprechstunden, öffentliche Rats- und Ausschußsitzungen, Ombudsleute für dieses und jenes haben es nicht vermocht, zu verhindern, daß die Kluft zwischen Bürger und Gewählten tiefer wurde.

Ein Grund liegt darin, daß der notwendige Interessenausgleich innerhalb, aber auch zwischen den Parteien und Fraktionen aus den Beschlußgremien in informelle und nicht öffentliche Gremien auswanderte. Statt in den Ausschüssen des Stadtrates wird jetzt in Fraktionssitzungen diskutiert und entschieden. Koalitionsrunden sorgen für notwendige Mehrheiten. Manche öffentlichen Aufgaben wurden mit der Begründung der Privatisierung aus öffentlich-rechtlichen in privatrechtliche Organisationsformen wie Aktiengesellschaften und GmbHs übertragen mit der Folge, daß wichtige politische Entscheidungen aus öffentlichen Räten in privatrechtliche Aufsichts- und Verwaltungsräte verlagert wurden. Ist dann der schwierige Prozeß des Interessenausgleichs mit der Meinungsbildung abgeschlossen, wird zwar der Bürger noch angehört. Die Berücksichtigung seiner Argumente und Interessen würde jedoch oft das kunstvolle Interessengeflecht der Politik zerreißen.

Der Bürger empfindet sich so als Objekt der Entscheidung, der Politik ausgeliefert; er sieht seine Beteiligung am Meinungsbildungsprozeß als nutzlos und vergeblich. Häufig versuchen Bürger durch die Gründung von Bürgerinitiativen oder die Sammlung von Unterschriften Druck auf die Politiker auszuüben, um ihre Wünsche durchzusetzen. Die Inflation dieser Aktivitäten sowie ihre oft rein eigennützige Ausrichtung haben ihren Wert jedoch entkräftet. Nicht selten findet man dieselben Unterschriften auf völlig entgegengesetzten Petitionen. Um Ruhe zu haben und nicht »Nein« sagen zu müssen, wird fast jede Liste unterschrieben. Sie sind deshalb im Entscheidungsprozeß oft form-, frist- und fruchtlos. Modifizierte Verfahren, noch mehr Anhörungen, Diskussionen und Sitzungen, werden an diesem Befund nichts verändern. Der Bürger muß vielmehr vom Objekt zum Subjekt des Entscheidungsfindungsprozesses werden. Schnell wird der Praktiker einwenden: Gleich wie man das Verfahren ausgestaltet – am Ende muß es eine Entscheidung geben, und in einer Gemeinschaft kann nicht jeder machen, was er will. Auch wird es die Politik nie allen recht machen können.

Dem ist entgegenzuhalten: Nur wenn diese Konflikte aufgelöst, zumindest aber besser gelöst werden, ist es möglich, die bestehende Kluft zu überwinden.

Unsere politische Kultur ist nicht mehr die der fünfziger Jahre. Der Bürger ist längst nicht mehr bereit, seine Vorstellungen der Überzeugungskraft eines charismatischen Politikers oder eines gut formulierten Parteiprogramms unterzuordnen. Im politischen Alltag ist es nötig und richtig, dafür zu sorgen, daß Interessenunterschiede als solche erkennbar werden. Politik hat zunehmend die Aufgabe, den Austausch von Argumenten zu befördern, um dadurch den Interessenausgleich durch die Interessenträger selbst zu bewirken: weg vom »Hearing«, in dem Standpunkte lediglich vorgetragen werden – hin zum »runden Tisch«, zur »konzertierten Aktion«, in der die unterschiedlichen Interessen zugrundeliegenden gemeinsamen Ziele und die daraus folgenden gemeinsamen oder abgestimmten Aktionen herausgearbeitet und verabredet werden. Warum muß es eigentlich über das Ob und das Wie von Verkehrsberuhigungsmaßnahmen so oft unversöhnlichen Streit geben? Warum können die betroffenen Anwohner bei der Planung nicht im Rahmen des fachlich und rechtlich Möglichen einbezogen werden? Warum können Bebauungsplanänderungen, Fassadengestaltungen, Spielplätze und öffentliche Grünanlagen nicht zusammen mit den Anwohnern geplant und realisiert werden?

Auf örtlicher Ebene kommt es für den erfolgreichen Politiker darauf an, den Informations- und Meinungsaustausch all der Interessen zu befördern und zu begleiten, die für die Lösung eines kommunalpolitischen Problems relevant sind, die also notwendigerweise bedacht und eingebunden werden müssen, damit ein Kompromiß tragfähig sein und dauerhaft Bestand haben kann.

Unter den Stichworten »Stadtmarketing« oder »Public Private Partnership« wird in immer mehr Städten mit Erfolg versucht, diesen Abstimmungsprozeß zwischen Politik, Verwaltung und Bürger neu zu organisieren. Der Bürger wird dabei als Teil des Unternehmens Stadt verstanden, er ist nicht nur Kunde bestimmter Dienstleistungen von Kultur, Ver- oder Entsorgungseinrichtungen. Er ist selbst Unternehmer, in dem er an der Formulierung der wichtigen Entwicklungsziele seiner Stadt und an der Lösung ihn betreffender Probleme selbst beteiligt wird – aber, und das ist neu, in der bewußt organisierten Auseinandersetzung konkurrierender Interessen. Schließlich sind die Unternehmen die erfolgreichsten, die ihre Mitarbeiter unmittelbar und vollständig an der Vereinbarung gemeinsamer Visionen, Strategien, Ziele, Aktionen und am Controlling beteiligen. Dieser Gedanke findet in Kommunalpolitik und Kommunalverwaltung zunehmend Eingang.

Diesen Prozeß einzuleiten, ist für alle Beteiligten gleichermaßen schwer. Denn der Bürger als Vertreter seiner Interessen ist der Diskussion entfremdet. Er hat sich daran gewöhnt, mit lautstarkem Protest zu formulieren, Anträge anzumelden und mit der nächsten Wahl zu drohen. Auch die Politiker müssen umdenken, Gesprächsführung üben, Zuhören lernen und von der Haltung Abschied nehmen, die eigene politische Zielvorgabe als die einzig richtige Entscheidungsmaxime anzusehen. Der Prozeß ist schwer, weil er von Politikern in hohem Maße Diskussionsfähigkeit verlangt, Neutralität und trotzdem klare Standpunkte und Grundsatztreue – Tugenden, die in unserer

Parteienstruktur in der Vergangenheit nicht immer belohnt wurden.

Trotzdem – die Zeit ist reif für eine nachhaltige Veränderung. Sie bringen für den Politiker und die Parteien möglicherweise weniger Politik, für die Bürgerinnen und Bürger aber mehr Demokratie und Beteiligung bei der Formulierung wichtiger Zielvorgaben für ihr Gemeinwesen. Allein eine derartige Strategie von Parteien und Politikern ist geeignet, die zunehmende, bedrohliche Entfremdung zwischen Staat und Bürger zu beenden und zu vertrauensvoller Zusammenarbeit zurückzufinden.

Für die Parteien geht es dabei um neue Formen der Wahrnehmung öffentlicher Kontroll- und Organisationsaufgaben, um eine Neubestimmung des Verhältnisses zwischen bürgerschaftlichem und staatlichem Engagement, vielfach auch schlicht um eine kluge Selbstbeschränkung ihrer Einflußsphäre. Die Parteien müssen die enger werdenden Grenzen des Politischen respektieren und als Chance begreifen.

Demokratie realisiert sich eben nicht nur durch Mitbestimmung, sondern auch durch Selbstbestimmung. Die »Synergie-Effekte«, von denen heute so gerne in den Wirtschafts- und Sozialwissenschaften gesprochen wird, sind Ausdruck des christdemokratischen Grundsatzes der Subsidiarität, also der Erfahrung, daß auch um des Gemeinwohls willen ein großer Handlungsspielraum für Selbstorganisation und Selbstentscheidung gewährleistet sein muß.

Selbstbeschränkung meint nicht Rückzug aus der politischen Verantwortung, sondern schrittweise Neuvermessung der Verantwortungsräume zwischen Bürger und Staat, orientiert am jeweiligen Leistungsvermögen der Beteiligten. Es geht nicht um die Schwächung unserer politischen Institutionen, sondern um ihre Stärkung. Unsere politische Ordnung hat sich als Freiheits- und Friedensordnung großartig bewährt. Die Parteien haben hieran wichtigen Anteil. Wir brauchen diese Ordnung, um Wandel zu ermöglichen und Reformen zu bewerkstelligen. Wir brauchen die Parteien an der Seite des selbstbestimmten und eigenverantwortlichen Bürgers.

»Wunschlos unglücklich«?

Von Politikern als Sündenböcken und Journalisten als Hütern der Demokratie

Oskar Lafontaine

Das politische Stimmungsbarometer zeigt Verdruß an. Tendenz: weiterhin fallend. Dieses Stimmungstief über Deutschland ist ein Ausläufer der internationalen Großwetterlage – Turbulenzen, wie sie der Zusammenbruch einer festgefügten Weltordnung auch andernorts verursacht hat. Kurz vor dem vermutlichen Ende der Reagan-Bush-Ära hat sich die amerikanische Gesellschaft als handlungsfähiges Subjekt selber in Frage gestellt. Die Schweiz -- gerade 700 Jahre alt geworden – schlittert auf der Suche nach einer verbindlichen Identität in eine *midlife-crisis.* In Italien zerfallen die römischen Institutionen schneller, als nach dem Untergang des weströmischen Reiches im Jahre 476. Damals konnten die Germanen wenigstens noch eine intakte Beamtenschaft in die neue Zeit hinüberretten.

Die politischen Paradigmen, in denen man seit 1945 zu denken und zu handeln gewohnt war, haben sich über Nacht verändert. Fühlten sich viele Menschen schon durch die technologischen Umwälzungen der Arbeitswelt oder durch das Tempo der gesellschaftlichen Modernisierung überfordert, waren durch die Vorboten der ökologischen Krise schon Zukunftsängste geweckt worden, so kam jetzt zu dieser allgemeinen Verunsicherung noch eine politische hinzu. Die Symptome sind eindeutig: Nirgends politische Entwürfe, die faszinieren; statt dessen eine Politik, die wirkt, als stünde sie unter Valium. Die reichen westlichen Demokratien kranken an einer Sinn- und Orientierungskrise. Und die gründlichen Deutschen scheinen noch gründlicher verdrossen zu sein als viele andere. In der Geschichte ist offenbar nichts so demotivierend wie der Erfolg, auf dem man sitzen bleibt.

Dabei hatte es sich doch zumindest für die Konservativen

gut angelassen. Wie reife Früchte sind ihnen plötzlich und unerwartet ihre beiden Herzensprojekte in den Schoß gefallen: Deutschland vereint und der Kapitalismus ohne Alternative. Aber des angeblichen Sieges werden sie nicht froh. Der große Wunsch wurde zur bleiernen Wirklichkeit. Nun sind sie »wunschlos unglücklich«.

Mit der schlichten Botschaft, daß der Kommunismus des Teufels sei, konnten die konservativen Parteien ihr Publikum nur so lange fesseln, wie eine kommunistische Bedrohung bestand. Jetzt, da der Kommunismus tatsächlich zum Teufel gegangen ist, wird offenkundig, daß sich hinter dieser Botschaft nicht die Spur eines Planes für die nachkommunistische Zukunft verbarg. Die Rechte überbietet die Linke an Ratlosigkeit noch. Dieser Mangel an zukunftsweisenden Konzeptionen unterstreicht die prinzipielle Kurzsichtigkeit der vorherrschenden Politik.

Auch die Linke fühlt sich nicht wohl. Zwar gewinnt sie in Deutschland eine Landtagswahl nach der anderen, aber sie managt den politischen Prozeß ohne echte Inspiration. Erst wenn sie die Macht hat, sucht sie ihren Zweck. Das liegt auch daran, daß, anders als in Amerika und England, in Deutschland so etwas wie eine konservative Revolution nach 1982 gar nicht erst versucht wurde. Selbst in ihren Fehlern hat die liberal-konservative Bundesregierung keine Größe und taugt daher nicht einmal als Feindbild: An vielen Stellen hat sie nur die sozialdemokratische Politik weitergeführt und den Text mit konservativen Fußnoten versehen.

Die Linke leidet mehr an sich selber. Mancher sozialistischen Illusion beraubt, wirkt sie zur Zeit wie gelähmt. Zwar trägt sie im Herzen nach wie vor einige schöne, konkret-utopische Projekte – die globale Ausweitung und lokale Vertiefung der gesellschaftlichen Solidarität etwa oder die Umwandlung der Arbeitsgesellschaft zu einer Partizipations- und Kulturgesellschaft, auch die Überwindung der Nationalstaaten durch eine Weltinnenpolitik –, aber sie traut sich nicht so recht, sich zu solchen Projekten zu bekennen. In Zeiten der Verunsicherung sind weniger die Utopien denn die pragmatischen Lösungen gefragt. Umso schwerer wiegt, daß es den Parteien der demokratischen Linken nicht einmal mehr gelingen will, pragmatische Alternativen zur desolaten konservativen Regierungspolitik deutlich und verständlich zu machen. Für eine politisch interessierte und nach sozialen oder ökologischen Reformen verlangende linke Öffentlichkeit bleibt nur Frustration.

Den Preis allerdings, den Europa für den Zusammenbruch der alten Ordnung und für die wirtschaftlich wie moralisch verheerende Hinterlassenschaft des Kommunismus zu zahlen hat, bekommen alle auf unterschiedlich schmerzliche Weise zu spüren. Die Menschen sind politikverdrossen, weil die politische Lage so verdrießlich ist. In Deutschland vielleicht mehr als im sonstigen Westeuropa. Infolge der deutschen Einheit sind die Befürchtungen, die nahe Zukunft könnte Abstriche am materiellen Besitzstand mit sich bringen, zum ersten Mal in der Nachkriegsgeschichte wirklich begründet. Höchstwahrscheinlich hätte die Mehrheit der Deutschen die staatliche Vereinigung auch dann bejaht, wenn die Bundesregierung den Bürgerinnen und Bürgern zuvor reinen Wein über das ungefähre Ausmaß der zu erwartenden Kosten und Opfer eingeschenkt hätte, doch stand diese Zustimmung immer unter dem Vorbehalt jener doppelten gesellschaftlichen Moral, die auch den Umweltschutz so schwierig macht: Die Einsicht in das Notwendige ist eines, die Bereitschaft, es zu leisten, ein anderes. Die Gesellschaft hat vor den notwendigen Umverteilungsprozessen von West nach Ost kapituliert. Der im gesellschaftlichen Verteilungskampf angestaute Mißmut entlädt sich auf die Organisatoren der Verteilung – auf die Politiker.

Auch in wichtigen staatlichen Bereichen ist längst die Entscheidungsebene von der Verantwortungsebene getrennt. Der Staatsapparat, d.h. das beamtete Fachwissen, auf das die politische Exekutive angewiesen ist, hat sich weitgehend gegen diese verselbständigt. Der Politik verbleibt nur die Rolle des Legitimationsbeschaffers: Eine zur Fiktion gewordene Kontroll- und Entscheidungskompetenz dient als Argument für die Allverantwortung der Politik und befriedigt so die mit der Komplexität der gesellschaftlichen Strukturen gewachsene Nachfrage nach Verantwortlichen. Zwar wollen die Menschen die freie Marktwirtschaft – aber mit politisch gesichertem Ergebnis.

Obwohl einzelne Politiker die wirtschaftliche Lage eines Landes und das materielle Wohlergehen der Menschen kaum beeinflussen können, werden sie in Krisenzeiten zu allverantwortlichen Sündenböcken gestempelt. Freilich sind die Politiker an diesem Los nicht unschuldig. Wer, um gewählt zu werden, hohe Erwartungen weckt, setzt sich gleichsam unter großen Erfolgszwang. Will er diesem Erfolgsdruck gerecht werden, muß er möglichst viel Positives mit seinem Wirken oder seiner Person in Verbindung bringen – von der schöngerechneten Beschäftigungsstatistik bis zum gewonnenen Fußballspiel. Die Kehrseite der Medaille: Wer alles Gute zu verantworten sucht, bietet sich selber als Sündenbock für alles Schlechte an.

Sündenböcke werden in Krisenzeiten gemacht, indem man sie ausmacht. Entscheidend dabei ist der öffentlich gestreckte Zeigefinger: »Seht her, das ist er, der Schuldige.« Diesen Part des Zeigefingers, eine modernisierte Fassung des Prangers, spielen die Medien. Sie machen Stimmung und schüren den Verdruß. Die veröffentlichte Meinung wird so zu einem wesentlichen Bestandteil der allgemeinen Politikverdrossenheit – das Echo und zugleich der Verstärker einer diffusen öffentlichen Meinung. Die Medien inszenieren ihre eigenen Drehbücher und Dramen.

Wie die politischen Parteien, so müssen auch die Medien auf jeden Umschlag der Volksstimmungen reagieren. Denn gegen den Strom einer gerade vorherrschenden Stimmung zu schwimmen, hieße für die einen, Wähler zu verlieren und für die anderen, Leser, Hörer oder Zuschauer zu verprellen. Mit der Nase im populistischen Wind hingegen lassen sich Wahlen gewinnen und Auflagen erhöhen. Der gute Chefredakteur weiß, wann es fürs Geschäft erforderlich ist, den Daumen über einem Sündenbock zu senken. Und er weiß auch, daß ein kollektiver Sündenbock nicht so einfach zu schlachten ist. Also wird er versuchen, sein Thema an einer Person, am einzelnen Beispiel festzumachen. Die Personifizierung des Sündenbocks war den Meistern der Propaganda zu allen Zeiten geläufig. »Der Jude hat einen Namen« – bleute schon Goebbels der Nazi-Presse ein.

Daß der Populismus der Medien nicht unbedenklich ist, versteht sich von selbst. Leicht könnte er jenen unseligen Irrationalismus wiedererwecken, der gerade in Deutschland lange Zeit das Verhältnis der Bürgerinnen und Bürger zu Politik bestimmt und der in 40 Jahren Bundesrepublik – Gott sei Dank – durch einen nüchternen Pragmatismus verdrängt wurde. Über die Diskreditierung der politischen Klasse insgesamt sowie einzelner ihrer demokratischen Repräsentanten insbesondere haben Diktatoren aller Schattierungen gerne ihr Spiel aufgezogen – auch die Weimarer Republik ist dafür ein Beispiel.

Gilt in der Politik selbst der notwendige Schuß Populismus als unfein, so wird in der Medienwelt noch der geschäftstüchtigste, auflagenträchtigste Populismus als Tugend gepriesen: Indem sie den latenten Volkszorn auf »die da oben« ausbeuten und schüren, stilisieren sich Journalisten zu Hütern der Demokratie. Gewiß hat ein derartiges journalistisches Selbstverständnis, trotz aller Bedenken, auch sein Gutes. Ist nicht die kritische Schlagzeile, auch wenn sie nur auf die Erhöhung der eigenen Auflage zielt, dennoch ein Stück öffentlicher Machtkontrolle? Aus der »Bienenfabel« wissen wir ja, daß sich Eigennutz zum Wohle aller auswirken kann. Aber der Grat zwischen geschäftsfördernder Denunziation und demokratischer Machtkontrolle ist schmal. Gar mancher Journalist ist da schon abgestürzt aus Mangel an Verantwortungsbewußtsein.

Für die Politik weist der deutsche Idealismus die Logik der Bienenfabel entrüstet zurück. Sympathisch und volksnah wünscht man sich die Politiker, pflichtbewußt und unabhängig, fachkundig und arbeitsam, entscheidungsfreudig und zum Handeln entschlossen, kein bißchen machtversessen, aber durchsetzungsfähig und stets sachbezogen, selbstverständlich völlig uneigennützig, für das Gemeinwohl sich aufreibend, nicht Lobbyisten und nicht Beamte, doch beruflich hochqualifiziert und vor allem bereit, für wenig Lohn ihrer ehrenvollen Tätigkeit nachzukommen. Kurzum: Politik nicht als Beruf, sondern als Berufung. Weil aber das politische Parkett derzeit von selbstsüchtigen Opportunisten besetzt gehalten werde, blieben unzählige edlere politische Talente in den Betrieben, in den Redaktionsstuben, in den Geschäftsführungen oder auf den Lehrstühlen brachliegen – dies suggeriert die veröffentlichte Meinung.

Das Idealbild des Politikers, das sich aus der verbreiteten Politikverdrossenheit herausfiltern läßt, scheint die Sehnsucht vieler Menschen nach der »heilen Welt« widerzuspiegeln. Nicht von ungefähr ist dieses Idealbild ein Gegenbild dessen, was sich innerhalb unserer Gesellschaft selber an politischem Verhalten äußert. Die heutige Gesellschaft ist stärker als früher »ausdifferenziert«, in ihr koexistiert friedlich eine Vielfalt von Lebensstilen. Dementsprechend schwerer fällt den Volksparteien das politische Integrieren, das Bündeln der vielfältigen Meinungen und die Vertretung der unterschiedlichen Interessen. Unter den unzähligen Partikularinteressen ist die »volonté générale« nicht mehr so leicht auszumachen und vor allem nicht mehr so leicht durchzusetzen. Ein halbes Jahrhundert praktizierter Demokratie hat auch in Deutschland das staatsbürgerliche Selbstbewußtsein erheblich gestärkt.

Nicht jede Wahlenthaltung geht auf den Politikverdruß des Wählers zurück. Wo Demokratie zur Selbstverständlichkeit geworden ist, werden Wahlen eher als rituelle Banalität empfunden, als staatsbürgerliche Pflichtstunde, die man schon mal schwänzen darf, ohne daß einen das demokratische Gewissen quält. Was die Wahlbeteiligung angeht, so werden wir uns in Deutschland mit »europäischem Normalmaß« in Zukunft abfinden müssen.

In dem Maße, wie in Deutschland die Demokratie von den Menschen verinnerlicht wurde, ist der Widerspruch gegen die staatliche Obrigkeit habituell geworden. So erfreulich dies ist, der demokratische Interessenausgleich, den die Politik herbeiführen muß, wird dadurch gleichwohl zu einem mühsameren Geschäft. Denn überall dort, wo Partikularinteressen nicht oder nur ungenügend berücksichtigt werden können, wird Protest laut. Dieser allgegenwärtige Protest verstärkt den Eindruck, daß die Politik unfähig sei, Probleme zu lösen. Dabei ist es oft gerade die Problemlösung, weil sie nicht allen paßt, die den heftigsten Protest hervorruft. Ob im Bund, in den Ländern oder den Kommunen, was immer von den Verwaltungen entschieden wird, die Chance ist groß, daß sich Organisationen, Gruppen oder Bürgerinitiativen, deren Partikularinteressen berührt werden, kritisch zu Wort melden. Um jedes Mißverständnis auszuschließen – der Einspruch aus dem Mund von Bürgerinnen und Bürgern gehört in meinen Augen zum Wesen einer Demokratie, auch wenn die Einseitigkeit der Kritik oft dazu angetan ist, bei Politikern so etwas wie »Volksverdrossenheit« aufkommen zu lassen: Während zum Beispiel Proteste gegen eine größere Betriebsansiedlung überall unvermeidlich sind, wird man auf die erste Bürgerinitiative für ein solches Projekt vergeblich warten.

Seit der Studentenbewegung der 60er Jahre gilt es als progressiv, politisches Bewußtsein auf persönliche Betroffenheit zurückzuführen. Was aber, wenn das politische Bewußtsein der persönlichen Betroffenheit verhaftet bleibt, wenn es bis in die Dimension des Allgemeininteresses, in die Dimension des »volonté générale« gar nicht erst hineinreicht? Machen wir uns nichts vor: Was viele der kleinen Bürgerinitiativen oder Ein-Punkt-Protest-Bewegungen zusammenführt, ist nichts weiter als pures Gruppeninteresse. So legitim ein derartig motivierter Protest auch sein mag, er scheint der Gesellschaft ein schlechtes Gewissen zu bereiten. Denn gleichsam als Katharsis projiziert sie das ideale Gegenbild ihres eigenen Verhaltens auf die Politik. Den politischen Parteien und ihren Repräsentanten wird stellvertretend abverlangt, was die Gesellschaft ihrerseits nicht leistet: selbstlosen Einsatz für das Allgemeininteresse. Die Vorbildfunktion, die den Politikern somit auferlegt wird, soll weniger zum Nacheifern anhalten denn zur Entlastung herhalten. Mit dem Wahlritual treten die Bürgerinnen und Bürger auf bestimmte Zeit nicht nur einen Teil ihrer politischen Souveränität an die Kandidaten für ein öffentliches Mandat ab, sondern anscheinend auch die Zuständigkeit für moralisches Handeln. Um so stärker der Verdruß, wenn Politiker diesen hohen Erwartungen nicht gerecht werden, wenn die Diskrepanz zwischen Wunsch und Wirklichkeit zu groß ist.

Natürlich ist an alle Personen, die ein öffentliches Amt bekleiden, der Anspruch zu stellen, daß sie sich dem Gemeinwohl verpflichten, daß sie uneigennütz und moralisch, sachbezogen und qualifiziert handeln. Doch allzu idealistische Erwartungen müssen zwangsläufig enttäuscht werden. Die politischen Parteien sind nicht moralischer als die Gesellschaft, aus der sie sich rekrutieren. Das war früher nicht anders als heute, auch die Politik-, Staats- oder Parteienverdrossenheit ist ja nichts Neues. Schon früher ist der Verdruß mit den Krisenstimmungen auf- oder abgeflaut, schon früher haben die politischen Parteien die öffentliche Macht organisiert, schon früher ist dabei ein gewisses Maß an Macchiavellismus nicht ausgeblieben.

Eine Kritik aber, die den großen Parteien vorwirft, sie beuteten den Staat schamlos aus, ist stark überzogen und zeugt von großer Ignoranz über die unschätzbare gemeinnützige und unbezahlte Arbeit, die in diesen Parteien auf allen Ebenen geleistet wird. Auch wenn diejenigen, die in den Parteien aktiv mitarbeiten, keine besseren Menschen sind, bessere Staatsbürger als die privatisierenden Stillen im Land sind sie allemal. Das soll nicht heißen, daß in der Politik nicht manches im argen läge und daß an den Parteien nicht vieles reformbedürftig wäre. Es ist sicherlich notwendig, die Diskrepanz zwischen den Erwartungen der Menschen an die Politik und der politischen Realität zu verringern.

Richard von Weizsäcker hat die politischen Parteien ermahnt, die Impulse aufzugreifen, die aus der Gesellschaft kämen. Zugleich aber hat er mit unnachahmlicher Ausgewogenheit festgestellt, daß die Rufe gar nicht so laut seien, denen die Politiker sich dauerhaft verschließen würden. Mit anderen Worten: Auch das intellektuelle Potential in unserer Gesellschaft scheint unter Valium zu stehen. Wo bleiben denn die Denkschriften der großen Kirchen, die die Prinzipien eines situationsgerechten Handelns formulieren? Außer zum Paragraphen 218 gibt es kaum eine herausfordernde Denkhilfe für die Politiker. Wo bleiben die Intellektuellen, an denen sich Politiker reiben können? Seit Jahren leiden die Hochschulen an einem Überlastprogramm, verharren in festgefügten Traditionen. Anscheinend ist nicht einmal mehr der akademische Mittelbau fähig oder willens, die Aufgaben der Hochschulen neu und zeitgerecht zu definieren. Wo bleiben die Philosophen, die Wege aus der Sinnkrise aufzeigen? Methodisch einwandfrei haben sie die Ethik auf regulative Prinzipien zurückgeführt, die so unangreifbar sind, daß sie in keiner praktischen Situation greifen. In den 60er Jahren machte das Bonmot die Runde, daß erst mit einer SPD-Regierung die politische Alphabetisierung Deutschlands begönne. Solch pubertärer Anspruch mußte enttäuscht werden. Das Volk wollte seine Ruhe haben. Daß aber eine kritische Öffentlichkeit kaum noch Anstalten macht, Visionen auszudenken, an denen sich Politik bemessen läßt, ist beunruhigend. Und weil sich die Gesellschaft so schnell nicht ändern wird, muß die politische Klasse darüber nachdenken, was sie selber besser machen kann. Ja, was denn?

Zunächst einmal muß die politische Klasse auf ein rationales Verhältnis der Menschen zur Politik bedacht sein. Gegen eine kritische Einstellung der Bürgerinnen und Bürger zum Staat ist nichts zu sagen. Im Gegenteil, sie ist das Gütesiegel einer jeden Demokratie. Ein gewisses Maß an daraus resultierender Staatsverdrossenheit ist auch noch kein Beinbruch. Problematisch wird der Verdruß erst dann, wenn er in politischen Irrationalismus umzuschlagen droht. Dies zu verhindern ist eine Frage der politischen Kultur. Wo die politische Auseinandersetzung zwischen den Parteien in gegenseitige Beschimpfung, Beleidigung oder Herabsetzung ausartet, kann die wechselseitige Rolle von Opposition und Mehrheit von den angewiderten Bürgern leicht mißverstanden werden. Damit Erwartungen und Wirklichkeit möglichst wenig auseinanderklaffen, müssen die politischen Kontrahenten auch in Wahlkampfzeiten den Wählerinnen und Wählern reinen Wein einschenken.

Für mich bleibt der Regierungskampf vom Herbst 1990 ein Lehrstück dafür, wie Politikverdrossenheit erzeugt werden kann. Genauso wenig macht es Sinn, den Menschen Utopien zu verheißen, die auf absehbare Zeit keine Chance auf Verwirklichung haben. In dieser Hinsicht hat in der Vergangenheit die Linke viel gesündigt. Gerade in Zeiten der Verunsicherung fordern die Menschen von der Politik pragmatische Konzeptionen, um die dringendsten Probleme zu lösen, sowie die erforderliche Tatkraft, um sie umzusetzen. Um so besser, wenn hinter den pragmatischen Konzeptionen auch noch Visionen stehen, die weit in die Zukunft reichen. Mit anderen Worten: Politische Führung ist gefordert. Solange daran Mangel herrscht, wird die Politikverdrossenheit groß bleiben.

Die Politiker müssen klar sagen, was sie verantworten können, und was nicht. Es ist unredlich, den Menschen freie Marktwirtschaft, Tarifautonomie und Vollbeschäftigung zugleich zu versprechen, wo doch alle wissen, daß das eine das andere – bis auf weiteres – ausschließt. Die Politiker müssen den Mut aufbringen, Zumutungen durchzusetzen – die richtigen Zumutungen allerdings. In Wirklichkeit haben sie den Bürgerinnen und Bürgern in den letzten Jahren eher zu wenig – und manchmal das Falsche – denn zuviel zugemutet. Sie haben die Menschen in dem Glauben gelassen, daß eine Zukunft ohne grundlegende Verhaltensveränderung möglich sei, obwohl die erforderliche ökosoziale Wende ohne Selbstbescheidung nicht machbar ist. Auf Selbstbescheidung ist unser Wirtschaftssystem des »Größer – Schneller – Weiter« nicht eingerichtet. Es hat dafür keinen Instrumentenkasten. Also müssen wir es neu ordnen.

Aber wir müssen uns auch darüber klar werden, daß der prinzipielle Pluralismus unserer Gesellschaft so wenig gesellschaftliche Identität stiftet, wie die Verheißung einer multikulturellen Gesellschaft. Das tolerante Nebeneinander kann das geregelte Miteinander nicht ersetzen. Die Menschen brauchen Freiheit nicht nur wovon, sie brauchen Freiheit auch wozu. Derzeit ist diese Gesellschaft meines Erachtens nur durch zwei Projekte zu faszinieren: Zum einen durch eine ökosoziale Ordnungspolitik einschließlich der erforderlichen Verhaltens-, Einstellungs- und Werteveränderung und zum anderen durch eine Vereinigungspolitik, die die Chance ergreift, das ganze Deutschland nach innen wie nach außen neu zu definieren.

Was ansonsten nötig ist, sollten wir so schnell und so lautlos wie möglich in Angriff nehmen, damit nicht von der Hauptsache abgelenkt wird: Transparenz in die Gehälter der Politiker und die Finanzierung der Politik bringen, die Parteien für Impulse aus der Gesellschaft, wenn sie denn kommen, weiter öffnen und sie raushalten aus den Entscheidungsbereichen, für die ihnen die Verfassung keinen Auftrag erteilt. Sonst wird uns auf ewig der Vorwurf des konservativen Historikers Heinrich von Treitschke ankleben bleiben: »Gut oder schlecht, wie die Parteien von jeher waren, werden sie auch in Zukunft sein.«

»Wir waren alle nicht vorbereitet«

Ein Plädoyer für mehr common sense nicht nur bei den Politikern

Burkhard Hirsch

Die ersten Reaktionen waren wie erwartet und geeignet, die erlittenen Injurien zu bestätigen. Berufspolitiker als Generalisten mit dem Spezialwissen, wie man politische Gegner bekämpft, die Parteien machtvergessen und machtversessen – das kann man doch nicht hinnehmen. Der Bundespräsident möge zurücktreten, es gehe ihn nichts an, er sei selbst Berufspolitiker und entstamme einer von ihm als machtversessen diskreditierten Partei: alles Argumente der Berufs-Reagierer und Fraktions-Posaunen, deren Informationsgrad und -bedürfnis die Agenturfassungen nur selten übersteigt. Wie einfach kann die Welt sein! Es ehrt Kritiker und den Kritisierten, daß es dabei nicht geblieben ist.

Darf ein Bundespräsident seine Wahrheit so ungeschminkt sagen? Die Gegenfrage liegt nahe, ob er denn ebenso heftig kritisiert worden wäre, wenn er Politiker und Parteien wegen ihres Verantwortungsbewußtseins, ihrer Verdienste um Volk und Staat, wegen ihres Kenntnisreichtums, ihrer Hingabe zur Sache, ihrer Selbstbescheidung gelobt und ihnen Dank und Anerkennung gezollt hätte? Es ist nicht die Tatsache seiner politischen Äußerung, es ist ihr kritischer Inhalt, der die Politiker getroffen hat. Es ist die Distanz, die der Bundespräsident zur entstandenen Verfassungswirklichkeit erkennen läßt. Der politische Dialog ist verkümmert. Also beginnt er ihn. Wer hätte ihn denn beginnen sollen?

Seine tiefergehende Kritik richtet sich an die Gesellschaft selbst, an die Bürgergesellschaft, die ihren Rückzug ins Private fast abgeschlossen hat und ihn beklagt, ohne ihn ändern zu wollen. Sie richtet sich an die Intellektuellen, die sich aus dem Dialog mit der Politik und den Parteien zurückgezogen haben, weil deren Auseinandersetzungen ihnen als zu vordergründig, gedankenarm, machtorientiert, als zu langweilig erschienen, und sie sind es wohl auch. Man hat sie nicht besonders ermuntert, sich zu engagieren und im Grunde haben sie es auch nicht vermißt. Jeder hat ja auch sonst genug zu tun.

Am Anfang der jetzigen Koalition stand eine leidenschaftliche Debatte über die geistig-moralische Wende in diesem unseren Land – höhnisch *geimowe indula* genannt. Der Bundeskanzler klagte seinen Amtsvorgänger an, die moralische Führung, die Erhaltung traditioneller Werte, die Wegweisung in schwieriger Zeit versäumt zu haben. Die Frage blieb streitig, wer sie denn zu leisten habe, die jeweilige politische Mehrheit etwa? Wenn sie außer der Mehrheit auch noch den Besitz der überragenden geistig-moralischen Werte für sich reklamieren würde – welche Rolle hätte in einer solchen Auseinandersetzung die Opposition? Tatsächlich hat es nach dieser Debatte nicht *mehr* Führung und Dialog gegeben als zuvor. Im Gegenteil, die Verbindungen zwischen politischer Welt und außerpolitischer Bürgergesellschaft – im Parteienstaat »Vorfeld« genannt – sind dünner geworden. Tatsächlich ist die Zahl der in Parteien engagierten Aktivbürger und der Wähler nicht gestiegen, sondern gesunken. Tatsächlich hat die Integrationskraft der großen Parteien der bürgerlichen Mitte abgenommen. Tatsächlich ist das bewegende Ende einer weltpolitischen Epoche, die Befreiung von Millionen Menschen, das Ende des Kalten Krieges und zahlreicher heißer Stellvertreterkriege überwiegend unter dem Gesichtspunkt diskutiert worden, ob man etwa deswegen tatsächlich die Steuern erhöhen müsse.

Einige Bemerkungen Richard von Weizsäckers fordern zu kritischer Stellungnahme heraus.

Wenn die Entspannungspolitik der sozial-liberalen Koalition ein doppeltes Gesicht hatte, so trifft das in gleicher Weise auf die Deutschland-Politik Konrad Adenauers zu. Er konnte nicht ernsthaft mit einem Zusammenbruch der UdSSR und des Ostblocks in absehbarer Zeit rechnen. Jedermann wußte, daß die Westintegration der Bundesrepublik mit einer ebenso intensiven Ostintegration der DDR quittiert wurde. Adenauer nahm, wie Posser nachweisen konnte, die faktische Anerkennung der Oder-Neisse-Linie durch die Verbündeten stillschweigend in Kauf. Seine heimliche Furcht vor einem wiedererwachenden deutschen Nationalismus ist unbestritten. Es löste helle Empörung aus, als der Abgeordnete Hans Dichgans (CDU) anfangs der 60er Jahre eine realistische, planerische Vorbereitung der Wiedervereinigung forderte, etwa die Anerkennung von Enteignungen, die Akzeptanz von Mitläufern des Systems und wirtschaftlichen Hilfen zum Wiederaufbau und zur Beseitigung der Kriegsfolgen. Der Glaube an die Wiedervereinigung als realistisches politisches Ziel, nicht als Wiedervereinigung in irgendeinem höheren transzendenten Sinne, wurde zunehmend belächelt, wenn nicht beargwöhnt. Kein Wandel durch Abgrenzung oder Wandel durch Annäherung – es war jedenfalls nicht überraschend, daß es keine irgendwie geartete Planung darüber gab, was zu tun sei, wenn die Wiedervereinigung über uns käme.

Wir waren nicht vorbereitet. Es ist ganz unbestreitbar, daß das Erbe überschuldet ist, wenn man es nur als nationalen Vorgang sehen wollte und nicht als das, was es wirklich ist: Teil einer historischen Veränderung, an deren Ende ein neues Europa stehen könnte, befreit von der ständigen Bedrohung seiner nuklearen Vernichtung. Aber es bleibt der schlichte Tatbestand, daß die Lebensarbeitskraft einer ganzen Generation gestohlen wurde. Die Selbsttäuschung sucht ihresgleichen, die zerschlagenen und verkommenen ökonomischen und ökologischen Strukturen könnten sich ohne gewaltige Opfer von selbst erneuern und man könne 40 Jahre DDR mit einem Federstrich des Gesetzgebers zur Makulatur machen. Das kann man weder wirtschaftlich, noch in den Köpfen der Menschen. Der Wechsel liegt auf dem Tisch und es ist niemand mehr da, bei dem er zu Protest gehen könnte.

Es ist auch jetzt nicht zu spät, den Bürger zu Opfern aufzurufen. Man muß ihm aber auch sagen, wieviel er opfern muß, die Belastungen müssen überzeugend gerecht verteilt sein und er muß wirklich verstehen, daß es auch für ihn selbst katastrophale Folgen hätte, wenn die Lebensverhältnisse in der früheren DDR nicht stabilisiert werden könnten.

Der rechthaberische Streit der Parteien läßt bis jetzt eine solche gemeinsame Überzeugung nicht zu. In ihm spiegelt sich der Glaubensstreit in der bisherigen Wirtschaftspolitik der alten Bundesrepublik wieder. Er wird wie in einem Brennglas vergrößert: ob sich die sozialen Probleme im Selbstlauf lösen, wenn man die Wirtschaft von möglichst vielen Hemmnissen – soll heißen, von Rücksichtnahmen auf die Interessen der Allgemeinheit – befreit, oder ob man damit eine Zwei-Drittel-Gesellschaft der Erfolgreichen schafft; ob man moderne ökologische Lösungen ermöglicht, wenn die Wirtschaft möglichst properiert, oder ob man die Umwelt verwüstet, wenn Boden, Wasser und Luft kostenlos zur Verschmutzung zur Verfügung stehen.

Es müßte möglich sein, in einer solchen Situation Koalition und Opposition, Bund und Länder, Gewerkschaften und Unternehmensverbände, Berufsorganisationen und Caritative Organisationen zu einer »Konzertierten Aktion« – unter welchem Namen auch immer – zusammenzuführen. Die Versuche, zu solchen Gesprächen zu kommen, waren schwächlich, unentschlossen und erfolglos. Man könnte sich vorstellen, daß die Bundesregierung eine weisungsfreie »Royal Commission« zur Entwicklung von Integrationsprojekten und zur notwendigen Kontrolle der Treuhand beruft. Sie müßte besondere Vollmachten der Information bei Bund, Ländern und Gemeinden und die Möglichkeit haben, Kabinett, Bundestag und Bundesrat unmittelbar Vorschläge zur Entscheidung vorzulegen. Man wende nicht ein, das sei eine Flucht aus der Politik. Es ist nicht einmal eine Flucht aus der Verantwortung. Es wäre der Versuch, in einer kritischen Lage freiwilligen Sachverstand und Kompromißbereitschaft zu nutzen.

Auch die Arbeit der Verfassungsreformkommission ist in diesem Zusammenhang eine schlichte Enttäuschung. Bei aller Wertschätzung der beiden sich redlich mühenden Vorsitzenden hätte einer von beiden ja aus einem der neuen Bundesländer kommen können. Deren Beitritt zum Bund hat schließlich den Anlaß zur Verfassungsreform gegeben. Die Arbeitsweise der Kommission ist die eines Kongresses. Die Berichterstatter der Fraktionen haben die Rolle der Leitenden Beamten übernommen, die dem Plenum fertig ausgehandelte Papiere unterbreiten. Man kann dort keine unbefangene Debatte darüber erwarten, daß etwa das Recht auf Arbeit oder auf angemessenes Wohnen seit dem Beitritt der Bundesrepublik zur Sozialcharta der Vereinten Nationen verbindliche Staatsziele sind, die man durch Aufnahme in den Verfassungstext »ehrlich« machen könnte. Die Angst vor solchem Teufelswerk überwiegt. Wo sollte das hinführen?

Kaum bestreitbar ist die zweite Feststellung des Bundespräsidenten, daß die Rolle Deutschlands in einer sich völlig verändernden Welt neu bedacht werden muß. Das ist Allgemeingut.

Der Wegfall der Bipolarität, das Ende des Kalten Krieges und der Zusammenbruch des Ostblocks haben keine Welt des ewigen Friedens geschaffen. Sie ist labiler und schwerer berechenbar geworden. Dieser Wandel ist nicht beendet. Die regionalen Selbständigkeitsprozesse gehen weiter. Ihre ethnischen und religiösen Ursachen reichen weit in die Vergangenheit zurück. Es ist nicht ausgemacht, welche Antriebskräfte für die Zukunft sich dabei durchsetzen werden.

Die Vereinigten Staaten beginnen zu erkennen, daß auch sie sich durch den Rüstungswettlauf schwer geschädigt haben. Sie haben ihre sozialen Probleme und ihre Infrastruktur jahrzehntelang vernachlässigt, ihren Haushalt überfordert und ihre Rüstungsindustrie überfüttert. Ihre Rolle als wirtschaftliche Leitmacht und als Motor technologischer Innovation haben sie weitgehend eingebüßt. Die Krawalle in Los Angeles, Rostock und Hoyerswerda haben manche Berührungspunkte.

Die Forderung, in einer solchen Lage größere Verantwortung zu übernehmen ist richtig. Die Frage ist aber, ob diese Forderung an Europa oder an Deutschland gerichtet werden muß.

Beide haben sicherlich die Verpflichtung, sich um die Entwicklung unserer östlichen Nachbarn zu kümmern, zumal diese überdies zu Europa gehören, was manche vergessen haben. Wenn wir die Lebensverhältnisse in diesen Ländern nicht stabilisieren, dann werden wir Zuwanderungen größten Umfanges erleben oder unsere Grenzen schließen, uns in einer »Wohlstandsfestung Europa« einmauern müssen. Die Bundesrepublik hat darüber hinaus die vorrangige Verpflichtung, sich um die wirtschaftliche, ökologische und strukturelle Sanierung der neuen Bundesländer zu kümmern, und dafür zu sorgen, daß auch die »Mauer in den Köpfen« verschwindet. Die Forderung, »mehr Verantwortung zu übernehmen«, bleibt eine bloße Phrase, wenn man nicht definiert, wofür, womit und wem gegenüber denn diese Verantwortung wahrzunehmen sei. Es ist im höchsten Maße beunruhigend, daß diese Frage nicht gestellt und unter »Verantwortung« schlicht der Einsatz militärischer Mittel verstanden wird. Beunruhigend ist die Militarisierung der Sprache und ihre Verschleierung. Kampfeinsatz heißt Krieg, friedenserhaltende Maßnahme soll heißen, daß es sich um einen gerechten Krieg handeln solle. »Im Einklang mit den Zielen der Vereinten Nationen« soll heißen, daß es deren Entscheidung nicht bedarf. Beunruhigend ist das forsche Wort von der »Drückebergerei« für alle, die zur Zurückhaltung bei militärischen Aktionen mahnen. Drückeberger sind zunächst einmal die, die anderer Leute Kinder in den Krieg schicken wollen, ohne selbst mitzugehen. Beunruhigend ist die schlichte Vorstellung, man könne die von George Bush anvisierte »Neue Weltordnung« mit militärischen Mitteln herbeiführen. Der Golf-Krieg war kein ermutigendes Vorbild.

Auch das so bedeutungsschwanger dahingeredete modische Wort von der »Weltinnenpolitik« entpuppt sich bei näherem Nachdenken als gefährliche Phrase. Sie bereitet den Boden für militärische Interventionen, deren Grenzen nicht erkennbar sind. John Foster Dulles hat einmal zum »Kreuzzug für die Freiheit« aufgerufen. Kreuzzüge führen selten zum Heil, aber immer zu einem blutigen Ende.

So berechtigt die Forderung ist, für die Einhaltung der grundlegenden Menschenrechte nach der Charta der Vereinten Nationen einzutreten, so berechtigt ist die Kritik, daß die Ursachen ihrer Verletzung nur selten mit militärischen Mitteln verändert werden können. Wenn »Weltinnenpolitik« nicht nur ein Interventionsrecht für Weltmächte sein soll, die sich das leisten wollen, dann bedarf es einer eingehenden Analyse, in welchem Umfang neubelebte ethnische und religiöse Motive, wirtschaftliche Probleme, die beibehaltene ökonomische Ausrichtung früherer Kolonien auf die früheren Bedürfnisse der ehemaligen Kolonialmacht, die Veränderungen des Weltmarktes, die Bevölkerungsexplosion, Klimaveränderungen und deren ökologischen Folgen die wirklichen Ursachen für heraufziehende Konflikte sind – und ob sie durch eine einzige weltumspannende Organisation überhaupt zu bewältigen sein werden.

Daß die Bundesrepublik eine regionale oder gar überregionale Hegemonialmacht wird, wollen hoffentlich selbst die nicht, die einen Sitz im Sicherheitsrat anstreben. Aber wäre es nicht denkbar, einen Sitz für Europa zu beanspruchen, wäre es nicht denkbar zu erkennen, daß die Europäer bisher nur kümmerliche Beiträge zur Überwindung der erwähnten Konfliktursachen geleistet haben und wäre es denkbar, daraus Folgerungen zu ziehen? Ist es wirklich Drückebergerei, nicht unserer Landsleute Söhne in den Krieg zu schicken, sondern von jedem erhebliche Beiträge zur Lösung der wirtschaftlichen Probleme der Dritten Welt zu verlangen? Dort hinterlassen wir bewußt unseren politischen Nachfolgern und den nächsten Generationen schon heute erkennbare Probleme, von denen wir selbst nicht einmal andeutungsweise wissen, wie man sie bewältigen könnte. Das ist verantwortungslos.

Die Entfremdung von Bürgern und Politikern hat den Bundespräsidenten zu den am meisten umstrittenen Bemerkungen veranlaßt. Die Probleme des Parteienbundesstaates sind seit den grundlegenden staatsrechtlichen Arbeiten von Leibholz erkannt. Er hat die Durchdringung der staatlichen Strukturen, ihre Auswirkung auf die Gewaltenteilung, auf den Föderalismus, ihre Kollision mit den idealtypischen Vorstellungen der repräsentativen Demokratie beschrieben, in der jeder Abgeordnete nur seinem Gewissen unterworfen und Vertreter nicht bestimmter Interessen, sondern der Allgemeinheit sein sollte. Allerdings muß man sich hüten, über den Parteien einen gleichsam neutralen Staat zu sehen, dessen Gralshüter, die überparteilichen Beamten, dem Gemeinwohl verpflichtet, die Begehrlichkeiten und Egoismen der dem Parteiinteresse verbundenen Abgeordneten abwehren müssen. Dieses konservative Weltbild hat nicht einmal für das Bismarck'sche Kaiserreich gestimmt. Und der Staatssekretär des Reichspräsidialamtes hat dem Kaiser, dann Ebert, Hindenburg und Hitler mit gleicher beamtenrechtlicher Hingabe gedient, völlig unpolitisch, versteht sich.

Natürlich hat es schon immer und auch ohne Parteien »Seilschaften« gegeben, die so zutreffend genannten »Verbindungen«, auch karrierefördernde gesellschaftliche Bezüge, wie es sie nicht nur in England gibt, oder die »crews« gemeinsamer Ausbildungsgänge, Patronagen vielfältigster Art, zu denen im Parteienstaat der Proporz hinzutritt. Er wird allerdings in immer offenerer, manchmal schamloser Art selbst bei unpolitischen Positionen in der Verwaltung, bei der Polizei, bei den Kommunalbehörden, bei den Rundfunkanstalten oder sonstigen Medien und sogar bei der Justiz, sozusagen flächendeckend verwirklicht. Die Anstößigkeit und Perversion liegt in der Perfektion, die dabei erreicht wurde. Zu den größten Mysterien gehört die Wahl der Verfassungsrichter, bei denen ein besonders feinfühliger Proporz gewahrt wird: männlich oder weiblich, Parteizugehörigkeit oder wem nahestehend, katholisch oder evangelisch, aus welchem Bundesland, Nord- oder Süddeutschland, bisher bei einem obersten Bundesgericht und bei welchem oder nicht, Anwalt, Hochschullehrer oder sonstiger. Einem Mitglied des Richterwahlausschusses ist es sogar gelungen, seinen Sozius durch diesen Proporz zu bringen und ihn wählen zu lassen – eine bemerkenswerte, selbst von erfahrenen Fummlern vielbewunderte Leistung, gemildert durch die unstreitige Tatsache, daß der so entstandene Verfassungsrichter sich berechtigter Weise hohes Ansehen erworben hat. Es soll mindestens *eine* große Volkspartei geben, die in ihrem Personalcomputer ein regelrechtes länderübergreifendes Patronageprogramm entwickelt hat und es seit Jahren mit Erfolg praktiziert. Es ist nicht einmal die, bei der man sofort eine Solidaritätseinrichtung vermuten würde.

Politik ist Machtausübung. Niemand bringt sie einem freiwillig, wie es zuletzt Heinrich am Vogelherd angeblich geschehen sein soll. Auch ein Mandat ist Machtausübung. Natürlich ist der Abgeordnete nicht frei in dem Sinn, daß er keinerlei Rücksicht nehmen müßte. Je mehr ihn das Mandat in Anspruch nimmt, um so mehr ist er auch darauf angewiesen, wiedergewählt zu werden. Das muß für den Wähler ja nicht schlecht sein, mag es der im Wahlkreis oder der Delegierte sein, der die Liste wählt. Man erwarte von einem Abgeordneten auch nicht, daß ihm seine materielle Lage egal ist. Wie könnten parlamentarische Entscheidungen menschlich ausfallen, wenn das Parlament ausschließlich aus Robespierres bestünde? Zahlreiche Abgeordnete leisten wertvolle Arbeit, opfern sich auf, helfen wo sie können, sind einfach gut. Warum sollten sie in der Gesellschaft, die sie repräsentieren, für sich grundsätzlich andere Maßstäbe anlegen als die, die für alle gelten? Daß die Art, in der Entschädigungen und Versorgungen festgelegt werden, nicht in Ordnung ist, stimmt allerdings auch. Damit ist mehr verspielt als verdient worden. Keiner kann andere zum Verzicht aufrufen, der sein eigenes Einkommen praktisch dynamisiert und das damit rechtfertigt, er müsse erst einmal alte Rückstände ausgleichen.

Das alles ist nicht neu. Neu ist nur die völlige Hemmungslosigkeit, mit der die Parteien und ihre führenden Vertreter sich ohne jedes Unrechtsbewußtsein angewöhnt haben, in den Ablauf der parlamentarischen Willensbildung einzugreifen und darüber hinaus alle Lebensbereiche und Gremien zu durchdringen, ein Tatbestand, den das Parteiengesetz mit geradezu lyrischer Beredsamkeit umschreibt. Parteien delegieren »ihre« Minister, die der Kanzler zu akzeptieren hat, »Elefantenrunden« unter Einschluß der Parteivorsitzenden und Generalsekretäre präjudizieren Kabinett und Parlament, Präsidien der Parteien verkünden Gesetzentwürfe, die von den Fraktionen zu vollziehen sind, gefälligst. Auch die Mitglieder des Bundesrates treten im Bundestag eher für ihre Parteien als für ihre Länder auf, nämlich vornehmlich dann, wenn ein Landtagswahlkampf ansteht.

In Koalitionsvereinbarungen auf allen Ebenen werden die leitenden staatlichen und kommunalen Ämter und Positionen für die erkennbare Zukunft verteilt. Die Beratungsabläufe der Parlamente sind hierarchisch mit dem Ergebnis geregelt, daß trotz aller Extravaganzen einzelner Abgeordneter der Beratungsverlauf und die Abstimmungsergebnisse berechenbar sind. Es ist geradezu Ehrensache, Anträge des Gegners auch dann abzulehnen, wenn man mühsam eigene formulieren muß, die im Ergebnis dasselbe bedeuten. Der fraktionslose und mithin auch parteilose Abgeordnete hat zwar im Plenum weit mehr Möglichkeiten als das einzelne Fraktionsmitglied. Politisch ist er völlig bedeutungslos. Edmund Burke konnte noch stolz erklären, der Abgeordnete schulde seinem Wähler nicht Gehorsam, sondern sein Urteilsvermögen – eherner Grundsatz der Ablehnung des imperativen Mandates. Die Partei- und Fraktionsführungen neigen heute dazu, das etwas anders zu sehen. Sie preisen Handlungsfähigkeit und Berechenbarkeit, »Geschlossenheit« und »Schulterschluß« im jeweiligen »Lager« – Sprache ist verräterisch.

Man muß sich nicht wundern, wenn der Glanz der parlamentarischen Demokratie unter diesen Umständen verblaßt und der Ruf nach Formen der direkten Demokratie – Volksbegehren und Volksentscheid, Direktwahlen – zunimmt. Solche Regelungen in zahlreichen Bundesländern haben die Demokratie zwar keineswegs zur vielbeschworenen »Prämie für Demagogen« gemacht. Doch kann man zweifeln, ob sie wirklich eine Lösung des Problems sind.

Ein schönes Beispiel bietet die immer wieder geforderte Direktwahl der Oberbürgermeister, die es in Baden-Württemberg, nicht aber in Nordrhein-Westfalen gibt. Der zur erfolgreichen Mehrheit gehörende Bürger wird damit zufrieden sein, daß er »seinen OB« hat wählen können. Aber wie ist das Verhältnis des Oberbürgermeisters, Chef der Verwaltung, Vorsitzender des Rates in einer Person, gewählt von der Gesamtbevölkerung der Stadt, zu dem einzelnen Ratsherren, der nur einen Wahlkreis hat oder gar nur über eine Reserveliste in den Rat kam? Den alle dominierenden Bürgermeister als Chef von Rat und Verwaltung nannte man früher zutreffend den »rheinischen Pascha«. Wäre es mehr Demokratie, wenn der Bundespräsident oder gar der Bundeskanzler vom Volk direkt gewählt würden – wie heute die Bundestagswahlkämpfe ja schon angelegt sind? Es wäre keine bessere oder schlechtere Form der Machtausübung, es wäre eine andere.

Auch Volksbegehren und Volksentscheid haben Strukturprobleme, die man nicht verschweigen darf. Sie liegen nicht nur darin, daß die entscheidenden Fragen auf eine »Ja«- oder

»Nein«-Antwort reduziert und Kompromisse ausgeschlossen werden. Wenn die Parteien das politische Leben beherrschen, dann wird auch ein Volksentscheid im wesentlichen nur dann Erfolg haben, wenn er von einer der großen Parteien, in der Regel eben der Opposition, unterstützt und in Wirklichkeit betrieben wird. In einem solchen Fall würden Neuwahlen gründlicher neue Verhältnisse schaffen. Vor allem aber muß man die Frage stellen, wer eigentlich bei einem Volksentscheid die Verantwortung trägt – eben niemand.

Man kann ein Parlament abwählen, aber nicht ein Volk.

Wer die repräsentative Demokratie erhalten will, muß die Rechtsstellung des einzelnen Abgeordneten stärken. Dazu gibt es keine Alternative. Bemerkenswert und richtig ist der Vorschlag, die Aufstellung der Reservelisten zu öffnen oder – einfacher zu verwirklichen – dem Wähler die Möglichkeit zu geben, die Reihenfolge der Listenkandidaten zu ändern. Das würde zwar dem Wunsch nicht entsprechen, mehr »Fachleute« im Parlament zu sehen. Es würde aber die Verantwortung und die Verantwortungsbereitschaft der auf diese Weise vom Wähler bevorzugten Abgeordneten auch gegenüber ihren Parteien wesentlich stärken. Auch die parlamentarischen Rechte des Abgeordneten, seine Möglichkeit, im Plenum zu sprechen, eigene Anträge oder Gesetzentwürfe einzubringen, sein Recht, einen Minister ins Parlament zu fordern, müssen von den Gängeleien der Geschäftsführer und Vorstände befreit werden, selbst wenn man den Mißbrauch durch einzelne fürchtet oder die Debatten länger werden. Sie werden auf jeden Fall wichtiger und interessanter.

Stärkung des Parlamentes, seiner Abgeordneten, Beschränkung der Ressourcen der Parteien, schonungslose Anprangerung aller Formen der Patronage – alles das ist möglich, wichtig, aber nicht allein entscheidend. Die Frage ist, ob es gelingt, die Bürgergesellschaft wiederzubeleben.

Viele Bürger empfinden entweder die Grundwerte unserer Verfassung und ihre bürgerlichen Freiheiten nicht mehr als bedroht, oder jedenfalls als eine Angelegenheit, die eigentlich nur die Politiker etwas angeht. Der Politiker, vorzugsweise der in Bonn, ist für alles verantwortlich. Der Bürger verdrängt die

Tatsache, daß viele Entscheidungen von größer politischer Wirkung nicht von den Abgeordneten, sondern von ihm selbst, von Unternehmen, Wirtschaftsverbänden, Gewerkschaften, der öffentlichen Verwaltung oder von Wissenschaftlern getroffen werden und die Politik erst in einem Zustand erreichen, in dem sie kaum noch verändert werden können. Es ist erstaunlich, wie bereitwillig trotzdem viele Politiker den Eindruck erwecken oder ihn erhalten wollen, die Entscheidungs-, Erkenntnis- und Handlungsfähigkeit der Politik sei unbegrenzt. Sie ist es nicht. Darum kann die politische Verantwortung auch nicht allein auf dem Parlamentarier oder dem Politiker ruhen. Er hat eine besondere Verantwortung, aber keine Alleinzuständigkeit.

Wer sich eine Bürgergesellschaft in dem Sinne vorstellt, daß nun alle beschließen müßten, in Parteien zu gehen oder sich auch nur intensiv um politische Fragen zu kümmern, der täuscht sich und überfordert die Bürger. Sie wollen, daß der Staat funktioniert, aber so sehr sind sie an der Politik nun auch wieder nicht interessiert, daß sie unbedingt alles selbst erledigen wollen. Darum müssen die berechtigten Wünsche bescheidener sein: mehr soziale Verantwortung, mehr Bereitschaft zu helfen, mehr Bereitschaft zum Vorbild, mehr demokratisches Selbstbewußtsein, mit einem Wort: mehr common sense. Bei den Politikern? Ja auch, aber eigentlich bei uns allen.

Wider scheinradikale Gesten

Claus Offe

Die liberale Demokratie ist heute in einem spezifischen Sinne alternativlos: es gibt keine theoretisch respektwürdige Alternative zur Begründung und Rechtfertigung des kollektiv bindenden Entscheidens durch den empirischen Willen der Bürger. Natürlich schließt das Praktiken von Staaten und politischen Verbänden nicht aus, die ohne eine theoretisch ernstzunehmende Begründung auszukommen trachten, und sich dann im Extremfall auf ethnische und chauvinistische Mobilisierung und die Taktik des Bandenkrieges verlassen. Sobald man sich aber überhaupt auf legitimierende Begründungen einläßt, dann gibt es zum »Volkswillen« als einer letzten Instanz der Begründung politischer Herrschaft tatsächlich keine Alternative. Das Recht bestimmt zwar zu jedem gegebenen Zeitpunkt den Möglichkeitsraum demokratischen Entscheidens. Aber das Recht ist selbst »positiv«, d.h. es unterliegt seinerseits demokratischer gesetzgeberischer Disposition. Eine weitere Schranke demokratischen Disponierens ist die Wirtschaft: man kann politisch nicht auf Dauer wesentlich mehr Ausgaben beschließen, als die durch wirtschaftliches Handeln konstituierte Steuerbasis hergibt. Und natürlich kann man auch physikalische Gesetze nicht demokratisch beschließen oder außer Kraft setzen. Aber innerhalb dieser weitgezogenen Grenzen wird Politik durch den demokratischen Souverän erzeugt, und nur unter Verweis auf diesen ihren Ursprung kann sie Gehorsam einfordern.

»Alternativlos« ist die liberale Demokratie also nicht in dem Sinne, daß es Alternativen *noch gäbe*, die als weniger geltungswürdig zugunsten der liberalen, auf allgemeinem, freien und gleichen Erwachsenenwahlrecht beruhenden Demokratie zurückgewiesen worden wären; sondern im Gegenteil in dem Sinne, daß eine solche Alternative in modernen Gesellschaften *nicht* mehr besteht und Demokratie deshalb den Charakter nicht einer gewählten (und demgemäß auch anders wählbaren) Verfassungsform hat, sondern den einer unhintergehbaren Tatsache. Dynastische, theokratische, geschichtsphilosophisch oder naturrechtlich begründete, nationalistisch-autoritäre Alternativen zur liberalen Demokratie kommen faktisch nicht mehr in Betracht, zumal nicht nach den Ereignissen des Jahres 1989. Niemand würde sie mehr ernstzunehmen bereit sein. Moderne Gesellschaften sind dazu verurteilt, sich auf den aus gleichen und freien Partizipationsrechten hervorgehenden »Volkswillen« als ihre ausschließliche Rechtfertigungsgrundlage, ihren letztinstanzlichen Impulsgeber für kollektiv bindendes Entscheiden zu verlassen.

Die Demokratie hat sich gewandelt von einer Tugend, der man folgen soll, zu einer Tatsache, mit der man umgehen muß. Das schließt freilich nicht aus, daß – vor allem im Prozeß der europäischen Integration – die »letztinstanzliche« Rechtfertigungsgrundlage des empirischen Volkswillens durch so viele Zwischeninstanzen mediatisiert und nach Art eines *Stille-Post*-Spiels abgefälscht wird, daß das Volk die Ergebnisse seines Willens kaum noch als solche wieder- und anzuerkennen vermag. Es ist, so meine ich, vor allem der Ausblick auf das absehbare Demokratie-Defizit des integrierten Europa, das die politischen Eliten der Bundesrepublik heute auf kompensatorische Abhilfen sinnen läßt.

Die einzig übrigbleibenden – und gewiß umfangreichen – Möglichkeiten der institutionellen Ausgestaltung des politischen Prozesses beziehen sich auf die drei Fragen, (1) *wer* an der Bildung des Volkswillens teilhaben (also volle politische Bürgerrechte in Anspruch nehmen) darf, (2) *wie* der Volkswille gebildet wird sowie (3) auf *was*, d.h. auf welche Gegenstände er sich erstrecken darf und soll. Die zweite dieser Fragen steht hier im Mittelpunkt der Erörterung.

Die Wahrnehmung dieser Gestaltungsaufgaben ist nun von größter Bedeutung aus dem Grunde, weil diese verbleibende Rechtfertigungsgrundlage politischen Handelns, nämlich jener Volkswille, drei problematische Merkmale aufweist: er ist *fiktiv*, *fehlbar* und *verführbar*.

(a) der Volkswille ist zunächst *fiktiv*, weil er nicht als eine

Substanz vorgestellt werden kann, die man wie das heilige Buch der Offenbarungsreligionen jederzeit konsultieren oder dem man – gegebenenfalls mit der Hilfe von autorisierten Schriftgelehrten (oder Demoskopen?) – verbindliche Instruktionen über den richtigen Weg politischen Entscheidens entnehmen könnte. Vielmehr müssen wir davon ausgehen, daß zu den meisten Themen zu den meisten Zeitpunkten überhaupt kein »Volkswille« vorliegt. Was vorliegt, das sind sachlich, zeitlich und sozial differenzierte Präferenzen von Bürgern. Will sagen: die Bürger wünschen sich diese oder jene Entscheidung, manche Bürger optieren so, manche anders, und zudem wollen sie heute dies, morgen jenes. Und überdies sind sich wohl die meisten Leute zu den meisten Sachverhalten zu den meisten Zeitpunkten ohnehin unschlüssig, ob sie überhaupt etwas wollen; dazu ist die *Aufmerksamkeitsenergie*, die der normale Bürger für politische Sachverhalte zur Verfügung hat, viel zu begrenzt, und ebenso ist die *Zuversicht* rationalerweise begrenzt, daß es sich überhaupt lohnen könnte, hier mehr Aufmerksamkeit zu investieren[1]. Es wäre demnach ein reiner Zufall, wenn das Stimmengewirr individueller, auch der verbandlich und parteipolitisch eingefärbten und vorgeprägten Meinungen und Präferenzen auch nur die bescheidensten Kriterien *sachlicher Widerspruchsfreiheit*, der *Übereinstimmung mit sich selbst*[2] und der *zeitlichen Beständigkeit* erfüllen würde. Dies sind jedoch sämtlich Eigenschaften, die wir jemandem zuschreiben, von dem wir sagen, er habe einen (wohlerwogenen, gefestigten, informierten – und aus allen diesen Gründen erst beachtlichen und anerkennungswürdigen) »Willen«.

Viel ausgeprägter und robuster, wenn auch keineswegs einheitlich, sind unsere Vorstellungen im beherrschten Nahbereich des Alltagslebens, etwa die über gesunde Ernährung, richtige Erziehung oder zufriedenstellende Arbeitsverhältnisse. Im Felde der Politik finden sich allenfalls weithin geteilte, aber für die Ableitung von Entscheidungen bei weitem zu vage Vorstellungen, die wir als »politische Kultur« bezeichnen und die sich auf Rechte und Pflichten des Bürgers, auf sein Verhältnis zu anderen Bürgern und zu den Organen staatlicher Herrschaft, auf Recht und Moral, auf Nation und Weltgesellschaft usw. erstrecken. Der einzige Volkswille, von dem man bei der Bevölkerung eines souveränen Nationalstaats allenfalls ausgehen kann, hat die reflektive Gestalt eines Willens, daß überhaupt eine einheitliche und autonome Willensbildung stattfinde.

»Dem« Volk einen politischen »Willen« überhaupt zuzuschreiben, wie es in der üblichen Rede vom »Volkswillen« oder »Wählerwillen« geschieht, ist deshalb eine Redeweise, die auf den Gebrauch einer ebenso erhabenen wie riskanten Metapher hinausläuft. Die im Grunde unstrittige, aber in unserem Zusammenhang erinnernswerte Tatsache ist, daß der »Wille« des Volkes ein *Artefakt* derjenigen institutionellen Verfahren ist, die wir vorgeblich nur in seiner *Messung* verwenden. Der Volkswille *besteht* nicht *vor* diesen Verfahren und unabhängig von ihnen, sondern er *entsteht* in ihnen. Der Volkswille trägt »Antwortcharakter«[3]; alles kommt auf die Frage an, die zu seiner Ermittlung gestellt wird, sowie auf das Verfahren, das zu seiner Feststellung eingesetzt wird.

(b) Zweitens ist das, was sich in diesen Verfahren ergibt und dann vom Volk wie von den politischen Eliten als der »Volkswille« dargestellt wird, durchaus *fehlbar* – ebenso wie natürlich der Wille von politischen Amts- und Mandatsträgern fehlbar ist. Es fragt sich indes, ob das Merkmal der Fehlbarkeit oder der Fehlerhaftigkeit unter irreversibel *demokratischen* Verhältnissen überhaupt sinnvoll verwendet werden kann; denn wo es – wie definitionsgemäß in liberalen Demokratien – keine als für politisches Entscheiden maßgebliche Wahrheit und Richtigkeit gibt, dort gibt es auch keine Fehler und kein falsches Entscheiden – zumindest so lange nicht, wie politische Entscheidungen nicht in dem dafür vorgesehenen Verfahrensweg als *verfassungsrechtlich* falsch, d.h. als unerlaubt und daher wirkungslos, erkannt werden.

Ich werde jedoch zeigen, daß auf den Volkswillen gestützte politische Entscheidungen auch dann falsch sein können, wenn sie verfassungsrechtlich durchaus erlaubt sind und unbeanstandet bleiben. Das ist, kurz gesagt, dann der Fall, wenn eine einmal getroffene Entscheidung *im Rückblick von einem späteren Zeitpunkt aus* sich als eine Entscheidung ausnimmt, die nicht nur zu *bedauern* ist (etwa, weil sich die erhofften Wirkungen mangels zureichendem Wissen nicht eingestellt haben), sondern *bereut* werden muß. *Bedauern* müssen wir frühere Entscheidungen, mit deren Folgen wir heute unzufrieden sind, denen aber zugute gehalten werden kann, daß wir sie nach damaligem, zum Entscheidungszeitpunkt gegebenen Wissen und Wollen nicht besser hätten treffen können. *Bereuen* werden wir dagegen Entscheidungen (man nehme die städtebauliche Maxime der »autogerechten Stadt« als beliebig gegriffenes Beispiel), bei denen diese Rechtfertigung *nicht* greift: im Rückblick ergibt sich dann das Bild, daß »wir«, d.h. die Gesamtheit der Aktivbürger, bereits zum Zeitpunkt der Entscheidung moralisch und kognitiv imstande gewesen *wären* oder hätten sein müssen, die mißlichen Entscheidungsfolgen, mit denen wir heute konfrontiert sind, vorausblickend in Rechnung zu stellen und demgemäß anders und besser zu entscheiden. Wenn diese Bedingungen vorliegen, ist es gerechtfertigt, von einem falschen oder fehlerhaften Volkswillen zu sprechen. Diese Bedingungen werden um so eher vorliegen, je weiter gegenwärtige Entscheidungen in die Zukunft ausgreifen. Je mehr sie das tun, desto länger wird die Wirkungsstrecke, auf der wir es mit zwar in der Regel irreversiblen, aber u. U. bereuenswerten Entscheidungsfolgen zu tun haben – und bei denen wir zum Entscheidungszeitpunkt allzu leicht der Versuchung erliegen, kurzfristige Vorteile gegen langfristige, aber absehbare Schadenswirkungen unangemessen zu bevorzugen.

(c) Die *Verführbarkeit* des Volkswillens betrifft im Grunde nur einen Unterfall seiner Fehlbarkeit. Wenn, wie soeben gezeigt, der Volkswille erst in den Verfahren erzeugt wird, in denen er gemessen wird und außerhalb dieser Verfahren allenfalls die schemenhafte Gestalt von zusammenhanglosen und flukturierenden Willenselementen hat, die im übrigen als Rückstände früherer Runden der Willensmessung zu werten sind, dann kommt bei der *sozialen Konstruktion des Volkswillens*[4] durch Medien, Parteien, Verbände und Bildungsträger alles darauf an, daß die Verteilung von Information und Aufmerksamkeit in einem schwer zu definierenden – und noch schwerer zu normierenden – Sinne »unverzerrt« und

»ausgewogen« ist. Der interessierte Appell dieser Einrichtungen und Kollektivakteure an Ängste, Vorurteile, Leidenschaften, Interessen und Hoffnungen kann einerseits das vernünftige Urteilsvermögen der Bürger schärfen, es andererseits aber auch in dem Sinne irreführen, daß Entscheidungen zustandekommen, die im erläuterten Sinne rückblickend als »falsch« zu werten sein werden. In dem Maße, wie das letztere der Fall ist, können wir von einer »Verführung« oder »Irreführung« des Volkswillens sprechen. Die entsprechenden Gefahren wachsen offenbar in dem Maße, wie der Bürger im Prozeß seiner Willensbildung von orientierenden Vorleistungen abhängig wird. Das ist heute in allen Politikbereichen in extremem Maße der Fall. Die schiere Komplexität macht uns in den meisten öffentlichen Angelegenheiten zu veritablen Analphabeten, weil wir alle, einfache Bürger wie Amts- und Mandatsträger, aus *eigenem* Wissen, eigener Erfahrung und eigenen Urteilsvermögen nicht weit kommen. Entsprechend abhängig sind wir davon, daß anstehende Entscheidungsfragen in einer vertrauenswürdigen Weise aufbereitet und die Alternativen mitsamt ihren absehbaren Konsequenzen fair und wahrhaftig dargelegt werden. Die enorme Hilfsbedürftigkeit unseres Urteilsvermögens eröffnet entsprechend große Mißbrauchsmöglichkeiten für diejenigen (regelmäßig interessierten) Akteure, auf deren Hilfe wir angewiesen sind.

In diesem Zusammenhang ist insbesondere vor dem verbreiteten Irrtum zu warnen, daß die durch institutionalisierten Wettbewerb der politischen Parteien *nicht* mediatisierten, weniger repräsentativen und mehr direkt-demokratischen Verfahren der Volksinitiative, des Volksbegehrens oder der Volksabstimmung eo ipso irgendwie *authentischere* Resultate hervorbringen *müßten* als die gewohnten Verfahren der repräsentativen Demokratie, insbesondere die periodischen Wahlen zu gesetzgebenden Körperschaften. Das ist nicht nur aus Gründen des beschränkten Urteilsvermögens, sondern schon deshalb der Fall, weil ja Volksinitiativen und Volksbegehren zumindest auf Bundesebene ersichtlich von niemand anderem organisiert werden könnten als wiederum von politischen Parteien. Insofern würde es sich um eine Verdoppelung des Parteienwettbewerbs unter dem bloßen Vorwand seiner Suspendierung oder Korrektur handeln. Dank der demoskopischen Dauerbeobachtung, dem das politische Meinungsprofil der Bevölkerung ausgesetzt ist, befinden sich Regierungen ohnehin kontinuierlich in hoher Übereinstimmung mit den wichtigsten sachlichen Präferenzen, die in der Bevölkerung vorherrschen. Da die politischen Eliten dieses Meinungsprofil, vermittelt durch die quasi-plebiszitären Funktionen der politischen Meinungsforschung also bereits kennen und zu berücksichtigen Anlaß haben, ist nicht recht zu sehen, was auf einem zusätzlich eingerichteten Kommunikationskanal der Volksbegehren usw. an zusätzlichen Inhalten übermittelt werden könnte. Oppositionelle politische Präferenzen, die auch nur die entfernte Aussicht haben, das jeweilige Quorum zu erreichen, werden auf den Röntgenschirmen der Demoskopen längst angezeigt, ehe sie Zeit haben, sich zu Vorschlägen und Gesetzesentwürfen zu verdichten. Auch insofern bleibt dann die Initiative zur vorbeugenden Zerstreuung und Beschwichtigung von Volksinitiativen in den Händen der politischen Eliten.

Auf dem Hintergrund dieser Überlegungen ist nun zumindest in groben Zügen die relative Leistungsfähigkeit repräsentativer und direkt-demokratischer Verfahren der Messung und gleichzeitigen Erzeugung des Volkswillens zu bilanzieren.

(a) *Legislative Repräsentativkörperschaften* sind in der langen Geschichte der einschlägigen Literatur mit einer Vielzahl von schmeichelhaften Vermutungen bedacht worden, was ihre Rationalität, Vernünftigkeit, Reife, Sachkunde, Unbefangenheit, kollektive Intelligenz und Urteilskraft angeht. Bei realistischer Betrachtung sind davon heute nur zwei Gesichtspunkte aufrechtzuerhalten, die für eine Eigenrationalität parlamentarischer Entscheidungsverfahren sprechen.

Erstens gilt in Parlamenten, anders als in Volksversammlungen oder bei Unterschriftenkampagnen, das »Gesetz des Wiedersehens«. Jeder Teilnehmer muß in allen seinen Äußerungen damit rechnen, daß er von allen anderen Teilnehmern der parlamentarischen Körperschaft oder ihrer Ausschüsse laufend auf seine Glaubwürdigkeit, Sachkunde, Aufrichtigkeit, Widerspruchsfreiheit und sein Arbeitsengagement geprüft wird[5]. Wer morgen anders redet als heute, und drinnen anders als draußen, oder wer die Akten nicht kennt, der setzt sich zumindest milden Formen von Mißbilligung aus, deren Antizipation in der Regel disziplinierend wirkt und für ein Minimum von Seriosität sorgt.

Zweitens haben Gremien – im Vergleich mit Versammlungen oder Referenden – den Vorteil, eine reichere Kommunikationssituation zu schaffen: man kann nicht nur Ja oder Nein sagen, sondern auch in der Zeitdimension operieren (früher vs. später), neue Verhandlungsgegenstände einführen (so oder anders), die Kompromißbildung durch Tauschhandlungen erleichtern (wie du mir, so ich dir, »logrolling«), usw. – Diesen beiden Vorteilen stehen allerdings die Nachteile gegenüber, daß alles Tun und Unterlassen unter dem Kriterium von Macht- und Koalitionserhaltungsstrategien steht und von Rücksichten des parlamentarisch ausgetragenen Dauerwahlkampfes beherrscht ist sowie von dem Interesse des einzelnen Abgeordneten, die Chancen seiner Wiederaufstellung nicht untunlich zu schmälern.

(b) Die reziproken Vor- und Nachteile kennzeichnen plebiszitäre Formen der Gesetzgebung. Die Grundgesamtheit sämtlicher Bürger kann nur auf gegebene Fragen mit Ja oder Nein antworten, und sie unterliegt bei der Antwort – das ist zumindest nicht auszuschließen – Stimmungen und zeitpunktbezogenen Affekten, die überdies durch Lenkung der Aufmerksamkeit von dritter Seite gesteuert werden können. Jener »im Volk erwachende Regelungsbedarf«, von dem in einer einschlägigen Petition mit anrührender Empfindsamkeit die Rede ist, könnte ja durchaus auch von strategischen Akteuren *wachgeküßt* worden sein. – Umgekehrt kann man den unmittelbar in die Gesetzgebung einbezogenen Bürgern wohl zugute halten, daß sie von Machterhaltungsrücksichten relativ frei sind – wenn auch nicht unbedingt von Erwerbsinteressen. Deshalb wären von eventuell einzuführenden Formen der Volksgesetzgebung solche Gegenstände (wie z.B. Steuergesetze[6]) auszunehmen, bei denen zu erwarten ist, daß die Sorge um die Höhe ihres verfügbaren Einkommens viele Bürger verleitet, der staatlichen Vorsorge für Infrastruktur- und Kollektivgüter einen geringeren Rang einzuräumen als sie es »eigentlich« tun würden und wollten.

Ein breiter Konsens innerhalb der internationalen Fachliteratur aus den Gebieten der Demokratietheorie und der politischen Soziologie bestätigt andererseits die Vermutung nachdrücklich, daß es Mängel des demokratischen politischen Systems gibt, die eine abnehmende Akzeptanz, Integrations- und Verpflichtungsfähigkeit und Legitimationskraft seiner Institutionen nach sich ziehen können, und denen eventuell durch Möglichkeiten verstärkter Bürgerbeteiligung abzuhelfen sei. Doch ist hier auch vor kurzschlüssig eingeführten Neuerungen zu warnen, die der Logik eines *Tauschaktes* folgen, etwa nach dem Motto: Wir, die Politiker, gewähren euch, den Bürgern, stärkere Mitwirkungs- und Initiativrechte, und wir erwarten dafür als Gegenleistung, daß ihr künftig den Funktionen der Politik und ihrer Sachwalter mehr Respekt und Kredit entgegenbringt. Denn weder ist es gewiß, daß die »politische Klasse« durch solche Neuerungen wirklich an Kontrollkapazität verliert, noch kann man davon ausgehen, daß, falls sie es tut, die Bürger die ihnen gemachten Zugeständnisse tatsächlich in der erwarteten Weise honorieren werden. Sehr vereinfachend kann man das hier liegende Problem in zwei Punkten darstellen.

(a) Politische Großorganisationen, vor allem politische Parteien, aber auch Gewerkschaften und andere Verbände haben gegenüber Mitgliedern und Öffentlichkeit viel von ihrer umfassenden Orientierungsfunktion verloren. Angesichts der Komplexität der von ihnen zu produzierenden Entscheidungen und der Pluralität der dabei zu berücksichtigenden Wert- und Interessengesichtspunkte verlieren die gestaltenden Akteure unseres politischen Lebens selbst an Gestalt. Sie hinterlassen ein politisch-moralisches Führungsvakuum und setzen sich dem Verdacht aus, im wesentlichen als opportunistische Patronage- und Machterhaltungskartelle zu operieren.

(b) Die fortschreitende Individualisierung und Differenzierung der Gesellschaft läßt den Boden für große politische Orientierungs- und Solidargemeinschaften austrocknen und begünstigt statt dessen kleinräumige und wechselhafte politische Präferenzbildungen. Beide Entwicklungstendenzen steigern sich gegenseitig: man spricht vom »sanften Tod des politischen Stammkunden«, zunehmender Apathie und Zynismus einerseits, von der Ideenarmut und Profillosigkeit der politischen Parteien andererseits, die ihre Mobilisierungsfähigkeit weitgehend verloren haben und sich deshalb an staatliche, v.a. auch finanzielle Bestandsgarantien und die Taktiken der Kartellbildung zu Lasten von potentiellen Dritten halten.

Man kann diese Tendenzen bedauern oder sich »realistisch« mit ihnen abfinden; unstrittig dürfte aber sein, daß das Zusammenwirken beider Tendenzen auf einen Verfall der *politischen Ressourcen* der Gesellschaft hinausläuft, d.h. auf eine Entwertung der institutionellen Mittel, mit denen die Gesellschaft zielgerichtet auf ihre eigene Entwicklung einwirken und diese unter Kontrolle bringen kann. Gleichzeitig aber begünstigt diese Entwicklung die Chancen derjenigen Anbieter auf dem politischen Markt, die auf dem Absatzweg populistischer »Direktverkäufe« und entsprechend bedenkenlos alles das auf den politischen Markt bringen, was sich durch Appell an Ressentiments und individuelle Bereicherungsinstinkte schnell absetzen läßt.

Für eine Verbesserung der Chancen von Bürgern auf politische Mitgestaltung ist die Einführung von Bürgerinitiative, -begehren, -entscheid, konsultativer und definitiver -befragung und -abstimmung keineswegs die *einzige* Möglichkeit. Dem gleichen Ziel dienen womöglich weit wirksamer zwei andere Ebenen der institutionellen Neugestaltung, nämlich (a) eine verstärkte Öffnung des politischen Institutionensystems für die diskursiven, normbildenden Prozesse der *politischen Öffentlichkeit* sowie (b) eine interne Demokratisierung der politischen Parteien und eventuell auch der Verbände. Demokratisierungsmöglichkeiten ergeben sich insofern nicht nur von »unten« durch plebiszitäre Beteiligungsformen, sondern auch von »innen« (Mitwirkungsrechte in politischen Parteien) und von »außen« (Öffentlichkeit). Es erscheint mir vorstellbar, daß im Falle von deutlichen Erfolgen auf diesen beiden Gestaltungsebenen die heute diskutierte Option der Anreicherung des repräsentativen Systems mit direkt-demokratischen Elementen nahezu verzichtbar würde, und daß das Angebot direkt-demokratischer Bereicherungen der politischen Willensbildung in Wahrheit ein relativ »dünnes Brett« ist, an dem mit scheinradikaler Geste zu bohren deshalb gegenwärtig bei unseren politischen Eliten auch deswegen besonders beliebt ist, weil sie nur dem Anschein nach einschneidende Konzessionen machen würden: Das Recht, die Fragen zu formulieren und dem Volk zur Entscheidung zu stellen, bliebe ihnen ja weitgehend erhalten, und hinzugewinnen würden sie u. U. die willkommene Gelegenheit, sich bei heiklen, gerade auch internationalen Entscheidungsthemen aus der Verantwortung stehlen zu können, indem sie die Erledigung von Entscheidungsaufgaben der vermeintlichen Ursprünglichkeit des plebiszitär geäußerten Volkswillens überlassen.

(a) *Stärkung öffentlicher Diskurse* – Es ist ein auffälliges Merkmal der politischen Entwicklung in der Bundesrepublik in den 70er und 80er Jahren, daß neue Initiativen, Ideen und moralische Gütekriterien der Innen- und Außenpolitik ihren Ausgangspunkt nicht in den politischen Parteien und den großen Gewerkschaften und Verbänden, sondern in Einrichtungen hatten, die zum politischen System relativ peripher stehen. Dazu rechne ich Kirchen, Universitäten, Medien, Professionen, Bürgerinitiativen, soziale Bewegungen, und auch einzelne Vertreter künstlerischer Berufe wie Filmemacher, Musiker und Literaten. Sie haben mit teilweise großem und anhaltendem Erfolg (Frauenbewegung, Friedensbewegung, Umweltbewegung, Dritte-Welt-Initiativen) und mit der sanften Gewalt überzeugender politisch-moralischer Argumente die amtlichen politischen Führungsgruppen unter Problemberücksichtigungsdruck gesetzt und sie zur gesetzgeberischen Behandlung und Weiterentwicklung bis dahin ausgesparter Gegenstände und Konflikte genötigt. Wenn ein Presseorgan ein paar hundert unbescholtene Frauen die Gelegenheit zu dem öffentlichen Bekenntnis gewährt, sie hätten abgetrieben, dann bringt das mit einem Schlag die moralische und politisch-rechtliche Klärungsbedürftigkeit der Verhältnisse von Männern und Frauen, Staat und Kirche, Frauen und Föten, Recht und Professionen deutlicher zu Bewußtsein als eine Volksinitiative mit ihrem entmutigend hohem Quorum je bewirken könnte. Diese Funktion konnten solche, z.T. ganz locker organisierten Gebilde gerade deswegen umso überzeugender wahrnehmen, weil sie *nicht* auf förmliche Entscheidungsbeteiligung durch Gewinnung von Mehrheiten usw. abzielten, sondern auf die Schärfung des Urteilsvermögens der Masse der Bevölkerung und ihrer politischen Führungsgruppen. Sie haben dadurch, so möchte ich behaupten, zu einer Mehrung der politischen Ressourcen der Bevölkerung der Bundesrepublik Deutschland mehr beigetragen, als es von den jetzt vorliegenden direkt-demokratischen Vorschlägen zur Verfassungsergänzung realistischerweise erwartet werden kann. Diesen Erfolg verdanken die genannten politischen Handlungsformen wohlgemerkt nicht verfahrensrechtlichen Neuerungen, sondern der Überzeugungskraft ihrer Erwägungen und Schlußfolgerungen (*»deliberation«*[7]) sowie dem gleichsam osmotischen Prozeß, in dem neue Wertmaßstäbe und Sensibilitäten in die legislativen (und ebenso in die exekutiven und judikativen Entscheidungsprozesse) einsickern.

Freilich ist zuzugeben, daß diese Feststellung, selbst wenn sie allgemein geteilt würde, insofern am Thema der aktuellen verfassungsreformerischen Überlegungen über die Einführung direkt-demokratischer Neuerungen vorbeiginge, als die Vitalität der demokratischen Öffentlichkeit und das, was ich ihre politisch-moralische Kreativität nennen möchte, durch (Verfassungs)gesetzgebung kaum beeinflußt werden kann, jedenfalls nicht im positiven Sinne. Eine gewisse Hilfestellung für die kritische Kreativität nicht-institutioneller Prozesse der demokratischen Öffentlichkeit kann die Rechtsordnung natürlich dadurch gewähren, daß sie für maximale Transparenz exekutiver Vorgänge sorgt und darauf verzichtet, unkonventionelle und bisweilen durchaus »störende« Äußerungsformen politischen Protests unter polizeiliche oder rechtliche Sanktionen zu stellen und mithin zu entmutigen.

Es wird gelegentlich argumentiert, daß der historische Prozeß des Zusammenbruchs des osteuropäischen Staatssozialismus im allgemeinen und des Herrschaftssystems der DDR im besonderen zur verfassungspolitischen Berücksichtigung und Nachbildung jener Formen der Willensbildung moralisch zwingenden Anlaß böte, die in den gewaltfreien Revolutionen Osteuropas eine vorwärtstreibende Rolle gespielt haben. Wenn das so ist, dann wird man freilich bei der Untersuchung der Vorgänge in Osteuropa eher auf den Faktor einer diffusen Dissidenten-Öffentlichkeit und ihrer »Anti-Politik« (G. Konrad, V. Havel) stoßen als auf Praktiken der – oder auch nur Forderungen nach – »Volksgesetzgebung«. *Diese* Praxis der moralisch sensiblen, normprüfenden »Belagerung«[8] der Staatsgewalt durch »nichtvermachtete Kommunikationsströme« wäre deshalb nachzubilden, wenn wir ernstlich von den mittel- und osteuropäischen Bürgerbewegungen lernen wollten.

(b) *Demokratisierung der politischen Parteien* – Die andere Ebene, auf der die politischen Ressourcen der Bürger ganz ohne Einführung umstrittener plebiszitärer Elemente gesteigert werden können, ist die thematische und soziale Öffnung der Parteien und mit ihnen der Parlamente. Ein problematischer Grundsachverhalt unseres politischen Systems besteht m.E. darin, daß weniger als fünf Prozent der wahlberechtigten Bevölkerung, nämlich die in politischen Parteien organisierte Aktivbürgerschaft, die bei Wahlen zur Entscheidung stehenden personal- und sachpolitischen Alternativen unter sich ausmacht. Eine Folge des Parteienmonopols ist im übrigen, daß die soziale Zusammensetzung der politischen Elite (der »politischen Klasse«, wie der populistische Terminus lautet, der gegenwärtig in der Bundesrepublik eine etwas beunruhigende Karriere macht) in jeder relevanten Dimension (und beileibe nicht nur der Geschlechterdimension) von der Zusammensetzung der von ihr repräsentierten Bevölkerung weit abweicht. Hier ließe sich eine Fülle von Abhilfen denken, angefangen von der Beteiligung von Nicht-Mitgliedern an der Willensbildung und Personalpolitik der Parteien über neue Modalitäten der Parteienfinanzierung bis hin zur Verwendung des Quoteninstruments für andere Dimensionen als die bisher allein thematisierte Geschlechterdimension. Aber auch solche Vorschläge liegen auf der Ebene der Parteien- und Wahlgesetzgebung und stehen deshalb hier nur insofern zur Debatte, als gezeigt werden sollte, daß es auch einfachere und/oder wirksamere Mittel der Steigerung der politischen Ressourcen der Bürger gibt als ihre Ausstattung mit plebiszitären Teilnahmerechten im Gesetzgebungsprozeß.

Ich komme zu drei Schlußfolgerungen:

(a) Handlungsbedarf an der direkt-demokratischen Front besteht nur dann, wenn man dem in der Tat ernsthaft erscheinenden Verfall politischer Ressourcen *nicht* durch Mittel meint entgegenwirken zu können, die sich entweder auf eine Vitalisierung der demokratischen Öffentlichkeit – und der Neu-Justierung der auf sie eingestellten Rezeptoren in Parlamenten und Regierungen! – oder aber auf eine demokratisierende Reform und Öffnung der Parteien und Verbände beziehen. Zumindest kompensiert der denkbare Effekt direkt-demokratischer Elemente nicht einen Verzicht auf Vorstöße an diesen beiden anderen Fronten.

(b) Wenn das repräsentative System des Grundgesetzes – über ein weithin unstrittiges einmaliges Verfassungsreferendum hinaus – durch plebiszitäre Elemente für den Dauergebrauch ergänzt werden soll, dann nicht mit dem Ziel, die so verstärkten politischen Rechte der Bürger zu einem Routineverfahren kollektiven Entscheidens werden zu lassen. Ähnlich wie die verteilungspolitischen Wirkungen des Streikrechts sich nicht vornehmlich dadurch entfalten, daß hier und da gelegentlich gestreikt wird; und wie die verteidigungspolitische Funktion nuklearer Sprengköpfe sogar ausschließlich darauf beruht, daß sie immer einsatzbereit sind, aber *nie eingesetzt werden*, so könnte auch der Haupterfolg direkt-demokratischer Mitwirkungsverfahren nur darin gesehen werden, daß sie als Handlungsmöglichkeit der Bürger in Reserve stehen. Die Tatsache, daß das so ist, würde im günstigsten Falle die politischen Eliten dazu veranlassen, ihr legislatives Handeln und Unterlassen so sorgfältig argumentativ zu unterfüttern und zu vermitteln, daß sie mit unangenehmen Überraschungen vom Typus des dänischen Europa-Referendums nicht rechnen müssen. Und umgekehrt könnte das bloße Vorhandensein von plebiszitär-demokratischen Mitwirkungsformen bei den Bürgern die – sei es zynische, sei es nur bequemliche, auf jeden Fall aber populistisch ausbeutbare – Auffassung überwinden helfen, man sei den politischen Eliten ohnehin auf Gedeih und Verderb ausgeliefert. Nicht in der tatsächlichen Benutzung, sondern in der bloßen Existenz[9] plebiszitärer Verfahrensregeln läge allenfalls ihre heilsame Wirkung. Deshalb muß das Instrument so ausgebaut sein, daß es weder zur leichtfertigen Benutzung einlädt noch aber abschreckend hohe Hürden aufbaut.

(c) Es gibt eine Reihe von gesetzgeberischen Themen, bei denen eine auch nur der Möglichkeit nach eingeräumte plebiszitäre Öffnung des Verfahrens Versuchungen aktualisieren und Leidenschaften provozieren würde, die einer wohlbedachten Entscheidung mit großer *Wahrscheinlichkeit* und dann mit großem potentiellen *Schädigungseffekt* im Wege stehen. Ähnlich wie wir in der Technologiefolgenabschätzung unter »Risiko« das mathematische Produkt aus Wahrscheinlichkeit des Eintretens eines Falles und der Schadensintensität des Falles verstehen (und dann gut daran tun, einerseits die Eintrittswahrscheinlichkeit zu minimieren und andererseits nach der Maximin-Regel zu verfahren: »Sorge dafür, daß der schlimmste vorstellbare Fall am wenigsten schlimm ist«), kann man auch bei der »politischen Technologie« der Volksgesetzgebung verfahren. Für Entscheidungsthemen, bei denen *beide* Werte (Wahrscheinlichkeit einer »unbedachten« Entscheidung und Schadenseffekt derselben) relativ hoch angesetzt werden müssen, sollte ein *Negativkatalog* festgelegt werden. Es sind Themen, bei denen die unmittelbaren Interessen von Bürgern so stark positiv oder negativ berührt werden, daß auf ihre Fähigkeit zur abwägenden Distanzierung von diesen Interessen kein hinreichender Verlaß ist. Ein oben bereits erwähntes Beispiel sind Steuergesetze: sie dem Plebiszit auszusetzen käme der Lizenz gleich, die Einkommensinteressen einer Mehrheit gegenüber den wohlfahrtsstaatlichen Leistungsansprüchen der Minderheit kategorisch zu privilegieren. Ein anderes Beispiel sind Fragen der physischen Integrität von Personen: zumindest unter dem unmittelbaren Eindruck spektakulärer Gewaltverbrechen würde ein Plebiszit für die Todesstrafe ebenso positiv ausgehen wie unter dem Eindruck von Bürgerkriegen in der Dritten (oder »Zweiten«) Welt ein Votum über friedenssichernde militärische Aktionen *out of area* negativ. Auch Minderheitenrechte könnten in leicht vorstellbaren Konstellationen und in bedrohlicher Weise auf dem Spiel stehen. In allen diesen Fällen kann die Befangenheit in privaten Interessen und Leidenschaften so überwältigend sein, daß die kontrafaktische Unterstellung außerordentlich riskant wird, eine direkt-demokratische Gesetzgebung sei noch hinreichend offen für Prinzipien, Gemeinwohlerwägungen und die Rücksicht auf langfristige Konsequenzen des Entscheidens, die – wenn überhaupt – dann eher in repräsentativen Legislativkörperschaften zur Geltung gebracht werden können. Zum Begriff eines aufgeklärten Volkswillens gehört wohl auch, daß dieser die Kraft aufbringt, sich selbst unter einen »auto-paternalistischen« Vorbehalt zu stellen und demgemäß auf die Möglichkeit zu verzichten, sich im Gesetzgebungsprozeß zu *allen* Themen und zu *jedem* Zeitpunkt Gehör zu verschaffen.

---

1 Das klassische Argument, entwickelt von A. Downs, *An Economic Theory of Democracy*, New York: Harper 1957 lautet: Da es außerordentlich unwahrscheinlich ist, daß gerade *meine* Stimme in ausschlaggebender Weise »zählt«, lohnt es nicht die Anstrengung, mir eine gut informierte und wohlbegründete Meinung zu bilden. Und da das für alle gilt und alle so denken, verwenden alle weniger Energie auf die Pflege und Nutzung der ihnen zustehenden politischen Ressourcen und Rechte. Und das ist, so könnte man hinzufügen, den Sachwaltern des politischen Geschäfts in Parteien, Verbänden und Parlamenten meistens auch ganz recht so.

2 Das Kriterium der »Übereinstimmung mit sich selbst« bezieht sich auf den ebenso schwierigen wie wohl jedem erwachsenen Menschen vertrauten Umstand, daß wir manchmal etwas wollen, von dem wir gleichzeitig nicht ernstlich wollen, daß wir es wollen. Wir beobachten dann gleichsam an uns selbst, und das dürfte beileibe nicht nur eine Erfahrung von Drogensüchtigen sein, einen »eigentlich« ungewollten Willen.

3 vgl. Ernst W. Böckenförde, *Demokratie und Repräsentation.* Zur Kritik der heutigen Demokratiediskussion, Hannover: Niedersächsische Landeszentrale für Politische Bildung, 1983. Böckenförde bezieht sich auf den klassischen Ansatz von Erich Kaufmann, »Zur Problematik des Volkswillen«, in: ders., *Gesammelte Schriften*, Band III, Göttingen 1960 (1931)

4 vgl. dazu neuerdings Danilo Zolo, *Democracy and Complexity.* A Realist Approach, Oxford: Polity 1992

5 vgl. dazu Giovanni Sartori, »Selbstzerstörung der Demokratie? Mehrheitsentscheidungen und Entscheidungen von Gremien«, in: Bernd Guggenberger, Claus Offe (Hrsg.), *An den Grenzen der Mehrheitsdemokratie.* Politik und Soziologie der Mehrheitsregel, Opladen: Westdeutscher Verlag 1984, S.83-107

6 vgl. die skeptischen Ergebnisse der Untersuchungen über die direkt-demokratische Gesetzgebung in Kalifornien von Rudolf Billerbeck, *Plebiszitäre Demokratie in der Praxis*, Berlin: Sigma, 1989 und Thomas Kupka, »Plebiszitäre Gesetzgebungsformen in den USA«, *Kritische Justiz* 1990, No. 4, S.449-459

7 »Deliberation« ist ein in der Politischen Theorie neuerdings häufig verwendeter Begriff zur Kennzeichnung der kritischen Potentiale einer von den politischen Institutionen nicht vereinnahmten Öffentlichkeit. James S. Fishkin, *Democracy and Deliberation*, New Haven: Yale University Press 1991, Bernard Manin, »On legitimacy and deliberation«, *Political Theory* 15 (1987) und Claus Offe und Ulrich K. Preuß, »Democratic Institutions and Moral Resources«, in: David Held (ed.) *Political Theory Today*, Oxford: Polity 1991, S.143-171

8 vgl. Jürgen Habermas, »Volkssouveränität als Verfahren. Ein normativer Begriff der Öffentlichkeit«, in ders., *Die Moderne – ein unvollendetes Projekt*. Philosophisch-politische Aufsätze 1977-1990, Leipzig: Reclam 1991, S. 180-212

9 so auch Tilman Evers, einer der theoretisch versiertesten Fürsprecher einer plebiszitären Öffnung des deutschen Verfassungssystems, in dem Aufsatz »Volkssouveränität im Verfahren. Zur Verfassungsdiskussion über direkte Demokratie«, *Aus Politik und Zeitgeschichte* v. 31.Mai 1991, S. 3-15

Das beschädigte Herzstück: die Repräsentation

Parteien zwischen Verfassungsrecht und Verfassungsauftrag

Wolfgang Ullmann

Die Parteien sind auch in Europa und zumal in Deutschland dasselbe wie in den USA: Agenturen zur Organisation von Wahlkämpfen und damit Wegbereiter von Karrieren, die bis in die Spitze der Herrschaftspyramide führen. Erst sekundär kommt darum ihre Macht als Beschafferinnen von Parlamentsmehrheiten zum Tragen, in vollem Widerspruch zu den Anfängen der Parteien als Fraktionen im Parlament, in denen sich der politische Diskurs revolutionär von der Oberhoheit des Monarchen emanzipiert hatte.

Der gegenwärtige Zustand widerspricht aber auch in nicht geringerem Maße dem Selbstverständnis der Parteien, das sich in ihren Programmen niederschlägt. Ihre Organisation mit Parteizentralen, Büros auf nationalen, regionalen und lokalen Ebenen samt den neben ihnen arbeitenden Stiftungen dokumentieren den uneingeschränkten Anspruch, im Zentrum der politischen Willensbildung zu stehen und ein Monopol auf sie innezuhaben. Wie sich dieses beanspruchte Monopol zum Verfassungssauftrag der Mitwirkung (Art. 21 1 GG) bei der politischen Willensbildung des Volkes verhält, wird eigens zu diskutieren sein. Aber evident ist jetzt schon auch für einen oberflächlichen Augenschein die Diskrepanz dieser dominierenden Position gegenüber der Tatsache, daß alle epochemachenden Veränderungen der politischen Meinungsbildung in den letzten Jahrzehnten *nicht* von Parteien ausgegangen sind.

Die ersten Impulse für eine neue Ostpolitik kamen von der Vertriebenendenkschrift der Evangelischen Kirche in Deutschland 1965. Diese Feststellung gilt, auch wenn es die SPD war, die dann in den 70er Jahren die politischen Konsequenzen zog. Es waren Studenten und ihre Gruppierungen, die nach 1967 die Gesellschaft mit den Folgen der Demokratie-Defizite der konservativen Regierungen nach 1945 konfrontierten. Die ökologische Frage ist durch den Bericht des Club of Rome 1970 und zahlreiche Bürgerinitiativen, die in die Konstituierung der Partei der Grünen einmündeten, als neues Kernproblem der Demokratie in den politischen Diskurs eingeführt worden. Und es waren schließlich Dissidenten und Bürgerbewegungen, von denen die Impulse und Konzepte kamen, die es ermöglichten, die kommunistischen Regime Osteuropas auf dem Wege friedlicher, gewaltfreier Revolutionen zu beseitigen.

Diese Entwicklungen haben freilich auch dazu geführt, daß die traditionellen Parteien in eine bisher nicht zu beendende Programmkrise geraten sind. Ihre Programme unterscheiden sich nur noch dadurch, wie sie die Schwerpunkte zwischen dem Liberalen, Sozialen und Ökologischen verteilen. Denn verzichten will niemand mehr auf eines der genannten Elemente, was z.B. die Grünen in nicht geringe Verlegenheiten bringt, weil das, was sie einmal als ihr Programm betrachtet haben, mittlerweile von allen akzeptiert und weithin sogar angeeignet worden ist.

Die augenblickliche parteikritische Diskussion, die durch das dramatisch gestiegene Desinteresse an Wahlen ausgelöst worden ist, beschäftigt sich freilich mehr mit den Parteipolitikern als mit deren nichtssagenden Programmen. Man braucht nicht zu bestreiten, was von Erwin K. Scheuch, Hans Herbert von Arnim und von Richard von Weizsäcker über den Verfall einer ganzen politischen Klasse gesagt und geschrieben worden ist. Aber man kann trotzdem der Meinung sein, daß die Frage, um die es geht, eine andere ist als die nach der persönlichen Integrität von Politikern. Auch aus diesem Grunde ist auf das Phänomen der Programmkrise hingewiesen worden. Sie ist strukturell bedingt und nicht die Folge der Einfallslosigkeit der Spitzengremien und -politiker. Wenn aber an unseren Wänden wie in den 20er und 60er Jahren unseres Jahrhunderts zum dritten Mal die Losung auftaucht »Kampf dem System«, so muß das Anlaß werden, die Analyse über die Psychologie der Parteiverdrossenheit hinaus zu erweitern und zu präzisieren.

Das außerparlamentarische Mißtrauensvotum, dessen augenfälligster politischer Ausdruck die ständig steigende Zahl von Nichtwählern ist, kann nur als eine Repräsentationskrise bezeichnet werden. Natürlich steht sie in einem deutlichen Zusammenhang mit der Programmkrise. Wie soll ich bei einer Wahl entscheiden, wenn es wirkliche Alternativen gar nicht gibt? Aber ebenso offenkundig ist mit der Repräsentationskrise eine neue Dimension der Lähmungserscheinungen der Parteiendemokratie erreicht worden. Schließlich ist die Repräsentation das Herzstück unserer Demokratie schlechthin. Wenn hier Krisenphänomene wahrgenommen werden, dann muß es sich um eine sehr tiefgehende Krise handeln.

Nehmen wir das eben erwähnte Beispiel der Bundesländer auf dem Boden der früheren DDR. Ihre Parlamentsvertreter sind entweder politisch diskreditiert wie die PDS, durch ihre geringe Zahl im Parlament marginalisiert wie die Gruppe Bündnis 90/Die Grünen. Oder aber sie müssen sich als Fraktionsmitglieder der großen oder der wie die FDP mitregierenden Parteien deren westdeutschen Mehrheiten einordnen und fügen. Wie soll unter solchen Umständen eine glaubwürdige und effektive Repräsentation zustande kommen?

Oder um ein anderes Beispiel zu wählen: Wie sollen die Abgeordneten des Europaparlaments angesichts dessen räumlicher Entfernung, seinen so eng begrenzten Mitwirkungsrechten, seiner Ohnmacht gegenüber Kommission und Rat irgendeinem Teil der EG-Bürgerschaft als effektive Repräsentation vor Augen stehen, während die EG-Richtlinien in ständig steigendem Umfang auf Industrie, Handel und Landwirtschaft einwirken? Ebenso offenkundig wie für eine Demokratie bedenklich ist die Tatsache, daß ein nicht unerheblicher Teil der Bevölkerung, der jahrelang und zum Teil schon über Generationen an ihrem Leben teilnimmt, wegen seiner Nationalität gar kein Wahlrecht hat wie die Türken und darum bis auf weiteres gar keine Repräsentation finden kann.

Der Vergleich dieser drei Beispiele lehrt freilich auch: Das Vorhandensein parlamentarischer Institutionen und eines funktionsfähigen Wahlmodus allein garantieren noch nicht das Zustandekommen effektiver und als authentisch anerkannter Repräsentation. Diese ist offenbar noch etwas anderes als bloße Delegation und Mandatierung über unanfechtbare Wahlen.

Worum es sich dabei handelt, kann an dem in den Anfängen der amerikanischen Revolution so leidenschaftlich erörterten Prinzip »no representation – no taxation« erläutert werden. Nicht umsonst lehnte der zum Thema der Besteuerungsrechte des Londoner Parlaments im Oktober 1765 nach New York einberufene Kongreß ausdrücklich den Gedanken ab, die Krise könne ja dadurch beendet werden, daß den nordamerikanischen Kolonien eine Repräsentation im englischen Parlament zugestanden werde. Man wußte genau: Als Mitglieder des Londoner Parlamentes wären die Delegierten der Kolonien Bestandteile eines anderen politischen Systems geworden, in dem es prinzipiell keine Repräsentation der völlig anders strukturierten und orientierten nordamerikanischen Gemeinwesen geben konnte[1].

Repräsentation ist immer auch eine Form der Kommunikation. Ist diese einmal abgebrochen, so gilt, wie man in Abwandlung des zitierten Verfassungssatzes sagen könnte: no communication – no representation. Denn Repräsentation ist Fortführung der Kommunikation aus der Zirkulation einer Kommunikationsebene auf eine andere, höhere oder niedrigere, so daß die Repräsentierten auf der anderen Ebene auch in ihrer Abwesenheit ein uneingeschränktes Mitspracherecht haben. Überall dort werden Grenzen der Repräsentation wirksam, wo die soziale, politische und kulturelle Kommunikation entweder durch Parzellierung der Gesellschaft abgerissen oder aufgrund kultureller Distanz noch gar nicht gegeben ist. Was aber den Zusammenhang von Programm und Repräsentation anbelangt, so mußte er in dem Maße an Bedeutung gewinnen, wie durch die Wahlrechtsänderungen der 2. Hälfte des 19. Jahrhunderts die Parteien die Chance auszunutzen begannen, ihre parlamentarische Position durch Stimmengewinne in der Bevölkerung zu sichern oder zu erweitern. Aber eben dadurch wurden mehr und mehr die Parteien zum Hauptmedium einer effektiven Repräsentation. Sie konnten diese Funktion wahrnehmen, solange die Identität von Namen und Programm es erlaubte, auch eine nach Privilegien, Eigentum und Klassen antagonistisch gespaltene Gesellschaft doch erschöpfend zu repräsentieren.

Diese Lage aber endete schlagartig mit dem Ausgang des Ersten Weltkrieges. Die gemeinsamen Befehlsverweigerungen der Arbeiter und Soldaten in Rußland und Deutschland offenbarten eine völlig veränderte politische Konstellation. Maßgebend waren nicht mehr die Interessen und deren Gegensätze innerhalb eines Staates, sondern die staatenübergreifenden Folgen eines Krieges, der Opfergruppen einer Größenordnung entstehen ließ, deren politische Relevanz und Dynamik gerade darin bestand, daß sie in keinem nationalen Parlament repräsentiert waren und bei einer Fortdauer des Status quo auch keinerlei Aussicht besaßen, je in einem solchen repräsentiert zu sein.

Auf dieser nach wie vor wirksamen Situation aber beruht die Programmkrise. Denn seit 1917 bzw. 1918 ist der Zustand der Identität von Parteinamen und Parteiprogramm für immer beendet. In einer Gesellschaft, die vom Antagonismus globaler Tendenzen und nationaler Verfassungen bestimmt ist, muß sich der Code des politischen Diskurses von Grund auf verändern. Die Programmworte Konservativ, Liberal, Sozial müssen ihre alte Bedeutung zugunsten ganz neuer Inhalte verlieren. So wird die konservative Rechte nach 1917 zu einer der Hauptakteurinnen eines skrupellosen Klassenkampfes, hält sich private Bürgerkriegsarmeen, für die Recht und Ordnung in einer Weise zur Disposition stehen, die allen konservativen Traditionen der Vorweltkriegszeit Hohn spricht. Umgekehrt werden die Liberalen zu den eigentlichen Vertretern des Konservativismus: Besitzstandswahrung kann am wirksamsten auf den Bahnen der liberalen Verteidigung der Individualinteressen politisch betrieben werden.

Am überraschendsten aber ist der Rollenwechsel der Sozialdemokratie. Aus dem politischen Hauptsubjekt des je nachdem mit revolutionären Methoden geführten Klassenkampfes profiliert sie sich nach dem Ende des Krieges als staatstragende und -erhaltende Kraft, so daß sogar die politische Rechte zeitweise das Bündnis mit ihr für politisch geboten hält. Es ist dieser Wandel im Aggregatzustand der politischen Kräfte, der die bis heute andauernde Programmkrise einleitet und die parlamentarische Repräsentationsfunktion der Parteien an die Grenzen ihrer Möglichkeiten führt.

Im Bewußtsein davon, daß in Deutschland – aber nicht nur dort -- die Fundamente der Demokratie vom Flugsand einer antihumanen Parteipolitik zugeschüttet worden seien, hat diejenige Widerstandsgruppe, die der vom Nationalsozialismus heraufgeführten Staats- und Rechtszerstörung die umfassendsten und fundamentalsten Konzepte entgegensetzte, die Kreisauer, ein Verfassungskonzept entworfen, das die Demokratie dadurch neu zu konstituieren versuchte, daß es die Parteien als Voraussetzung parlamentarischer Repräsentation abschaffte. Die Kreisauer wußten nur zu gut, daß die Zerstörung von Staat und Recht so tief gegangen war, daß an die Zeit von vor 1933 nicht mehr angeknüpft werden konnte. Darum entschieden sie sich für den gleichen Weg, den auch die Potsdamer Protokolle vom Juni 1945 als den einzig gangbaren ansehen: Den Aufbau der Demokratie von unten, von der Kommune her. Die persönliche politische Verantwortung wird für undelegierbar gehalten, und darum beschränkt das Kreisauer Programm jede Repräsentation auf den Bereich der persönlichen Kommunikation. Direktwahl gibt es nur für die Kommune als voll überschaubare politische Grundeinheit. Alle weiteren Wahlen für höhere Ebenen geschehen durch eigens dazu Befugte. Es sollte intensiver gewürdigt werden als es bisher zu geschehen pflegt, daß die wichtigste antinationalsozialistische Widerstandsgruppe gemeint hat, ihren Aktionen ein Konzept zugrundezulegen, das den Parteienstaat nicht mehr kennt.

Es war also jedenfalls nicht selbstverständlich, daß die beiden deutschen Staaten schon bei ihrer Gründung 1949, freilich mit charakteristischen Abwandlungen, zum Konzept der Parteiendemokratie zurückkehrten.

Niemand wird heute noch daran zweifeln, daß die Entscheidung des Parlamentarischen Rates richtig war und sich auch historisch bewährt hat. Das enthebt uns jedoch nicht der Pflicht einer kritischen Reflexion der 1949 noch nicht absehbaren Komplikationen dessen, was man treffend »Konstitutionalisierung der Parteien«[2] genannt hat. Dies gilt um so mehr, als das Parteiengesetz der Bundesrepublik dem Artikel 21 eine Auslegung gegeben hat, die man nicht anders als exzessiv bezeichnen kann. Spricht das Grundgesetz von Mitwirkung bei der politischen Willensbildung des Volkes, so erweitert die Regelung im Paragraph 1, Abs. 2 Parteiengesetz dies »auf alle Gebiete des politischen Lebens«, überträgt den Parteien die Aufgabe, Bürger zur Übernahme politischer Verantwortung herauszubilden, verpflichtet, auf die politische Entwicklung in Parlament und Regierung einzuwirken und geht über die Aufgabe der Mitwirkung an der politischen Willensbildung einen ganz entscheidenden Schritt hinaus, wenn sie den Parteien den Auftrag erteilt, die von ihnen erarbeiteten Ziele in den Prozeß der staatlichen Willensbildung einzuführen.

Daß das Prinzip der Gewaltenteilung in diesen Festlegungen gleich mehrfach in Frage gestellt wird, dürfte niemandem verborgen geblieben sein. Was gibt Parteien das Recht, auf Parlament und Regierung zugleich einzuwirken? Was wird aus der persönlichen Unabhängigkeit der Abgeordneten laut Art. 38 GG, wenn die Parteien ein gesetzlich garantiertes Einwirkungsrecht haben? Und inwiefern soll die Einflußnahme auf die staatliche Willensbildung generell etwas anderes sein als jene Kooperation zwischen der Regierung und der Parlamentsfraktion der regierenden Partei, durch die die Kontrolle und auch Oppositionsfunktion des Parlaments im ganzen so oft unterlaufen wird?

Natürlich liegt es nahe, mit Hinweis auf Paragraph 10 der Geschäftsordnung des Bundestages, wo die Bildung von Fraktionen geregelt ist, alle diese Fragen aus dem Felde schlagen und sich auf den Satz aus Paragraph 1 Abs. 2 Parteiengesetz zurückziehen zu wollen, daß ja die Parteien es seien, die für »eine ständige lebendige Verbindung zwischen dem Volk und den Staatsorganen« zu sorgen hätten. Aber mit diesem Satz verschärft sich die Problematik nur. Denn damit ist aus dem Mitwirkungsrecht der Parteien endgültig ein Alleinbestimmungsrecht geworden, das sich jedesmal dann als höchst problematisch erweisen muß, wenn jene »lebendige Verbindung« durch gesellschaftliche Zustände in Frage gestellt ist. Dann muß in jedem Fall die Parteikrise das Ausmaß einer Staatskrise annehmen.

Genau dieser Fall trat Ende der 60er Jahre in der Bundesrepublik ein. Die erste Generation der nach Kriegsende Geborenen war erwachsen und sah sich einem Staat gegenüber, dessen Parteien in der Optik dieser Generation alles abging, was eine lebendige Verbindung zu denen hätte herstellen können, die in der zweigeteilten Welt der Supermächte, die von allen Parteien der Bundesrepublik vorausgesetzt und bejaht wurde, keinerlei Zukunftsperspektive für das Leben zu erkennen vermochten. Und was noch viel wichtiger war: Diese Entfremdungserfahrung einer ganzen Generation, verschärft durch die von beiden Supermächten zu verantwortenden Barbareien des Vietnamkrieges, war ein globaler Vorgang, von Japan bis hinein in amerikanische Colleges und Universitäten. Die Synchronie des Prager Frühlings und der Pariser Maiunruhen war und ist zum Verständnis des Vorgangs viel wichtiger als die in sich keineswegs stimmige Klassenkampfphilosophie, mit der die Studenten ihre Aktivitäten interpretierten.

Nehmen wir die Sprache des Parteiengesetzes wieder auf, so müssen wir urteilen, daß das politische System der Parteiendemokratie 1968 in eine Krise geriet, weil die innerstaatliche Beziehung zwischen Staatsorganen und Volk völlig in den Hintergrund trat. An seine Stelle trat das globale Gegenüber von Staaten und Gesellschaft. Und seither ist es ein offenes Problem, wie die an Staatsorganen »konstitutionalisierten« Parteien sich verhalten sollen, wenn die gesellschaftliche politische Willensbildung – in deren Areal die Weimarer Verfassung die Parteien belassen wollte – ganz neue Wege jenseits aller Parteien und an ihnen vorbei einschlägt.

Es war ein erstaunliches Zeichen, zwar nicht für die Flexibilität, aber doch für die Überlebenskraft des Parteienstaates, daß er diese Herausforderung mit geringfügigen Modernisierungen überstand. Als im Nachgang jener Krisen in den 70er Jahren eine neue staatstheoretische Debatte geführt wurde, und zwar unter dem Stichwort »Unregierbarkeit«[3], waren es die großen Verbände, deren politische Eingriffsmöglichkeiten die politologische und verfassungsrechtliche Debatte beherrschten. Die Parteien wurden mit solcher Selbstverständlichkeit als interne Staatsorgane betrachtet, daß für eine Diskussion ihrer Stellung im Kontext gesellschaftlicher Willensbildungsdynamik keinerlei Anlaß zu bestehen schien.

Zum gleichen Ergebnis führt ein Blick auf das Erscheinen der Grünen, der spektakulärsten Veränderung der Parteienlandschaft seit 1968. Von ihrem ökologischen Grundimpuls her, der mit dem Ziel parteilicher Interessenvertretung völlig unvereinbar ist, genauso wie die ursprüngliche Struktur der Grünen als Bürgerbewegung, standen sie in entschiedenem Gegensatz zur Parteienstruktur der Repräsentation. Dennoch haben auch sie gemeint, sich als Partei, wenn auch als Antiparteien-Partei, organisieren und sich so den Realitäten anpassen zu müssen. Damit haben sie sich freilich in bis heute nicht aufgelöste Widersprüche verwickeln müssen.

Denn das wird mittlerweile als gesicherte Erkenntnis verbucht werden dürfen: Seit der Club of Rome 1970 auf die Grenzen des Wachstums aufmerksam gemacht hat, ist eine der wichtigsten Voraussetzungen der Parteiendemokratie hinfällig geworden, nämlich die, daß der freien wirtschaftlichen Betätigung des Menschen keine Grenzen gesetzt seien außer denen, die sich aus konkurrierenden Interessen ergeben, die eben wegen dieser Konkurrenz einer Repräsentanz, also einer Partei bedürfen.

Wir müssen die Verfassung unserer Gesellschaft, in der bisher nur der politische Bereich demokratisiert ist, von Grund auf erneuern. Der Weg der Revolution scheidet für die Verfassungsänderung der Gesellschaft aus. Denn es handelt sich nicht allein um eine Neubesetzung der Macht- und Herrschaftssphäre, sondern um ganz neue Wege gesamtgesellschaftlicher Selbstorganisation[4]. Das nicht eingesehen zu haben, ist eine der Hauptursachen für das Scheitern des Marxismus.

Trotz der gegenteiligen Konsequenzen teilt der Neoliberalismus mit dem Marxismus die blinde Herrschaftsorientiertheit, indem er meint, Entstaatlichung und Deregulierung, d.h. Alleinherrschaft des Managements führe notwendig zur Lösung jener Probleme, vor der die Weltgesellschaft nunmehr steht. Aber der Weg vom liberalen Nachtwächterstaat zum neoliberalen Dienstleistungs- und Verwaltungsstaat ist kein Fortschritt, sondern lediglich das Treten auf einer Stelle, zumal einer äußerst gefährlichen. Das krasse Ausmaß bedrohlicher Ungleichheiten in den ehemals kommunistischen Ländern, die bedrohlichen Ansätze zu einer Balkanisierung ganz Mitteleuropas, die Tatsache einer Verbindbarkeit von Stalinismus und Kapitalismus in Rußland und China wie zuvor schon im KoKo-Bereich der SED, – all das macht die Annahme, die Marktwirtschaft werde das alles schon richten, zu leichtfertigem Aberglauben.

Was könnte der Auftrag an die Parteien an dieser Wegscheide unserer Geschichte sein? Angesichts des unklaren Verhältnisses der großen Verbände zur politischen Entscheidungsfindung könnte es gerade die Aufgabe der Parteien sein, zu ihrem alten Programm der Interessenvertretung zurückzukehren, die Willensbildungstendenzen dieser Verbände politisch zu artikulieren und damit in die legislative und exekutive Ebene staatlichen Handelns zu vermitteln. Verfassungsrechtlich aber kann das nur heißen, daß die Parteien nur noch in einer Kooperation von repräsentativer und partizipativer Demokratie, mit Bürgerbewegungen innerhalb und außerhalb des Parlaments, im Regieren auf Bürgerinitiativen und Bürgerbegehren die jetzt schon deutlich sichtbaren Grenzen der Repräsentation werden überwinden können.

Vergesellschaftlichung, Zivilisierung (also nicht etwa Vergesellschaftung!) des Staates, das scheint die Lösung zu sein, mit der es möglich werden könnte, das Jahrhundert des Weltkriegs in einem endgültigen Frieden zu beenden und in der Kraft solchen Friedens die Schwelle zu einem neuen Jahrtausend zu überschreiten.

---

1 Page Smith, A new age now begins, New York 1976, vol. 1, S.215 ff

2 E.W. Böckenförde, Staat, Verfassung, Demokratie, Frankfurt 1991, S.429

3 C. Offe, »Unregierbarkeit« Zur Renaissance konservativer Krisentheorien, in: J. Habermas, Hg. Stichworte zur ›Geistigen Situation der Zeit‹, Frankfurt 1979, Bd. 1, S.294; Böckenförde, a.a.O. 406 f

4 J. Langer, 1988

Illusionen der Bürgergesellschaft

Die Volksparteien in der Integrationskrise

Hans-Joachim Veen

Die intellektuelle Distanzierung von Parteien und von Politik überhaupt ist wieder hoffähig geworden. Dies ist die brisanteste Erkenntnis aus der Kritik des Bundespräsidenten an der Parteiendemokratie in Deutschland. Die konkreten Vorwürfe selber sind nicht neu. Tendenzen zur »Verbonzung« hatte Helmut Kohl auf dem Wiesbadener Parteitag der CDU 1988 bereits kritisch im Visier, und parteienstaatliche Fehlentwicklungen werden seit 1973 vor allem von Wilhelm Hennis scharf attackiert.

Gleichwohl ist der Beitrag Richard von Weizsäckers von Nutzen, weil er das Weiterwirken alter Vorbehalte gegen das moderne Parteiwesen in Deutschland auf bedrückende Weise offenbart und seine Fixierung auf die »Machtbesessenheit« der Funktionärselite die Erweiterung des Diskussionskontextes geradezu erzwingt. Weizsäckers machtfixierte Einzelbeobachtungen verstellen den Problemzusammenhang eher, als daß sie ihn herstellen. Mit wohlfeilen Beschreibungen nährt der Bundespräsident die Illusion, die Krise, in der sich die Volksparteien tatsächlich befinden, ließe sich durch die Ablösung »machtversessener« Spitzenfunktionäre und den Appell an den guten Willen aller Bürger beheben. Dabei verkürzt er eine Problematik, die sich für die Zukunft der Volksparteien weitaus grundsätzlicher stellt: Wieweit sind sie zukünftig überhaupt noch in der Lage, dreißig bis vierzig Prozent aller Wähler politisch zu integrieren und als schichten- und interessenübergreifende Großparteien zu überleben?

Die Entwicklung dieses Parteityps der *Volkspartei* gehört zu den großen Glücksfällen der deutschen Nachkriegsgeschichte. Zu Recht wurde die Überwindung des Weimarer Vielparteiensystems in den 50er Jahren als das »zweite deutsche Wunder« neben dem Wirtschaftswunder bezeichnet. Die großen Parteien haben, zusammen mit den Einheitsgewerkschaften und den großen Verbänden und Kirchen, ein politisches, gesellschaftliches und wirtschaftliches System ermöglicht, das sich im Kreise der westlichen Demokratien in fast einzigartiger Weise durch Stabilität, Kontinuität, Führungsfähigkeit, politische Mäßigung und demokratische Verantwortungsklarheit auszeichnet. Der Typus der Volkspartei gehört sicherlich zu den anspruchsvollsten, höchstentwickelten und fortgeschrittensten Organisationsformen der politischen Willensbildung.

Die Funktionsfähigkeit der Volksparteien, und das heißt vor allem ihre Integrations- und Führungsfähigkeit, wird für die künftige politische, gesellschaftliche und wirtschaftliche Ordnung des vereinten Deutschland, ähnlich wie in den 50er und 60er Jahren der alten Bundesrepublik, von schicksalhafter Bedeutung werden. Daß die Integrationskraft der Parteien heute existentiell gefährdet ist, scheint mir nicht in erster Linie das Ergebnis grenzenloser Machtgier zu sein, sondern vielfältiger und tiefgreifender Veränderungen ihres nationalen wie auch internationalen Handlungsrahmens. Einige dieser strukturellen, entwicklungsgeschichtlichen, gesellschaftlichen, wählersoziologischen und kommunikativen Bestimmungsgründe ihres gegenwärtigen kritischen Zustandes sollen deshalb nachfolgend skizziert werden. Dabei wird offenkundig, daß die Volksparteien erst jetzt vor ihrer eigentlichen Bewährungsprobe stehen, daß sie erst unter den neuen Bedingungen ihren Integrationsanspruch ganz einlösen müssen.

Bis in die 70er Jahre konnten sich die Union und die SPD noch mehrheitlich auf stabile Stammwähleranteile stützen, die wählersoziologisch in den traditionellen Sozialmilieus der Parteien, dem katholischen und dem sozialdemokratisch-gewerkschaftsgebundenen, wurzelten. Spätestens seit Beginn der 80er Jahre machte sich der Generationwechsel mit Macht im Wahlverhalten bemerkbar. Mit dem kontinuierlichen Zerfall der alten Milieus gehen auch die tradierten Parteiloyalitäten zurück. Der Anteil der Stammwähler lag zu Beginn der 90er Jahre bereits unter 50 Prozent, der der nichtgebundenen Wähler, potentielle Wechsel- oder Nichtwähler, umfaßt bereits mehr als die Hälfte aller Bürger, und die Tendenz ist weiter steigend. Unter diesen Wählern ist die Nichtwahl gegenwärtig zu einer bewußten Form des Wahlverhaltens geworden, mit der akute Politik- und Parteienverdrossenheit artikuliert wird. Die Partei der Nichtwähler ist bei mehreren Landtagswahlen der letzten Jahre bereits die stärkste Partei überhaupt gewesen. Die erste gesamtdeutsche Wahl vom 2. Dezember 1990 markiert mit deutschlandweit 77,8 Prozent den niedrigsten Beteiligungsstand in der Geschichte der Bundestagswahlen.

Nichtwählen und Wechselwählen sind bis zu einem gewissen Grad Kehrseiten derselben Münze: der Abnahme dauerhafter Parteibindungen im Generationenwechsel – umgekehrt formuliert: der fortschreitenden Flexibilisierung und Pragmatisierung des Wahlverhaltens. Dahinter stehen weitreichende Prozesse sozialen und wirtschaftlichen Wandels, tiefgreifende Säkularisierungen und Veränderungen in den Wertorientierungen der spätindustriellen Wohlstandsgesellschaft. Die Grundkonsense der Aufbaujahrzehnte werden von Individualisierungs- und Pluralisierungstendenzen in den Werthaltungen abgelöst. Mit der steigenden Bedeutung individueller Freiheitsspielräume, der Selbstentfaltung und Gestaltung von immer mehr freier Zeit hat sich für den einzelnen der Bereich des Privaten und der Raum, in dem die eigenen Lebensziele und Wertorientierungen verwirklicht werden, wesentlich erweitert. Die Distanz zwischen Privatheit und der staatlich-politischen Sphäre weitet sich aus. Doch geschieht dies nicht, weil sich etwa die Parteien mutwillig und einseitig von der Gesellschaft abkoppeln, sondern weil die moderne Gesellschaft selber sich Staat und Parteien auf Distanz hält.

Die Individualisierung schlägt sich auch als verbreitete Abneigung gegen dauerhafte organisatorische Einbindung und formale Mitgliedschaft nieder, nicht nur gegenüber den Parteien, sondern auch gegenüber allen anderen gesellschaftlichen Organisationen. Die schmale Schicht der *citoyen* ist nach allen Erfahrungen nicht wesentlich vermehrbar. Von den wenigen Aktivbürgern sind allerdings viele nach wie vor engagiert und tapfer in den Parteien tätig. Es könnten mehr sein, wenn die Parteien attraktivere Möglichkeiten der Mitwirkung böten und, darauf wird noch eingegangen, die *closed shops* ihrer Mitgliederorganisation weit öffnen würden.

Für Richard von Weizsäcker aber scheinen die Parteien nur aus ihren Spitzenfunktionären zu bestehen und aus schlimmen dazu, alle anderen Parteibürger werden souverän ignoriert. Anstatt die Reformkräfte in den Parteien zu ermutigen, fordert Weizsäcker eine Bürgergesellschaft jenseits der gegebenen, die die öffentliche Meinung jenseits der politischen Parteien prägen solle. Altdeutsche Antiparlamentarismus- und Antiparteien-Ideologen von Carl Schmitt bis Jürgen Habermas lassen grüßen!

Die Motive des Wählens haben sich nachhaltig verändert. Sie sind immer weniger von tradierten weltanschaulichen und religiösen Normen oder von sozialer Herkunft geprägt, sondern mehr und mehr von der Leistungs- und Problemlösungsfähigkeit der Parteien in den vorrangigen Politikfeldern und von der Kompetenz ihres Führungspersonals. Die Volksparteien stehen inzwischen in einem Spagat, der ihnen immer schwerer wird. Sie müssen die neuen Mehrheiten mit ihren traditionellen Wählermilieus verbinden, wenn sie als Großparteien der Dreißig- bis Vierzigprozent-Kategorie überleben wollen.

Dies scheint mir der wählersoziologische Hintergrund, vor dem sich das westdeutsche Parteiensystem seit Anfang der 80er Jahre fortschreitend diversifiziert hat. Die Stimmenanteile der Volksparteien gehen seither stetig zurück. 1990 vereinigten beide nur noch 77 Prozent aller abgegebenen Stimmen auf sich, bei den Bundestagswahlen 1972 und 1976 waren es noch jeweils über 90 Prozent gewesen. Auf der anderen Seite wachsen die Anteile der kleineren Parteien und nicht zuletzt die Proteststimmen für Rechtspopulisten und Rechtsradikale, die naturgemäß leichter und rascher Einzelfragen thematisieren oder akute Unzufriedenheit artikulieren können als Parteien, die Regierungsverantwortung übernehmen wollen.

Mit der Vereinigung haben die westdeutschen Trends des Wählerwandels kräftigen Schub erhalten. Das Wahlverhalten des im Westen wachsenden neuen, parteiungebundenen Wählertyps herrscht in Ostdeutschland bereits weithin vor. Maßgebend dafür ist, daß die alten sozialen Milieus im SED-Totalitarismus systematisch zerstört worden waren, sieht man einmal von dem sehr kleinen, isoliert gebliebenen katholischen Milieu ab. Die ganz große Mehrheit der ostdeutschen Wähler hat demgemäß keine den westlichen Parametern entsprechende sozio-kulturelle Vorprägung. Die Gesellschaft ist zu etwa drei Vierteln konfessionslos und sie hat darüber hinaus ihre politische Sozialisation in einem fast durchweg atheistisch geprägten Umfeld erfahren. Die große Mehrheit der Ostdeutschen wählt demgemäß wählersoziologisch »radikal modern«, d.h. jenseits weltanschaulich-religiöser Orientierung, traditioneller Milieuverankerung oder Parteibindung. Das Wahlverhalten ist eindimensionaler noch als im Westen, flexibel, pragmatisch und ausgeprägt themenorientiert.

Kein Zweifel, mit der Vereinigung hat sich die Wählergesellschaft in Deutschland nicht nur quantitativ erweitert, sondern qualitativ nachhaltig verändert. Daß die westdeutschen Parteien sich, wie Weizsäcker mutmaßt, in Ostdeutschland »durchgesetzt« hätten, ist nur oberflächlich richtig und gilt selbst da nur mit Einschränkungen. Die PDS dürfte sich als ostdeutsche Regionalpartei auf längere Sicht stabilisieren und der Zusammenschluß der Grünen und des Bündnis 90 prägt die West-Grünen bereits jetzt stärker als umgekehrt.

Tatsächlich hat der Zusammenschluß zweier politisch-kulturell und weltanschaulich ganz verschieden geprägter Gesellschaften die deutsche Wählerlandschaft viel stärker in Bewegung geraten lassen als in Westdeutschland und vielleicht auch in Ostdeutschland bislang wahrgenommen wird. Die sozialemanzipatorischen und säkularen Impulse aus Ostdeutschland dürften die im pluralistischen Westen bereits teilweise entfalteten Strömungen weiter forcieren und damit – auf das Ganze gesehen – verbreitern.

Mit der fortschreitenden Lösung der gesamtdeutschen Gesellschaft aus den älteren Kontexten wird die dauerhaftere Bündelung der politischen Wählerinteressen durch die großen Parteien, wie sich bereits in der alten Bundesrepublik abzeichnete, ein noch schwierigeres und mühsameres Unterfangen. Die Volksparteien stützen sich hüben und drüben auf zum Teil sehr unterschiedliche Wählergruppen mit sehr unterschiedlichen Erwartungshorizonten. Für beide Parteien stellt sich damit das Problem der Überdehnung ihres Spagats zwischen Traditionswählern und dem neuen Wählertyp in einer noch heterogeneren Wählergesellschaft schärfer denn je zuvor.

Was dies für die künftige Gestalt der Parteien und das Parteiensystem insgesamt mittel- und längerfristig bedeutet, ist gegenwärtig völlig offen. Für die Volksparteien wird nach der Vereinigung unausweichlich, ihre ideellen Grundlagen und ihr funktionales Selbstverständnis neu zu überdenken, wenn sie nicht allmählich zu Mittelparteien absinken wollen. Die Tendenzen der Diversifizierung des Parteiensystems und zur weiteren Zersplitterung an den Rändern haben mit der Einheit jedenfalls zusätzlichen Auftrieb bekommen.

Die Vereinigung hat nicht zuletzt die Kluft zwischen den Mitgliedern der Parteien und ihren Wählern weiter vergrößert. Die Mitgliederorganisationen haben mit den zum Teil rasanten gesellschaftlichen Veränderungen nicht Schritt halten können, sie repräsentieren oft noch die Interessen früherer Jahrzehnte und sind stark überaltert. Sie sind deshalb immer weniger in der Lage, ihre Vermittlerfunktion zu erfüllen und zur politischen Integration neu entstehender gesellschaftlicher Gruppen, Vorstellungen und Trends beizutragen. Selber noch stark von den alten Milieus geprägt, haben sie sich mehr oder weniger vom gesellschaftlichen Wandel abgekoppelt und oft die neuen Scheidelinien zwischen Individualbereich, der auch Weltanschauung und Religion erfaßt hat, und dem Bereich staatlicher Gestaltung nicht erkannt. Geistige und ethische Orientierungsautorität wird Staat, Politik und Parteien immer weniger zugestanden. Auf diese neue Ausgangslage haben die Parteien erst zaghaft sich einzustellen begonnen, die CDU in ihrer Grundsatzprogrammdiskussion bis jetzt wohl stärker als die SPD.

In beiden Volksparteien aber bestimmt gegenwärtig eher Ohnmacht statt Allmacht das Geschehen, mehr Hilflosigkeit als Arroganz, mehr guter Wille als Machtversessenheit. Denn nicht nur von ihrer gesellschaftlichen Basis her sind die Parteien unter Druck geraten, sondern auch auf der öffentlichen

Bühne stehen sie längst in der Konkurrenz mit anderen Akteuren. Die politische Agenda wird nicht mehr in erster Linie von den Parteien bestimmt. Und von einem De-facto-Monopol der Parteien bei der Steuerung der politischen Willensbildung und Einflußnahme kann wahrlich keine Rede sein. Themen und politische Moden entfalten sich in den vielfältigsten Formen an den Parteien vorbei und sind von ihnen auch nicht kontrollierbar. Allenfalls reagieren sie darauf. Die enorme Einfluß- und Vetomacht von Redaktionen, Fernsehmoderatoren, populären Bürgerinitiativen, Talkshow-Stars und sonstigen Prominenten mit Medienprofil von Arnim bis Weizsäcker dürfte für all jene kaum bestreitbar sein, die ihren Blick nicht von vornherein auf die Parteien verengen. Der faktische Polizentrismus erschwert Parteien und Regierungen häufig bereits die Entwicklung von Konzepten und die Durchsetzung einer beschlossenen Politik. Diese Schere zwischen Führungserwartung und ihrer tatsächlichen Kraft heizt die Parteienverdrossenheit an.

Die großen Parteien sind inzwischen Opfer der von ihnen mit aufgebauten Allzuständigkeit der Politik, Adressat grenzenloser Forderungen und Erwartungen der Bürger, die sie nicht einlösen können. Daran ändert auch die Tatsache nichts, daß sie formal alle politischen Ämter besetzen und darüber hinaus auch in Bereichen der Gesellschaft, der Medien und der Wirtschaft über Positionen verfügen und in Gremien präsent sind, in denen sie als Parteien nichts zu suchen haben. Diese nur historisch zu verstehende Entgrenzung des Parteienstaates muß kräftig zurückgeschnitten werden. Sie ist demokratietheoretisch fragwürdig, verführt zur Pfründenwirtschaft, schadet der Glaubwürdigkeit der Parteien und lähmt sie am Ende in ihrer Handlungsfreiheit.

Zur Dämonisierung der Parteien und der Parteiendemokratie besteht nach alledem kein Anlaß. Weitaus dringlicher als Weizsäckers Machtfrage ist die Frage, wie die Kommunikations- und Integrationsfunktion der Volksparteien unter den neuen Bedingungen gestärkt und durch innerparteiliche Reformen verbessert werden kann. Die durch die Einheit beschleunigte Auflösung der alten Milieus bietet eine historische Chance, die die Volksparteien ergreifen sollten, um ihr Selbstverständnis und ihre Rolle im politischen Prozeß neu zu bestimmen.

Im Zentrum des Selbstverständnisses der Volksparteien steht bis heute die eigene Mitgliederorganisation, die Binnenorientierung ist für die Führungsgruppen wichtiger als die Wählerorientierung. Der Grund ist, daß die innerparteiliche Position grundsätzlich in den Gremien und in den Delegiertenversammlungen, nicht jedoch durch gute Wahlergebnisse draußen gesichert wird. Die Binnenorientierung der Partei erschwert zunehmend die Formulierung politischer Konzepte auf der Höhe der Zeit. Das in den Parteiorganisationen vorherrschende Delegiertensystem sichert darüber hinaus häufig alte parteiintern organisierte Interessen oligarchisch ab. Der erste Schritt zur innerparteilichen Öffnung wäre deshalb die Ablösung des Delegiertensystems durch die Direktwahl der Kandidaten für Parteiämter (eine der wenigen Ausnahme ist seit Mitte der 70er Jahre der CDU-Kreisverband Bonn). Falls organisatorisch notwendig, sollte auch per Brief gewählt werden können. Das innerparteiliche Leben würde wieder spannender und argumentativer werden und zur Mitwirkung reizen.

Die Tendenzen zur kommunikativen Abschottung sind unübersehbar. Sie liegen in der Natur der Binnenorientierung, die sich mehr und mehr als eine Sackgasse erweist, die die Hauptstraßen des gesellschaftlichen Wandels nicht mehr erreicht. Die weitere Erosion der Volksparteien ist vorgezeichnet, wenn sie den traditionellen und historisch auch richtigen Vorrang der »Mitgliederpartei« nicht nach und nach überwinden und sich in erster Linie als politische Dienstleistungseinrichtung für ihre Sympathisanten und Wähler begreifen.

Als Organisationen mit formaler Mitgliedschaft müssen sie über ihren Schatten springen und die Mitarbeit in größerem Maße als bisher auch für parteiexterne Interessenten, Multiplikatoren und Sachverständige ermöglichen. Vor allem aber müssen sie sich im politischen Prozeß stärker als bisher als *die* Moderatoren der politischen Initiativen und Willensbildung begreifen. Dies bedeutet, daß sie die Bürgerinitiativen und -bewegungen, Vereinigungen und Verbände nicht automatisch als

Konkurrenten der Willensbildung betrachten, sondern die Verbindung zu ihnen offensiv und systematisch herstellen und sie als Partner akzeptieren.

Die Volksparteien müssen in mehrfacher Hinsicht bescheidener werden, nicht nur als Organisationen, sondern vor allem in ihrer Rolle im System und in ihrem politischen Leistungsangebot. Sie können nicht länger weltanschauliche Heimat und erst recht nicht Künder oder Mittler von geistiger Orientierung oder Lebenssinn sein. Akzeptiert werden sie in der Breite der Gesellschaft mehr denn je in ihren Dienstleistungsaufgaben, politischen Nachwuchs zu rekrutieren, öffentliche Ämter auf Zeit zu übernehmen, politisch vorzudenken, für Ordnungskonzepte zu werben, zu gestalten und Probleme zu lösen.

Bescheidener wird schließlich das Ausmaß dessen werden müssen, was die Parteien und was Politik überhaupt leisten können. Für die lange fällige Diskussion über die Reduzierung der Staatsaufgaben ist der Zeitpunkt nach den welthistorischen Umbrüchen der letzten Jahre, den enormen neuen Herausforderungen an die Finanzkraft Deutschlands und dem Bewußtsein der Dimensionen der deutschen Einheit so günstig wie nie zuvor.

Nach dem Zusammenbruch der alten Weltordnung nehmen politische Unsicherheit und Desorientierung in Deutschland und europaweit unterschwellig zu und brechen sich bei Wahlen zunehmend als Protest, Politikverdrossenheit, Rechtsradikalismus oder Separatismus Bahn. Überall in Westeuropa sind die etablierten Parteien die Zielscheiben. Das diffuse Empfinden, an einer Zeitenwende zu stehen, in der die alten Koordinaten außer Kraft sind, neue aber noch fehlen, und in der die Parteien und Regierungen selber noch nicht wissen, wohin die Reise gehen soll, nimmt zu. In dieser Situation muß politische Führung besonders sichtbar sein. Wird sie öffentlich nicht gesehen, wird sofort und unter Umständen radikal, mit Vertrauensentzug oder mit Protest reagiert.

In dieser Zeit der Unübersichtlichkeit kann es verhängnisvoll werden, etwa Bürger und Bürgerbewegungen gegen die Parteien auszuspielen. Politische Willensbildung und Konsensfindung in der Massendemokratie ist keine akademische Veranstaltung, sondern ein unendlich mühsamer, undankbarer und ständig gefährdeter Prozeß im glanzlosen Alltag der Gremien. Sie operieren immer auf dünnem Eis. Willensbildung und Konsensfindung sind ernsthaft nicht neben oder gar gegen die Parteien möglich, sondern nur mit ihnen. So notwendig Initiativen und Bewegungen für die politische Innovation, Opposition und Kritik sind, so sehr sind sie am Ende auf die Parteien verwiesen, die Verantwortung auf Dauer tragen und sich hierfür dem ganzen Volk periodisch stellen müssen. Aus dieser Verantwortung dürfen wir sie auch nicht entlassen.

Die Korrektive zum demokratischen Parteienstaat, für die Richard von Weizsäcker Sympathien zu haben scheint, müssen schrecken: der herrschaftsfreie Diskurs einer ominösen Bürgergesellschaft. Die Philosophen als Könige? Die Ideologie der Runden Tische, revolutionär-vorparlamentarische Improvisation als Vorbild?

Die am ehesten denkbare Option ist meines Erachtens die weitere Diversifikation des Parteiensystems, womöglich eine neue Parteienzersplitterung in Deutschland mit allen desintegrierenden und radikalisierenden Folgen, sofern es nicht gelingt, die Volksparteien offener, beweglicher, für die Mitarbeit attraktiver und unter den neuen Bedingungen integrations- und führungsfähig zu machen. Der kritische Zustand der Volksparteien könnte sonst in eine Krise des parlamentarischen Regierungssystems in Deutschland münden.

Haben wir umsonst gelebt?

Von der Notwendigkeit, im Osten die Lust an der Politik zu beleben

Bärbel Bohley

Zwei Jahre nach der Währungsunion und der Wiedervereinigung haben sich die damaligen schwarzen Prognosen für die Folgen einer übereilten Vereinigung bestätigt. Oft sind sie von der Wirklichkeit noch weit übertroffen worden. Wie überall dürfen jedoch auch in der Politik Fehler gemacht werden, wenn es den Mut zur Korrektur gibt. Gerade Fehler der Politiker haben oft langfristige Auswirkungen auf die Menschen. Aber merkwürdigerweise ist ausgerechnet in der Politik die Fähigkeit zur Selbstkritik außergewöhnlich unentwickelt. Sicher liegt das am ständigen Kampf der Parteien um die Macht und an ihrer Fixierung auf die nächsten Wahlen. Da kann man sich Selbstkritik angeblich nicht leisten, weil sie vom politischen Gegner schamlos ausgenutzt werden würde. Möglicherweise würden sie auch vom Wähler nicht honoriert werden. Ganz sicher aber wäre sie ein entscheidender Beitrag der Politiker, um der Politik wieder zu Glaubwürdigkeit zu verhelfen.

Für eine Situation wie die gegenwärtige kann allerdings ein Festhalten an falschen gestrigen Entscheidungen katastrophale Auswirkungen haben. Die Beweise liegen auf dem Tisch. Die Marktwirtschaft ist unfähig, die vor der Wiedervereinigung in sie gesetzten Erwartungen zu erfüllen. Sie ist nicht der Garant für das Zusammenwachsen von Ost und West, sondern muß durch politische Entscheidungen gezähmt werden. Zum Beispiel ist im Osten nicht in erwartetem Umfang investiert worden, und die westlichen Investoren haben sich dann noch für die Leute im Osten als Bilderbuchkapitalisten entpuppt.

Die Einsatzbereitschaft und Belastbarkeit der Menschen im Osten wurde dagegen von westlichen Investoren als zu gering kritisiert. Außerdem scheinen Gewinnaussichten unsere Gesinnung immer noch mehr zu bestimmen als die Einsicht, daß jetzt jedes Engagement, auch auf seine sozialen Auswirkungen hin, geprüft werden muß. Wie könnten sonst die Banken guten Gewissens 32 Milliarden Mark Gewinn für das letzte Jahr einstecken?

Dabei wird soziales Engagement mehr als irgend etwas anderes gebraucht. Dies bedeutet nicht, daß mehr Geld in den Osten fließen muß, sondern es bedeutet, daß die Menschen im Osten tatsächlich Hilfe zur Selbsthilfe bekommen. Trotz der berechtigten Kritik an der noch nicht abgelegten Unbeweglichkeit der Menschen im Osten, ihrer nach Westen festgefahrenen Blickrichtung, muß ihre mentale Lage ernstgenommen werden.

Viele sind enttäuscht. Gerade die heftigsten Verfechter der schnellen deutschen Einheit, die 50jährigen, sind zuerst entlassen worden und haben die geringste Aussicht auf einen neuen Arbeitsplatz. Da helfen alle Umschulungen nichts. Bei einer zusammengebrochenen Wirtschaft im Osten, einer schwachen Konjunktur im Westen und vier Millionen Arbeitssuchenden haben die 50jährigen keine Chance, zumal der Westen in dem Wahn befangen ist, daß alles, was älter als 30 ist, alt ist.

Diese Generation hat aufgegeben. Die nächste hat zwar noch Hoffnung. Durch den Wertewandel und die völlig veränderten Lebensumstände ist aber auch sie total orientierungslos. Sie leidet zweifach, einmal unter den Folgen ihrer bisherigen Erziehung und zum anderen unter dem Gefühl, umsonst gelebt zu haben. Um aus diesem Dilemma herauszukommen, brauchen die Menschen Zeit und Möglichkeit, um zu einem neuen Selbstbewußtsein zu finden. Ihnen muß bewußt sein, daß sie nicht umsonst gelebt haben. Man lebt nicht umsonst, weil man Fehler gemacht hat. Man lebt nicht erst dann, wenn man recht hat, sondern vor allem, wenn man aus seinen Irrtümern lernt. Sicher setzt das einen schmerzlichen Erkenntnisprozeß voraus. Aber wir werden nicht um ihn herumkommen, und das betrifft die Menschen in Ost und West.

Gerade den Menschen im Osten fehlt jedoch augenblicklich die dazu notwendige Gefaßtheit. Ihre mangelhafte Demokratiefähigkeit und das sich gegen den Westen entwickelnde Gefühl von Solidarität lassen eine wirkliche Auseinandersetzung nicht zu. So sind neue Einsichten nur schwer mögliche. Viele Mechanismen, die sich in den vergangenen vierzig Jahren in der Bundesrepublik entwickelt und bewährt haben, greifen im Osten nicht. Das betrifft nicht nur verwaltungstechnische oder wirtschaftliche Mechanismen, sondern auch die, die für ein demokratisches und friedliches Zusammenleben das Fundament sind.

Sicher wächst auch im Westen Politikverdrossenheit und die Ablehnung von Parteien, Verbänden und staatlichen Institutionen. Aber die Auswirkungen dieser Mißstimmung für die alten Bundesländer haben wesentlich weniger Bedeutung als für die neuen. Hier gibt es keine gewachsene Strukturen, die es den Menschen erlauben, ohne Verstellung und Vorsicht sich in die Politik einzubringen. Politik mitzugestalten, verlangte im Osten bisher die Beherrschung der Kunst der doppelten Zunge. Selbst Genossen der SED, die an Veränderungen in der DDR interessiert waren, haben immer wieder gesagt: Das kann man jetzt nicht machen, das ist noch zu früh, die da oben verstehen das nicht, aus politischen Gründen ist es unklug, dieses Thema jetzt anzusprechen. Diese Haltung hat eine tiefe Unfähigkeit hinterlassen, sich eindeutig zu äußern und sich durchzusetzen.

Die Entzauberung des Westens hat vor allem Resignation hervorgebracht. Auch wenn sie mehr flach als tief ist, so ist sie doch unendlich groß: auch in der wiedervereinigten Republik bleiben wir die kleinen Leute, während die großen Gauner am Tegernsee sitzen. Auch hier werden wir verschaukelt. Vierzig Jahre in Bruchbuden gewohnt, jetzt sollen wir noch die Rechnung mit hohen Mieten bezahlen. Vierzig Jahre gearbeitet, jetzt bekommen die im Westen, die schon genug haben, unsere kleinen Besitztümer an Grund und Boden. Alles wissen die besser da drüben und Geduld verlangen sie auch noch von uns. Die hat aber niemand mehr, so nötig sie gebraucht würde. Denn natürlich wird der Prozeß der inneren Einheit ein langer sein.

Wenn heute die Erkenntnis um sich greift, daß die Bildung einer Konföderation der erste Schritt hätte sein müssen, den die Deutschen aufeinanderzugehen und die deutsche Einheit der letzte Schritt, um gemeinsam durchs Ziel zu kommen, dann wissen wir, daß das zwar richtig, aber die Geschichte trotzdem unumkehrbar ist. Allerdings sollten wir uns Gedanken darüber machen, wie wir die Probleme lösen, die aus der schnellen Einheit erwachsen sind. Wir müssen einen Ausgleich zum reichen Westen finden.

Eine Frage ist: Wie können wir für die Menschen im Westen anziehend werden, was müssen wir tun, um attraktiv zu sein? Wenn wir im Osten mehr Möglichkeiten zur Mitgestaltung der Gesellschaft haben, mehr Demokratie von unten entwickeln, außergewöhnliche Alternativen für das Wohnungsproblem, das Problem der Arbeitslosigkeit, der Gewalt und der Ausländerfeindlichkeit entwerfen, dann werden wir vielleicht auch für den Westen interessant, gegenseitig wieder freundlicher und offener. Dann werden die im Westen zwar mehr Geld haben, aber wir mehr Freiheit. Und die ist auch was wert.

Dies würde natürlich bedeuten, daß die Politiker wagen, einen Fehler von gestern zu korrigieren. Dann müssen sie die Konsequenz aufbringen und einsehen, daß die westlichen Gesetze dem Osten nicht einfach übergestülpt werden können, ohne daß die Menschen schwere Deformationen erleiden. Für den Osten muß für eine bestimmte Zeit auf einigen Gebieten Eigengesetzlichkeit zugelassen werden. Die Menschen im Osten müssen das Gefühl bekommen, daß auch sie die Zügel in der Hand halten und nicht einem Kutscher ausgeliefert sind, zu dem sie das Vertrauen verloren haben.

Die westlichen Politiker haben, auch aus Angst vor Neuem und Unbekannten, lieber mit den alten Blockparteien und dem jeweiligen östlichen Abklatsch ihrer eigenen Partei als mit der Bürgerbewegung über die Aufgaben der deutschen Einheit nachgedacht. Die etablierten Parteien wehrten sich gegen die Infragestellung ihrer Bedeutung durch die Bürgerbewegung. Sie lehnten die Herausforderung durch die Bürgerbewegung ab, sie wollten keine Prüfung, keine andere Fragestellung und keine neuen Lösungen. Alles sollte möglichst so weitergehen, wie man es im Westen gewohnt war. Dabei gab es genug »Parteimasse« im Osten, die man ruhig mal eine Weile hätte gären lassen sollen. Aber statt dessen ist sie gleich in dem alten Parteienbrei verknetet worden.

Sich mit der Bürgerbewegung gemeinsam den Fakten der Realität beugen, wäre angesichts der Größe der historischen Aufgaben der bessere Weg gewesen. Das hätte freilich bedeutet, den Kampf um die Macht für eine Weile auszusetzen. Natürlich gibt es auch innerhalb der Bürgerbewegung durchaus machtbewußte Menschen, die nicht gerade zu deren Festigung beigetragen haben. Bevor sich in der Bürgerbewegung überhaupt ein gemeinsamer politischer Wille formen konnte, spaltete sie sich in Forum-Partei, Bündnis 90, das mit den Grünen zusammengehen möchte und das *Neue Forum*, das Bürgerbewegung bleiben will. Für die Bürgerbewegung darf Macht jedoch nicht der bestimmende Gedanke sein, sondern nur der unbedingte Wille, sich aktiv in die Gesellschaft einzubringen und sich kreativ an ihrer Gestaltung zu beteiligen, und zwar mit der gesamten Erfahrung und Kompetenz des einzelnen.

Grundsätzlich kann man sagen, daß die Bürgerbewegung von weiten Teilen der Bevölkerung nicht als dauerhafte politische Kraft akzeptiert wurde. Statt dessen haben sie sich schnell den Parteien angeschlossen, von denen sie inzwischen schon wieder enttäuscht sind. Nichts braucht der Osten aber so sehr wie Menschen, die in einem demokratischen Prozeß geformt werden. Und dieser Prozeß wird in so deformierten Gesellschaften wie den osteuropäischen durch nichts so behindert wie durch den Kampf um die Macht. Der Kampf um die Macht ist sowieso nicht sehr demokratisch, wenn man zum Beispiel an die 5%-Klausel im Wahlgesetz denkt. Aber im Osten, wo kaum aus eigener finanzieller Kraft die Möglichkeit besteht, sich am Wahlrummel zu beteiligen, ist diese Klausel viel zu hoch. Wenn man neuen und unverbrauchten Kräften eine Chance geben will, muß man die Schranken niedrig halten. Deshalb sollte es im Osten andere Möglichkeiten geben, sich an den Wahlen zu beteiligen. Zum Beispiel wäre eine niedrigere Prozentklausel und die Möglichkeit der Listenverbindung im Osten eine Chance, die Lust der Menschen neu zu beleben, sich wieder an der Gestaltung von Politik zu beteiligen.

Andere Möglichkeiten müssen gefunden werden, den Bürger zu stärken und die staatlichen Institutionen zu kontrollieren. Es gibt viele Institutionen, die Kontrolle wahrlich verdient haben, denn oft sitzen in ihnen noch die gleichen Leute wie vorher. Die haben zwar Erfahrung mit der Macht der Bürokratie und handhaben sie virtuos, allein diese Willkür muß durchbrochen werden. Das Recht auf Akteneinsicht für Bürgerinitiativen würde die Verwaltung in die Pflicht nehmen und die Bürger stärken. Gerade im Osten wäre auch die Stärkung des einzelnen Abgeordneten enorm wichtig. Nur so hat er vielleicht die Chance, der Willkür des Fraktionszwanges entgegenzuwirken und sich selbst als Subjekt zu begreifen, das Verantwortung hat und wahrnehmen will. Wenn er aber seiner Partei auf Gedeih und Verderb ausgeliefert ist, stärkt das nicht den Mut zur Wahrheit, sondern nur den Opportunismus.

Wie wenig im Osten der einzelne Politiker sich der Öffentlichkeit gegenüber verpflichtet fühlt, hat man in den letzten Monaten oft genug gesehen. Fast keiner hatte das Gefühl, persönliche Verantwortung für sein Amt zu tragen. Ob die Politiker Axthelm, Kupfer, Böck oder Stolpe heißen, persönliche Verantwortung kennen sie nicht und erweisen damit der Demokratieentwicklung im Osten und dem Vertrauen der Bevölkerung in die Politik einen Bärendienst. Nicht umsonst ziehen sich die meisten Menschen wieder aus dem politischen Leben zurück, andere halten blind an ihren Idolen fest und andere suchen verzweifelt nach ihnen.

Die Demagogen, von rechts bis links, haben unter diesen Bedingungen ein leichtes Spiel. Deshalb muß es für die Menschen im Osten schnell und unkompliziert möglich werden, auf eigenen Beinen in die Demokratie zu gehen. Gerade im Osten gibt es wegen des vorherigen Zwanges jetzt eine große Abneigung gegen die Mitgliedschaft in einer Partei oder anderen Organisation. Jeder Mensch, und nicht nur der in den Parteien, Verbänden, Vereinen, Gewerkschaften, Kirchen organisierte, muß deshalb die Möglichkeit haben, vierzig Jahre Demokratieentzug im Eilverfahren nachzuholen. Das geht auf der einen Seite nur über vielfältige Möglichkeiten direkter Demokratie, Stärkung des einzelnen und der Bürgerinitiativen, mehr Mitbestimmung und Mitgestaltungsmöglichkeiten, wie zum Beispiel das Rede- und Antragsrecht für Bürgerinitiativen in den Ausschüssen. Und auf der anderen Seite muß es eine Zurücknahme von Einfluß und Macht der Parteien, Gewerkschaften, Kirchen und anderen Interessenverbände geben. Wir brauchen keinen »Vater Staat«, der uns an die Hand nimmt, sondern sehr schnell viele eigenständig und verantwortungsvoll denkende und handelnde Menschen.

Entscheidungsteilung

Gegen das Hindenburg-Syndrom der deutschen Politik

Peter Glotz

1. Die Zeit heilt nicht nur Wunden, sie schlägt auch welche. Ich erinnere mich an einen langen Abend in einem Reiheneckhaus eines Bonner Vorortes. Es muß im Herbst 1975 gewesen sein, in den Monaten, in denen der Kanzler Helmut Schmidt in einer dramatisch aussehenden Aktion, Haushaltsstrukturgesetz genannt, fünf Milliarden Mark einkassierte; eine Summe, über die man heute kein Wort mehr zu verlieren pflegt. Der jung verstorbene katholische Publizist Ludolf Hermann hatte drei Politiker von unterschiedlichen Parteien eingeladen, die er für »Theoretiker« hielt: die beiden Oppositionspolitiker Richard von Weizsäcker und Norbert Blüm und einen jungen Staatssekretär der Regierung Schmidt, Peter Glotz. Er suche Leute, so Hermann, die nicht nur den eigenen Weggefährten zuhörten, sondern auch politischen Gegnern. Er wolle sich gegen den »widerlichen Mechanismus« wehren, daß Politiker die Auffassung eines Gegners schon deshalb bekämpften, weil sie eben von der anderen Fakultät sei. Und dann fiel ein Wort, das erst sehr viel später so abgegriffen wurde, daß man es nicht mehr benutzen mag: politische Kultur.

Mir fiel dieser Abend ein, als ich die furiose Polemik las, die der Minister Norbert Blüm gegen den Bundespräsidenten Richard von Weizsäcker in der *Frankfurter Allgemeinen Zeitung* (20. August 1992) publiziert hat. Die Einigkeit der von Kohl geförderten Außenseiter Weizsäcker und Blüm ist zerstoben. Der Minister belehrt den Präsidenten, daß auch »die Demokratie Machtbedarf hat« – und fügt böse hinzu: »so schmerzhaft das auch dem utopischen Geist erscheinen mag«. Was vermißt der Minister beim Präsidenten? »Weggefährtenschaft«. So »leistungsschwach« seien die »machtversessenen und machtvergessenen« Politiker nun auch wieder nicht, daß sie – zum

Beispiel – die Wiedervereinigung verschlafen hätten. Blüm schnaubt und bebt; er sieht Richard von Weizsäcker auf der Spur des Thomas Mann der »Betrachtung eines Unpolitischen«, des Karl Jaspers der späten Schrift »Wohin treibt die Bundesrepublik«, gar auf der Spur von Wilhelm II. im Jahr 1914, als der keine Parteien mehr kennen wollte. Was ist los? Hat sich der Präsident verstiegen?

Auch ich teile viele Auffassungen des Zeitkritikers Richard von Weizsäcker nicht. Ich hätte die Formeln des hochkonservativen Historikers Hans Peter Schwarz – die Politiker seien »machtversessen und machtvergessen« – nicht aufgegriffen; Schwarz will Deutschland mit dem Vorwurf der Machtvergessenheit zu Militärinterventionen gegen Saddam Hussein oder Slobodan Milošewić treiben – Weizsäcker, der mit dem gleichen Wort auf den Mangel an geistiger Führung durch die politische Klasse anspielt, benutzt eine Spitzhacke zum Nageln. Ich würde auch nicht so gutherzig davon ausgehen, daß nach der Wiedervereinigung das vorher »geschaffene Vertrauen« – in der Europäischen Gemeinschaft und dem Bündnis – einfach »fortwirke«. Und die Behauptung, »die öffentliche Meinung in Deutschland sei bei Ausbruch des jugoslawischen Bürgerkriegs von vornherein auf seiten der Slowenen und Kroaten gestanden«, ist falsch. Es war die veröffentlichte Meinung. Diese – und manch andere – Meinungsunterschiede treten aber zurück gegenüber der Übereinstimmung in der zentralen These. Im Unterschied zu Norbert Blüm scheint mir unbestreitbar zu sein, daß die Parteien in der Bundesrepublik mehr Kompetenzen an sich gezogen haben als sie wahrnehmen können. Gleichzeitig sind diese Parteien aber immer mehr Instrumente der Aktivisten als Resonanzkörper des Volkes. Wie man am rapide sinkenden Ansehen der Politiker in der Bevölkerung ablesen kann, treibt das Floß der Parteiendemokratie rasch auf ziemlich gefährliche Wasserfälle zu. Weizsäcker ist nicht vorzuwerfen, daß er warnend – und schrill – seine Stimme erhoben hat. Eher könnte man ihm vorhalten, er habe zu lange geschwiegen.

Ich will das Dilemma der deutschen Parteiendemokratie – das seit Jahren immer wieder beschworen wurde, und das nur deshalb zum Diskussionsthema von sogenannten »Spitzenpolitikern« wurde, weil es der Bundespräsident aufgegriffen hat – in eigenen Worten knapp umreißen. Das Problem liegt in der Ausweglosigkeit der Willensbildung des Volkes jenseits von Wahlterminen. Repräsentative Demokratie in der radikalen Fassung des von einer bestimmten Interpretation des Weimarer Zusammenbruchs beeinflußten Bonner Grundgesetzes heißt: Wähle eine Partei; was die dann tut, hast Du zu akzeptieren. Deine nächste Chance kommt in vier oder fünf Jahren. Auch die wichtigsten Einzelentscheidungen sind der direkten Einwirkung durch das Wählervolk entzogen.

Dieses von einer tiefen (und keineswegs rundweg unberechtigten) Skepsis gegenüber dem Volk geprägte System wird nun aber durch zwei Entwicklungen, die die Väter und Mütter des Grundgesetzes nicht vorhersehen konnten, immer fragwürdiger. Die eine ist die Oligarchisierung und Abschottung der Parteien. Die Personalauswahl für Parlamentsmandate vollzieht sich in der Regel in einem *closed shop* von Aktivisten. Die einzelnen Parlamentarier sind, da in hohem Maß von Listenaufstellungen und dem Parteiapparat abhängig, nur begrenzt selbständig; die parlamentarische Auseinandersetzung ist ein Kampf von Fraktionsapparaten, nicht das Ringen von Individuen um Konsens und Kompromiß. Da die Regierungsfraktion die Regierung eher trägt als kontrolliert, werden die wichtigsten Entscheidungen im deutschen Parteiensystem in der Regel in einem Koalitionsausschuß von zehn oder zwölf Personen getroffen. Bösartig und aus der Perspektive eines jungen Wählers oder einer jungen Wählerin formuliert: Über ein Jahrzehnt oder mehr sind es immer dieselben drei oder vier alten Männer, die bestimmen, was in dieser Republik passiert. Das macht böses Blut.

Die zweite Entwicklung, die das Repräsentativsystem des Grundgesetzes problematisiert, hat der amerikanische Zukunftsforscher Alvin Toffler mit dem Begriff der »Entscheidungsteilung« umschrieben. Die Nationalstaaten, die immer noch den Rechtsrahmen der Demokratie darstellen, haben längst viele Entscheidungschancen – zum Beispiel die Zinssouveränität – verloren. Die Deregulierungsprozesse der letzten Jahrzehnte haben viele Kompetenzen vom politischen auf das – von Wahlen unbeeinflußte – wirtschaftliche System verschoben. Föderalismus und internationale Kooperation führen zu immer komplizierteren Mustern der Kompetenzverteilung. Da die politischen Klassen aber selten den Mut haben, exakt zu beschreiben, was sie eigentlich bewegen können und was nicht – und im übrigen dazu neigen, sich am wohlsten zu fühlen, wenn die Bürger ihre Führer als mächtige, entscheidungsfreudige und einsame Wölfe sehen, die in weißen Häusern grandiose Entscheidungen treffen –, entsteht ein Glaubwürdigkeitsproblem. Die Leute merken langsam, daß immer mehr Politiker die Wirklichkeit eher durch Kommentare begleiten als sie zu beeinflussen. Die Konsequenz ist klar: Gute junge Leute gehen, wenn sie links sind, eher zu *amnesty international* als zur SPD, wenn sie rechts sind, eher zu BMW als zur CDU. Und »das Volk« beginnt sich immer häufiger zu fragen, ob die Politiker eigentlich das Geld wert sind, das für sie ausgegeben wird.

Diesen Problemen begegnet man nicht dadurch, daß man dem Volk eine Gegenrechnung aufmacht. Natürlich sind viele Wähler zänkisch, anspruchsvoll und nur auf ihren eigenen Vorteil bedacht. Natürlich könnte man nirgendwo mehr ein Kraftwerk, eine Mülldeponie oder einen Rangierbahnhof bauen, wenn man sich von den betroffenen Anrainern abhängig machen würde. Natürlich ist Politik nicht herrschaftsfreie Kommunikation, die problemlos zum Konsens führt, sondern harter, zuweilen blutiger Machtkampf – wenn er zu vernünftigen Kompromissen führt, kann man heilfroh sein. Trotzdem ist es verblüffend, daß ein erfahrener und kluger Politiker wie Norbert Blüm sich mit solchen Argumenten beruhigt. Ich fürchte, der »Utopist« Richard von Weizsäcker ist näher an der Wirklichkeit als der »Realist« Norbert Blüm: Wenn die deutsche Politik sich als unfähig erweisen sollte, die Monopolstellung überforderter Parteien abzubauen und eine neue Form der Entscheidungsteilung zu finden, wird das, was die politische Klasse derzeit für Gequengel und Gemoser hält, zum Sturm werden. Das Problem ist nicht dadurch vom Tisch zu bringen, daß man es beschweigt. Man muß es lösen.

2. Die Monopolstellung der Koalitionsausschüsse muß gebrochen werden. Das Volk muß auch mitten in der Legislaturperiode die Chance haben, die Regierenden aufzustören. Gleichzeitig bedarf es »intervenierender Variabler«; also Karten in der Partie der Politik, die die berechenbare Hierarchie der Kreuz-, Pik-, Herz- und Karo-Flöte durchbrechen, Joker. Das im Prinzip unersetzbare repräsentative System der Demokratie muß in Deutschland durch vorsichtig konzipierte plebiszitäre Elemente und eine Verstärkung von persönlicher Verantwortung auf Zeit aufgelockert werden. Bleibt alles, wie es ist, werden die Parteien von Jahr zu Jahr mehr überfordert und schließlich von populistischem Protest unterspült. Die Parteien können ihre Macht nur bewahren, wenn sie Macht abgeben.

Ich plädiere deshalb für zwei tiefgehende Veränderungen unserer Verfassung. Eine ist die – bereits vieldiskutierte und deshalb hier nicht weiter erörterte – Einführung von Volksbegehren und Volksentscheid auch auf der Ebene des Bundes. Die andere zielt auf die Verstärkung der Rolle des überparteilichen Bundespräsidenten: Volkswahl und, damit verbunden, Stärkung seiner Kompetenzen. Es muß neben den winzigen, schwer zugänglichen und von außen undurchschaubaren Führungsgruppen von drei oder vier Parteien noch weitere Hebel geben, um politische Entscheidungen zu beeinflussen. Es ist deshalb an der Zeit, die längst überholten Ängste vor den Notverordnungspräsidenten der Weimarer Republik – sozusagen das Hindenburg-Syndrom – zu überwinden und den Bundespräsidenten nicht mehr nur als Staatsnotar, *fonctionnaire neutre*, Repräsentations- und Integrationsorgan zu begreifen, sondern als politischen Mitspieler. Die moderne Demokratie braucht eine Instanz, die qua Konstitution dem kurzatmigen Rhythmus von Wahlperioden entzogen ist. Und das Volk sollte das Recht bekommen, direkt – und nicht über ein höchst mittelbares Kreationsorgan – zu bestimmen, welche Person dieses Amt ausüben soll. Die dann möglicherweise aufkommende Schadenfreude, die dieses Volk ergreifen könnte, wenn es ihm einmal gelingt, anstatt eines hochverdienten Parteikandidaten jemand »Unabhängiges«, einen Diplomaten oder eine Professorin, einen Unternehmer oder eine Schriftstellerin zu wählen, sollten die Parteien demütig oder jedenfalls gleichmütig akzeptieren. Dieser Klestil-Effekt würde die Parteienverdrossenheit dämpfen. Eine Verfassung braucht Mechanismen, mit denen das Volk es seinen Herrschenden gelegentlich eintränken kann. Dem Bonner Grundgesetz fehlen solche Mechanismen.

Ich spreche ausdrücklich nicht von der Ersetzung der Repräsentativdemokratie durch ein Präsidialsystem; ich spreche von einer sozusagen österreichischen Lösung. Der Bundespräsident sollte vom Volk gewählt werden; dafür sollte man ihm zusätzlich zu den bisherigen Kompetenzen klarere Rechte in Regierungskrisen, zum Beispiel bei der Auflösung des Bundestages geben, ihm die Möglichkeit schaffen, die Behandlung bestimmter Gegenstände im Bundestag oder Bundesrat zu verlangen, sowie Enquete-Kommissionen – in England würde man sagen: *Royal Commissions* – einzusetzen. Wenn man ihm dann noch eigene Rechte bei der Berufung bestimmter Funktionsgruppen – zum Beispiel bei Richtern oder Rundfunkräten – gäbe, hätte die Demokratie eine zusätzliche Instanz, die Verantwortung übernehmen könnte, gewonnen. Die Parteien wären keineswegs entmachtet, wohl aber entlastet, die deutsche Demokratie wäre nicht mehr hyperstabil, sie wäre beweglicher geworden.

Eine derartige Regelung wäre übrigens keine Absage an Politik; nur eine Limitierung des Einflusses der Parteien. Kein Zweifel, alle dreißig Jahre könnte in ein so gestaltetes Amt auch einmal ein Außenseiter, ein Nicht-Politiker – gar ein Antiparteien-Kandidat gewählt werden. In der Regel aber würde das Amt Vollblutpolitiker anziehen, die nach ihrer Wahl allerdings gleichzeitig einflußreich *und* parteienunabhängig wären. Konrad Adenauer hat das Amt nach einiger Prüfung kalt abgelehnt, weil er es als allzu machtlos empfand. Daß Richard von Weizsäcker, neben Franz Josef Strauß, die einzige Alternative, die das konservative Lager in den letzten zwanzig Jahren zu Helmut Kohl hervorgebracht hat, es annahm, hat ihn prompt – und fälschlicherweise – in den falschen Ruf des Schönredners und Schönwetterphilosophen gebracht. Kein Wunder; im repräsentativen Kommentar von Maunz/Dürig zum Grundgesetz stehen über die Volkswahl des Bundespräsidenten die verräterischen Sätze: »Gefordert wäre (im Fall der Volkswahl) der Vollblutpolitiker, wie er vor allem in den Führungsetagen der Ministerien, Fraktionen und Parteien zu Hause ist, und auch abgesehen von der Frage, ob dieser Typ des Politikers den Anforderungen des Präsidentenamts in seiner heutigen Ausgestaltung überhaupt gerecht zu werden vermöchte, ist jedenfalls zu bezweifeln, ob er ein Amt, das er in einem bundesweiten, harten Wahlkampf erobert hat, und zu dessen Übernahme er die Hälfte aller Bundesbürger hinter sich gebracht hat, unter Respektierung der ihm auferlegten politischen Abstinenz überhaupt zu führen vermöchte.« Was aber heißt: Der Bundespräsident »in seiner heutigen Ausgestaltung« ist, wenn wir Glück haben, eine moralische Instanz. Ein Präsident, der sich einem solchen Kanzler nicht blind unterordnen will, muß schon spektakuläre Interviews geben.

3. Und was wird geschehen? Der Utopist Weizsäcker kommentiert das maliziös. Er sagt über die Verfassungskommission: »Die zu erwartenden Ergebnisse kann man im Blick auf die Zusammensetzung des Gremiums weitgehend erraten.« Wird er recht behalten? Es macht keinen Sinn, darüber zu spekulieren. Sicher ist nur: Die Bundesrepublik Deutschland ist ein Parteienstaat. Die deutschen Parteien sind in einer Krise. Wenn aus der Krise der Parteien keine Krise des Staates werden soll, muß rasch gehandelt werden. Nicht nur aus der französischen Geschichte kann man ablesen, daß immer dann, wenn sich die verantwortlichen Instanzen – zum Beispiel die Parlamente – als unfähig erweisen, die geschriebene Verfassung der veränderten Wirklichkeit anzupassen, *Caudillos* auftreten. Im besten Fall sind das Leute wie de Gaulle. Aber nur im besten Fall.

Die Unbeliebtheit der Parteien

Wie soll es ohne Organisation gehen?

Niklas Luhmann

Die Intellektuellen haben es kommen sehen und rechtzeitig auf ein anderes Pferd gesetzt, nicht wenige Wähler haben es durch ihr Mittel der Stimmabgabe zum Ausdruck gebracht, und der Praeceptor Germaniae hat es bestätigt: Die politischen Parteien haben sich unbeliebt gemacht. Eine simple Erklärung liegt auf der Hand: Sie haben an ihrer Aufgabe versagt, sie haben auf wie immer wohlüberlegte Weise nicht die Meinung der Wählerschaft erfaßt und repräsentiert, sie sind dem politischen und gesellschaftlichen Kontext ihres Wirkens nicht gerecht geworden, sie haben die Bodenhaftung verloren. Das alles mag sein. Aber wenn man so formuliert, liegt es nahe, das Problem nach dem Muster des »Versagens« zu behandeln und Besserung zu verlangen. Ein solcher, nicht weiter durchdachter Problemaufriß wird vermutlich jedoch das Problem nur verschärfen; denn wenn man meint, Besserung verlangen zu können, wird die Enttäuschung, wenn ihre Gründe nicht schlicht im Fehlverhalten, sondern woanders liegen, nur um so härter ausfallen.

Die Alternative der Intellektuellen lautet Bürgergesellschaft oder »civil society«. Dieser Begriff hat eine alte (antike, mittelalterliche, frühmoderne) Tradition, hat aber, wenn es sich nicht schlicht um einen Anachronismus handeln soll, in einer veränderten gesellschaftlichen Konstellation einen veränderten Sinn. Früher wurde damit das Ökonomische (im Sinne der Bedarfsvorsorge im eigenen Haushalt) aus der politisch konzipierten Gesellschaft ausgeschlossen. Heute wollen die Protagonisten dieser Idee nicht nur gleichsam neben dem »Kapitalismus« landen, sondern anscheinend auch noch neben den politischen Organisationen – seien diese Staatsverwaltungen, Funktionärsbürokratien der Verbände, Superbürokratien mit der administrativen Militanz des Brüsseler Apparats – und nicht zuletzt auch: neben den politischen Parteien. Es handelt sich offenbar nicht mehr um eine ideologische Alternative wie in der Zeit der »außerparlamentarischen Opposition«, sondern eher um eine Verlegenheitsalternative. Denn wie soll es ohne Organisation gehen?

Immerhin gibt diese sympathische Utopie einen Hinweis für das weitere Vorgehen. Wenn es sich um eine gegen Organisation als Sozialform gerichtete Animosität handelt, müßte man die Eigenart organisierter Sozialsysteme studieren, um zu sehen, wieweit es sich um eine Fatalität handelt oder wieweit gerade die Reflexion dieser Form bessere Möglichkeiten des Verstehens, des Akzeptierens und des Änderns erschließt.

Die klassische Version, die Unbeliebtheit einer Organisation zu bezeichnen, benutzt den Titel »Bürokratie«. Politische Parteien bedienen sich (ohne dabei an sich selber zu denken) ihrerseits dieser Bezeichnung, wenn sie »unbürokratische« Hilfe versprechen. In der älteren, heute klassischen soziologischen Literatur (vor allem Max Weber, aber für politische Parteien auch Robert Michels) ist etwas deutlicher zu erkennen, was mit diesem Ablehnungsbegriff gemeint sein könnte.

Es soll sich um eine Organisation handeln, die maschinengleich nach Regeln handelt, die ihr von oben eingegeben werden. Und nur nach Regeln, also »ohne Ansehen der Person«. Wegen dieser Eigenschaft eignet sich eine Bürokratie als Herrschaftsinstrument (Max Weber: Verwaltungsstab), und weil sie sich dazu eignet, bildet sich wie von selbst eine Oligarchie, die diese im Apparat vorgesehene Herrschaftsfunktion ausübt. Diese Arbeitsweise wird auch als formal rational bezeichnet, und formale Rationalität gilt einem Max Weber als organisatorisches Gerüst der modernen Gesellschaft.

Tendenzen zu einer Rückkehr zu eher eudämonistischen, inhaltlich-wertbezogenen Arbeitsweisen werden vorausgesehen, aber als Verfall einer (ihrerseits auch nicht gerade emphatisch begrüßten) Form von Rationalität angesehen. Inzwischen ist man milder gestimmt, formale und substantielle Rationalität sind beide möglich und finden sich typisch in Kombination. Theoretisch bleibt eine solche Typenbildung jedoch unbefriedigend – besonders wenn man konzedieren muß, daß die Typen sich mischen. Und vollends ist es die Frage, was dies uns für das Verständnis der aktuellen Daseinslage politischer Parteien helfen könnte.

Mein Vorschlag ist, diese Unterscheidung formale/substantielle Rationalität systemtheoretisch zu rekonstruieren. Formale Rationalität steht für Selbstreferenz, substantielle Rationalität steht für Fremdreferenz der Operationen und Beobachtungsweisen der Systeme. Formal rational handelt eine Bürokratie, soweit sie sich an ihren eigenen Regeln orientiert, die sie selbst entwickelt und in ihrer Praxis validiert hat. Substantiell handelt das System, wenn es seine Entscheidungskriterien durch Bezugnahme auf Werte, Normen und Interessen der Umwelt, also durch Fremdreferenz validiert. (Aber auch dies geschieht durch eine interne Operation.)

Dieses begriffliche Revirement erlaubt es zu verstehen, weshalb sich Parteien als politische Organisationen von der Bürokratie des Staates unterscheiden und auf diesen Unterschied Wert legen. Politische Parteien legen den Primat ihrer Orientierung in die Fremdreferenz. Sie saugen auf, was immer sich ihnen als politisch förderungswürdig aufdrängt. Das können Werte, normative Erwartungsmuster, institutionelle Gepflogenheiten und Interessen sein bis hin zu sehr konkreten Wünschen, die dann gleichsam von Person zu Person behandelt werden müssen.

Da die Gesellschaft ihr Material den Parteien nicht vorsortiert und schon geordnet anbietet, selektiert das System der politischen Partei – es selektiert selbstverständlich! – ein Chaos von einander widersprechenden Anliegen. Das heißt auch, daß in den Parteiprogrammen nur Dachformeln angeboten werden können, die die Praxis nicht präjudizieren. Und es heißt vor allem, daß die Anpassung an die Realität der sozialen Erwartungen über *Reden* erfolgt und nicht (wie zum Beispiel bei Wirtschaftsbetrieben, Krankenhäusern, Polizeidiensten, Gerichten) über ein spezifisches Produkt.

Genau dies, »daß bloß geredet und nicht gehandelt wird«, scheint ein Stein des Anstoßes zu sein. Es widerspricht offensichtlich auch den Machtvorstellungen der Politiker selbst – besonders, wenn ihre Partei an der Regierung ist und sie selbst in Ämtern sind. Aber hier muß man unterscheiden, und eben das fällt in einer parlamentarischen Demokratie schwer: Von den Staatsämtern wird effektives Handeln und deshalb ein hohes Maß an Selbstreferenz (und Motivation) erwartet. Ein Politiker müßte daher wissen und müßte unterscheiden können, was er seiner Partei und was er seinem Amt schuldet.

Diese an das klassische Bürokratiekonzept und seine Rationalitätsbegrifflichkeit anschließende Analyse macht nur einen sehr kleinen Teil dessen sichtbar, was moderne Organisationstheorie zum Verständnis der Lage und der Operationsweise der politischen Parteien beitragen könnte. Die neueren Theorieentwicklungen, die in der amerikanischen Unternehmenstheorie der fünfziger Jahre ihren Ausgang genommen haben, problematisieren ebenfalls Rationalität, aber in völlig anderer Weise. Sie setzen an der Informationsverarbeitungskapazität der Entscheidungsprozesse an, zeigen deren Grenzen und bilden daher nicht typologische Unterscheidungen, sondern Grenzkonzepte der Rationalität. Das führt in eine ganz andere Unterscheidungstechnik, nämlich vor die Frage, was denn auf der anderen Seite der Grenze von Rationalität vorliege. Und der Theoriefortschritt liegt darin, nicht einfach zu sagen: das Irrationale.

Zu den wichtigsten Unterscheidungen, die als Grenzmarken den Rationalisierungsbereich der Einzelentscheidung abstecken, gehören die Unterscheidungen Entscheidungsprämisse/Entscheidung und Entscheidung/Unsicherheitsabsorption. Auf der anderen Seite der Entscheidung und ihrer Kapazität für rationale Informationsverarbeitung findet man dann Voraussetzungen, die auch das Resultat anderer Entscheidungen sein mögen (zum Beispiel geltende Gesetze, Haushaltsposten) oder, umgekehrt gesehen, Auswirkungen von Entscheidungen auf andere Entscheidungen, die nicht Gegenstand der Entscheidung gewesen waren.

Unsicherheitsabsorption findet immer dann statt, wenn eine Entscheidung zur Prämisse anderer Entscheidungen wird, ohne daß sie in der Folgeentscheidung wiederholt oder auch nur eingehend überprüft wird. Das ist in allen Organisationen auf horizontalen wie auf vertikalen Linien und von oben nach unten wie von unten nach oben ein unvermeidlicher Prozeß.

Es ist, mit einem systemtheoretischen Terminus formuliert, der Prozeß der »Autopoiesis« des Entscheidens: der Produktion von Entscheidungen in einem Netzwerk, das sich auf diese Weise selbst reproduziert. Ein für alle Organisationen typischer, sie konstituierender Sachverhalt also, der aber im Falle politischer Parteien besondere Bedeutung gewinnt. Denn politische Parteien haben es mit der Einführung neuer Themen in die politische Kommunikation oder von neuen Personen in Ämter zu tun, also mit einem erheblichen Maß an Unsicherheit. Sie sind daher, so die Hypothese, in viel stärkerem Maße als andere Organisationen mit den Problemen und Begleiterscheinungen von Unsicherheitsabsorption geschlagen. Wirtschaftsunternehmen mögen zu lange an bestimmten Marktstrukturen oder an bestimmten Produkten hängen, Gerichte eine Rechtsprechung im Interesse von Konsistenz und Kontinuität festhalten, auch wenn Fälle sich mehren, die eine Änderung nahelegen. Politische Parteien sind in mindestens zwei Hinsichten diesem Problem stärker ausgesetzt: Sie haben es mit hohen Risiken des Politikerfolgs und mit Wert- und Interessenkonflikten zu tun. Sie werden daher selbst leicht das Opfer dessen, was sie für richtig halten, weil sie selbst alle Unsicherheiten vorher absorbiert haben.

Riskante Entscheidungen sind oft gerade deshalb stabil, weil es riskante Entscheidungen waren, und Konfliktfronten bleiben stabil, auch wenn sie durch die politische Entwicklung überholt sind, weil jede Auflösung des Konfliktes den Sicherheitserwerb einer bestimmten Gegnerschaft mitauflösen und im übrigen als Zeichen der Schwäche, als Nachgeben erscheinen würde. Beispiele könnten nahezu beliebig genannt werden: Asylantenpolitik nach Wahlergebnissen, EG-Politik nach dem Votum der Dänen (erste Reaktion: nichts ändern!) oder die Schulpolitik in Nordrhein-Westfalen nach dem Kienbaum-Gutachten. Vielleicht kann man daraus einen Vorwurf mangelnder Elastizität machen in einer Welt, die nur noch aus selbstgemachten Sicherheiten besteht. Aber Vorwerfen wäre dann immer auch politisches Handeln im Einzelfall. Als Soziologe hat man zunächst einmal verstehend zu erklären, daß dies ganz normal ist und sich wiederholen wird.

Die folgende Analyse setzt sehr viel abstrakter an und kann sich auch nicht (oder jedenfalls: nicht direkt) auf angesehene organisationstheoretische Forschung berufen. Sie geht vom Entscheidungsbegriff aus. Eine Entscheidung setzt voraus, daß eine Wahlmöglichkeit gegeben ist. Also eine Alternative, eine Form mit mindestens zwei Seiten. Aber die Entscheidung selbst? Sie ist kein Teil der Alternative, keine Seite der Unterscheidung; man kann nicht zwischen dem Weg A oder dem Weg B oder Entscheidung wählen (und das Problem wiederholt sich genau, wenn es um die Alternative »Entscheiden oder Nichtentscheiden« geht).

Die Entscheidung ist offenbar etwas Drittes, etwas für sie selbst nicht Entscheidbares. Sie ist, logisch gesprochen, das ausgeschlossene Dritte, das logisch nie wirklich geklärte »self-indication«; oder in der eindrucksvolleren, wenn auch metaphorischen Sprache von Michel Serres: der Parasit, der die Alternativität der Alternative benutzt, um selbst die Herrschaft zu übernehmen. In jedem Falle: eine Paradoxie, nämlich die Paradoxie der Einheit einer Mehrheit und deshalb, wenn man darüber reden, damit etwas anfangen will, ein Mysterium.

Wir sind an Ersatzformen gewöhnt, die sich aber allesamt verdächtig gemacht haben, etwa Anthropologica wie »Wille« oder generell: die Verweisung auf den Menschen als »Subjekt« des Entscheidens und Handelns. Aber das sind sowohl empirisch als auch logisch unzureichende Angebote, die nur dazu dienen, weiteres Fragen zu unterbinden. Löst man sie auf (oder ab), kann man der Frage nachgehen, wie ein System, wenn es Alternativen konstruiert – und das ist ein »Muß« einer Politik, die sich am Schema von Regierung und Opposition orientiert –, wie also ein solches System Alternativen generiert und damit etwas erzeugt, was man als Entscheidung beobachten, beschreiben und weiterbehandeln kann; und wie es damit vor der laufend reproduzierten Notwendigkeit steht, Entscheidungen zuzurechnen auf jene dritte Position, die nicht mehr in der Entscheidung, sondern nur als Entscheidung vorkommt. So entstehen »Entscheider«, so entsteht aus dem ersten Mysterium das zweite Mysterium der Hierarchie, die suggeriert, daß eigentlich nur oben oder nur von den wichtigen Persönlichkeiten des Systems entschieden wird und alles andere dies nur vorbereitet, anregt, sabotiert.

Und wieder: Politische Parteien scheinen diesem Druck der Umwandlung eines Mysteriums in besonders bedeutende Persönlichkeiten besonders ausgesetzt zu sein, weil sie es mit einer extrem inkohärenten Umwelt zu tun haben und gleichwohl in diese Umwelt Alternativen hineinformulieren und darüber entscheiden müssen. Wir haben hier erneut die Herausforderung zur Unsicherheitsabsorption vor Augen. Als Resultat werden dann politische Probleme personalisiert und in dieser Form dem Publikum vorgestellt. Das entspricht einer genau darauf abgestimmten Selektionstendenz der Massenmedien, dem Satzbau der indogermanischen Sprachen und vor allem natürlich den Beschränkungen des Fernsehens, das ja schließlich nicht die Entscheidungen selbst auf die Bildschirme bringen kann. Aber wenn man entscheidende Personen hat, und noch dazu, wenn es solche sind, die man gewählt hat, möchte man auch, daß sie das tun, was von ihnen erwartet wird, nämlich entscheiden. Und dies, obwohl, ja sogar weil niemand genau weiß, was dies eigentlich ist: entscheiden. Die Politische Theologie eines Carl Schmitt endet im: Credo quia absurdum.

Mit organisationstheoretischen Analysen kommt man ein gutes Stück voran in der Frage, weshalb Parteien so sind, wie sie sind. Das könnte in vielerlei Richtungen ausgebaut werden. Für einen Überblick ist es aber wohl nützlicher, auch die gesellschaftlichen Kontextbedingungen ihres Wirkens mit in Betracht zu ziehen. Die semantische Tradition der politisch konstituierten Gesellschaft und ihres »Staates« verstellt den Zugang zu einem ausreichenden Verständnis moderner Differenzierungsphänomene und muß daher abgeräumt werden. Es fällt auf, daß die Problematisierung der Entscheidungsrationalität Hand in Hand geht mit der Einsicht, daß die gesellschaftliche Umwelt nicht genügend Entscheidungsvorgaben liefert und daß diese statt dessen in der Organisation erarbeitet werden müssen.

Das gilt für den Markt des Wirtschaftssystems, der ohne perfekte Konkurrenz keine eindeutig-richtigen Preisfestlegungen ermöglicht. Das gilt für die Auflösung des Kanons fester

»Staatsaufgaben« durch die Entwicklung des Wohlfahrtsstaates und durch die Demokratisierung des politischen Systems. All das erzwingt in der Theorie eine schärfere Unterscheidung zwischen den gesellschaftlichen Funktionssystemen wie Wirtschaft oder Politik auf der einen Seite und ihren Organisationen auf der anderen. Und das bedeutet auch, daß die Konsequenzen von Systemdifferenzierung nicht mehr einfach als Vorteil oder Kosten von Arbeitsteilung behandelt werden können, also auch nicht mehr durch eine unterstellte Fortschrittsprämisse gerechtfertigt werden können, sondern als spezifische Eigenart der modernen Gesellschaft (und allgemeiner: als Resultat chaotischer Evolution) mehr Aufmerksamkeit verdienen.

Wenn sich Systeme, welcher Art immer, zu eigener operativer Autonomie und Selbstorganisation ausdifferenzieren, entsteht damit zugleich eine für sie überkomplexe Umwelt. Das gilt für die Ausdifferenzierung eines Sozialsystems Gesellschaft durch sinnhafte Kommunikation ebenso wie für die Ausdifferenzierung eines spezifisch politischen Systems in einer solchen Gesellschaft und schließlich nochmals, wenn innerhalb eines solchen politischen Systems sich weitere organisatorische Differenzierungen einleben, die Mitglieder und Nichtmitglieder unterscheiden und auf dieser Basis Kommunikation im Namen des Systems (manche sagen: kollektive Handlungsfähigkeit) erzeugen können. Dann gerät die Möglichkeit, das System (und damit: die Mitglieder) durch Kommunikation binden zu können, in auffälligen Widerspruch zu der gerade in diesem Falle besonders hohen und unkontrollierbaren Umweltkomplexität. Und das gilt nochmals verstärkt in dem Maße, wie die Gesellschaft Stratifikation abbaut, also auf oberschichtspezifische Besonderheiten der Verständigungsmöglichkeiten und der Konfliktbehandlung verzichtet.

Offenbar korreliert mit diesem Verzicht auf Rückhalt an sozialer Schichtung die Übernahme des Problems in das politische System selbst. Es kommt dann als interne Differenzierung dieses Systems zum Ausdruck – eben als Differenzierung in zwei Arten von Organisationssystemen: die politischen Parteien werden dem Komplexitätsdruck unmittelbar ausgesetzt, ja durch das System der Parteienkonkurrenz dazu angeregt, sich aktiv um inkonsistente Entscheidungsgrundlagen, um Innovation, um Öffnung für immer neue Themen zu bemühen. Sie haben damit die Aufgabe, Themen und Personen auf politische Tragfähigkeit zu testen, Konsenschancen vorzubereiten, ohne schon gleich auf Durchsetzung des Erwogenen verpflichtet zu sein. Sie geben, im komplexen Verbund damit, zugleich Personen Chancen für politische Karrieren. Eine Karrierebedingung ist: Bewährung im Kontext öffentlicher Sichtbarkeit und Aufbau eines persönlichen Kontaktapparates (Weber hätte gesagt: Herrschaftsapparates) mit verpflichteten Förderern und Günstlingen.

Man kann sich in dieser Welt Themenpolitik nicht ohne Personalpolitik und Personalpolitik kaum ohne Zentrierung auf die eigene Person vorstellen, und der Grund ist wiederum: zu hohe Komplexität, zu hohe Kontingenz aller Sachzusammenhänge, die von Moment zu Moment andere Formen annehmen können; oder anders gesagt: das Fehlen verläßlicher, von den eigenen Operationen und Beobachtungen unabhängiger Information. Nur wenn diese Funktionsstelle irgendwie (und oft mehr schlecht als recht) besetzt ist, kann man den Staat »demokratisch« öffnen und auf Entscheidungsprämissen verpflichten, über die im politischen System selbst und nicht durch Umweltinstanzen (Militär, American Embassy, bedeutende Familien, um nur einige bekannte Beispiele zu nennen) entschieden wird. Nur dann kann der Staat selbst zirkulär organisiert werden, indem die Regierung die Verwaltung mit Entscheidungsregeln versieht, die das Publikum begünstigen und belasten, das seinerseits mittels einer mystischen Transformation der volonté générale die Regierung wählt.

Die bekannteste Alternative hierzu arbeitet ebenfalls mit einer internen Differenzierung des politischen Systems, läßt aber neben dem Staat nur eine Partei zu. Auch hier ist Abbau der Stratifikation vorausgesetzt. Da es aber mit der Herstellung der klassenlosen Gesellschaft nicht so recht vorangeht, hat man sich vorerst mit einer klassenlosen Meinung zu begnügen. Diese einzig richtige Meinung wird durch die (als Organisation kommunikationsfähige) Partei produziert und reproduziert. Das wiederum macht es notwendig, alle Abweichungen auf Personen zuzurechnen. Dies wiederum führt zu einer Organisation des Verdachtes, zu einer Anwesenheit des großen Abwesenden in allen Interaktionen und in nicht wenigen Fällen zu einem politischen Regime, das aus der Logik der Partei heraus terroristisch wird. Ein funktionaler Vergleich von funktional äquivalenten Lösungen des Problems extrem hoher politischer Kontingenz und Komplexität kann dazu führen, die eine Lösung für besser zu halten als die andere. Dem soll hier nicht widersprochen werden. Das darf jedoch nicht als Legitimation der Zustände verstanden werden.

Legitimation ist die Form, in der das politische System seine eigene Kontingenz akzeptiert und sich mit Bezug darauf darstellt, daß alles auch anders gemacht werden könnte. Das ist nicht unsere Aufgabe. Für eine soziologische Analyse kommt alles darauf an, in der Beschreibung gesellschaftlicher Phänomene adäquate theoretische Komplexität (was immer auch heißt: Abstraktion und Realitätsnähe) aufzubieten. Denn nur so kann man eine Kritik so plazieren, daß sie irritierend wirken und angenommen werden kann.

Bürgergesellschaft versus Parteiendemokratie

Damit unsere Verfassungswirklichkeit wieder verfassungskonform wird

Hildegard Hamm-Brücher

Die Entwicklung unserer westdeutschen Demokratie – ihre formale und emotionale Akzeptanz durch die Bürger – ist in den über vier Jahrzehnten seit ihrer Gründung auf den Trümmern der Nazi-Diktatur eher in Schüben als kontinuierlich verlaufen. Da gab es Zeiten starker demokratischer Impulse (z.B. vor und während der Studentenunruhen), dann wieder der Stagnation und nachlassender Vitalität.

Derzeit durchleben wir neuerlich ein Tief, mit allen Anzeichen einer veritablen Akzeptanzkrise: Umfragen signalisieren Politikerverdrossenheit, Vertrauens- und Glaubwürdigkeitsverluste in einem bisher nicht gekannten Ausmaß. Wahlergebnisse bestätigen es: Nicht(mehr)- und Protestwähler werden zur zweitstärksten Partei, rechts wählen ist wieder »in«. Offenkundig ist das demokratische Regelwerk zwischen Bürgern, Parteien, Parlamenten und Regierungen zutiefst gestört. Immer mehr Bürger erkennen das Auseinanderdriften zwischen den Geboten unserer Verfassung einerseits und der Verfassungswirklichkeit andererseits. Die Politikfinanzierung (Parteien, Abgeordnete, Fraktionen, Parteistiftungen) im Selbstbedienungsverfahren ist zum eskalierenden öffentlichen Ärgernis geworden. Emotionalisierung ist die Folge, Stammtisch-Populismus geht um, Politiker verteidigen ihre Privilegien und reagieren zunehmend aggressiv, selten nachdenklich und einsichtig. Immer häufiger begegnen Bürger und Parteien einander spinnefeind, und jede Seite glaubt gute Gründe dafür zu haben. Versachlichung gelingt kaum noch.

Ein solcher Befund wäre schon in »normalen« Zeiten alarmierend. Er erreicht uns aber just in dem Augenblick, in dem – nach dem Untergang des Kommunismus und der Überwindung der Teilung Deutschlands und Europas – zusätzlich

Herausforderungen und Bewährungsproben vor uns stehen, die uns größte Anstrengungen abverlangen. Und nun auch noch eine hausgemachte Krise in den eigenen vier Wänden... kann die nicht warten, oder von alleine abflauen?

Ich meine: nein, das kann sie nicht, und das wird sie nicht. Einmal, weil wir nach der Erfahrung des Scheiterns der Weimarer Demokratie nun zum ersten Mal in unserer Geschichte ein innerlich und äußerlich freies Gemeinwesen für alle Deutschen errichten können und wollen und dieser gemeinsame Neuanfang deshalb auf einem möglichst breiten, von möglichst vielen Bürgern mitgetragenen, demokratischen Konsens aufbauen muß. Und zum anderen, weil die Ursachen für die Funktionsstörungen im demokratischen Regelwerk so gravierend sind, daß sie nicht länger ignoriert oder gesundgebetet werden dürfen.

Hierfür ist eine nüchterne Generalinspektion ihres Ist-Zustandes nach der staatlichen Vereinigung erforderlich, die wir uns um ihrer Zukunft willen nicht ersparen dürfen. Dazu gehört vor allem eine *Bestands- bzw. Fehlbestandsaufnahme* unserer Verfassungswirklichkeit samt ihren politischen und gesellschaftlichen Fehlentwicklungen, Defiziten, Versäumnissen und Gefährdungen, inklusive neuer Gefährdungen der Freiheit durch überzogenes Anspruchsdenken oder ihren exzessiven Mißbrauch. Nicht zuletzt gehören auch die Erfordernisse von Verfassungsergänzungen zu dieser Bestandsaufnahme. Es handelt sich also um eine Art Demokratie-TÜV, mit dem die äußere und innere Funktionstüchtigkeit unseres freiheitlichen Gemeinwesens überprüft und gesichert wird. Leider stehen die Chancen dafür derzeit nicht besonders gut.

Nach Meinung der konservativ-liberalen Mehrheit braucht es seiner gar nicht. Sie ignoriert oder bagatellisiert Alarmsignale und Denkzettel. Selbst Kritik und fundierte Mahnungen unserer obersten Verfassungsorgane – wie die wohlbegründeten Interventionen des Bundespräsidenten oder des Bundesverfassungsgerichts anläßlich des sechsten(!) Urteils in Sachen Parteienfinanzierung – werden von den Partei- und Regierungsverantwortlichen, zumeist in Personalunion, ohne erkennbare Bereitschaft zur Einsicht »weggesteckt«. Oder sie werden –

wie im Falle des Bundespräsidenten – gar als »populistisch« denunziert. Statt selbstkritischen Nachdenkens und sensiblen Gespürs für mögliche Ursachen der Entfremdung und für ihr Ausmaß, hofft man mit dem beinahe schon zynischen »Trost«, daß es in anderen westlichen Demokratien auch nicht besser sei, über die Runden zu kommen.

Wahrlich ein billiges Argument, das noch dazu nicht einmal zutrifft. Denn abgesehen davon, daß der Parteienstaat nirgends so perfektioniert ist wie hierzulande und die Finanzierung in eigener Sache so perfekt – andere westliche Demokratien sind fester verwurzelt und deshalb weniger anfällig als die deutsche –: Die Erfahrung des Scheiterns von Weimar verpflichtet uns zur Wachsamkeit, daß sich ähnliches – nicht einmal in Ansätzen – wiederholt.

Deshalb gilt es zuerst und vor allem vor der eigenen Türe und im eigenen Haus zu kehren, und da gibt es im Verantwortungsbereich der Parteien und Parlamente viel zu tun, um das an allen Ecken und Enden gestörte Regelwerk demokratischer Abläufe und die offenkundig gewordenen Kreislaufstörungen im Regelwerk zwischen Bürgern, Parteien und Parlamenten ganzheitlich zu erkennen und zu reparieren.

Dazu ist es höchste Zeit. Falls die verantwortlichen Politiker, Parteien und Parlamente aus eigener Kraft und Einsicht dazu außerstande sind, muß der überfällige Erneuerungsprozeß von verantwortungsbewußten Bürgern gefordert und mit Hilfe demokratischer Initiativen aus der Gesellschaft heraus in Gang gesetzt werden. Dann schlägt die Stunde einer demokratischen Bürgergesellschaft, die nicht länger tatenlos zusehen will, wie Politik- und Parteienverdrossenheit am Ende zur Demokratieverdrossenheit eskaliert und ihre Existenz gefährdet. Einer Bürgergesellschaft, die Parteien weder verketzern will noch ersetzen kann, wohl aber zur Einsicht und Erneuerung zwingen muß, wenn diese dazu nicht imstande oder willens sind.

Die Akzeptanzkrise wurde nicht bewußt herbeigeführt wie seinerzeit von den Nazis in der Weimarer Demokratie. Sie ist vielmehr die Folge jener – sich wechselseitig verstärkender – Störungsfaktoren im Regelwerk demokratischer Um- und Abläufe. Ich benenne hierfür die drei Hauptursachen, die mir am gravierendsten erscheinen, und ich benenne sie bewußt provozierend:

1. Der im Grundgesetz vorgeschriebene Kreislauf zwischen dem »Volk, von dem alle Staatsgewalt ausgeht« und durch »Wahlen und Abstimmungen ausgeübt wird« (Artikel 20 GG) – über die Parteien, die »bei der politischen Willensbildung mitwirken« (Art. 21 GG) hin zu den Volksvertretungen, deren gewählte Abgeordnete »an Aufträge und Weisungen nicht gebunden und nur ihrem Gewissen unterworfen« sind (Art. 38 GG) –, dieser von den Vätern der Verfassung sinnvoll konzipierte Kreislauf ist in beiden Richtungen zutiefst gestört, ja zerrüttet!

Die »Staatsgewalt« des Volkes erschöpft sich im Ankreuzen unveränderbarer Kandidatenlisten, die Parteifunktionäre festgelegt haben. Aus der »Mitwirkung« der Parteien ist die Inbesitznahme aller Staatsgewalt und unkontrollierte Selbstbedienung geworden, und die Parlamente als Volksvertretungen wurde im Laufe der Jahrzehnte von der »Ersten Gewalt« zur (mehr oder weniger) nachgeordneten Dienststelle von Parteizentralen und Regierungen umfunktioniert. Das mag überzogen und auch zu pauschal klingen, es trifft aber den Kern.

2. Eine Folge davon ist die verpfuschte *Gewaltenteilung* zwischen erster und zweiter Gewalt, also zwischen Legislative und Exekutive. Damit ist die Grundbedingung der für die im demokratischen Staat unverzichtbaren »checks and balances« nicht mehr gewährleistet.

Konkrete Beispiele: Der eigentliche Gesetzgeber ist – überwiegend – zum »Notar« der Gesetzentwürfe der Regierung geworden. Zwar finden natürlich oft langwierige »Beratungen« statt, wirklich substantielle Änderungen aber lassen sich gegen den Willen der Exekutive kaum je durchsetzen. Parlamentarische und politische Weichenstellungen erfolgen kaum noch in Fraktionen und in Abstimmungen, sondern allzumeist bereits hinter verschlossenen Türen in Zirkeln und sogenannten »Elefantenrunden«. Aus beiden resultieren die unzulänglichen Kontroll-, Initiativ- und Mitwirkungsrechte der Volksvertretung im allgemeinen und des einzelnen Volksvertreters im besonderen –

von der lädierten Gewissensfreiheit und -verantwortung ganz zu schweigen. Demzufolge verkommen Debatten zu Deklamationen und zum Schlagabtausch. Schließlich reicht das restriktive Petitionsrecht nicht aus, um Kontakt und Vertrauen zwischen Parlament und Bürger zu stiften – eine weitere Ursache für die Entfremdung zwischen Wählern und Gewählten.

3. Hauptverursacher der Funktions- und Vertrauenskrise sind die politischen Parteien bzw. ihr – weit über ihren Verfassungsauftrag hinaus – angemaßtes Übergewicht in der Verfassungswirklichkeit. Mit weniger als vier Prozent der Wahlbevölkerung als Mitglieder repräsentieren Parteien aber nur einen Bruchteil des quantitativen und qualitativen Querschnittes unserer Gesellschaft. Mit der Inbesitznahme der Ersten und Zweiten Gewalt im Staat und ihren darüber hinausgehenden Machtansprüchen, legitimieren sie nicht mehr die Bedingungen und Werte unserer Verfassung. Parteirepräsentanten leben zu wenig vor, was für das Gedeihen jeder demokratischen Kultur unverzichtbar ist: Verfassungstreue in eigener Sache, Fairness und Toleranz, glaubwürdige Übereinstimmung zwischen Reden, Verhalten und Handeln[1].

Ich gehöre selber seit über 40 Jahren einer Partei an und kenne ihre Verdienste beim Aufbau unserer Demokratie, die Beiträge hervorragender Frauen und Männer aus allen Parteien für unseren Staat und unser Gemeinwesen, und nicht zuletzt kenne ich das selbstlose Engagement ungezählter ihrer Mitglieder an der sogenannten Basis. Dies alles muß uneingeschränkt anerkannt werden. Dennoch weiß ich aber auch, daß das, was wir heute an Anti-Parteien-Affekten, an Enttäuschungen, Entfremdung und Ansehensverlust erleben, sehr handfeste Ursachen hat. Die Ergebnisse der jüngsten Mitgliederbefragung der CDU geben darüber – stellvertretend auch für andere Parteien – ebenso Aufschluß wie die Studie von Erwin und Ute Scheuch u.a. Immer lauter werden mangelnde Mitwirkungsmöglichkeiten der »Basis« beklagt und immer häufiger die Verkümmerung der Partei zur Wahlkampfmaschine, zur Kaderschmiede für politische Karrieren, oder als Startrampe für Ämterpatronage. Damit ist jedoch das Ende der politischen Innovationsfähigkeit der Parteien eingeläutet.

Solcherlei Parteienkritik wird oft mit der Aufforderung beantwortet: Ja, geht doch in die Parteien. Ändert doch etwas. Überlaßt sie nicht den Profis und Karrieristen. Früher habe ich das auch gesagt, rate dies heute aber nur noch bedingt, weil ich an den Erfolgsaussichten solange zweifle, als von oben der ernste Wille zur Erneuerung fehlt.

Ursache der schwelenden Akzeptanzkrise ist also nicht dieses oder jenes Ärgernis, das die Öffentlichkeit erregt (z.B. Parteien- und Politikerfinanzierung, Posten- und Ämterpatronage, Aufblähung von Regierungen und Kabinetten); ist auch nicht die Folge dieser oder jener einzelnen Funktionsschwäche in den Abläufen. All diese Gravamen ließen sich bei gutem Willen partiell beheben. Nein, die Krise resultiert aus der Summe aller Mängel und ihrer Kumulierung.

Die Herausforderung beginnt mit der Frage, wie der Stabilisierungs- und Erneuerungsprozeß in Gang gesetzt werden kann, und wer bereit und imstande ist, damit anzufangen und dafür zu sorgen, daß er nicht in Ansätzen steckenbleibt. Wer also nimmt die Herausforderung an? Im besten Fall wären das natürlich alle drei am demokratischen Kreislauf Beteiligten: Das Volk, die Parteien und die Volksvertretungen. Dies sollte auch – und immer wieder – versucht werden, ist aber leichter gesagt als getan. Einmal setzt es die Einsicht über den Ernst der Situation seitens der Parteien voraus und zum anderen einen Grundkonsens über die Konsequenzen.

Da jedoch derzeit leider weder das eine noch das andere zu erkennen ist, muß der Anstoß zur Besinnung und Erneuerung von unabhängigen Bürgern ausgehen. Von Bürgern, die es nicht mit Verdruß und Verdrossenheit, mit Lamentieren und Schuldzuweisungen bewenden lassen wollen, sondern sich entschließen, Initiativen zur Abhilfe zu ergreifen, von Bürgern, deren Besorgnisse stärker und deren Entschlossenheit dauerhafter sind als alle Einwände über die scheinbare Aussichtslosigkeit ihres Vorhabens. Hier taucht die Vision von der Bürgergesellschaft auf, der sich Frauen und Männer aus allen politischen Richtungen über ihre sonstigen Bindungen hinaus zugehörig und verpflichtet fühlen und deshalb zum Engagement für die Erneuerung unserer gelebten Verfassung bereit sind.

In der Wirklichkeit geschieht das bereits jetzt immer dann, wenn sich verantwortungsbereite Bürger – mit oder ohne Parteibuch – zusammentun, um in Einzelfällen ihre Stimme zu erheben und gegen Mißstände vorzugehen. Was jetzt aber notwendig wäre, ist die Verwirklichung der Idee einer sich für das *demokratische Ganze* mitverantwortlich fühlenden Bürgergesellschaft. Einer Bürgergesellschaft, die sich der grundsätzlichen und damit über Parteigrenzen hinweg reichenden Probleme unserer Verfassungswirklichkeit verpflichtet fühlt und dazu Lösungsvorschläge an Parteien und Parlamente heranträgt; dies allerdings mit allem Nachdruck und allen Konsequenzen.

Aber ist diese Vision – angesichts der realen Macht- bzw. Ohnmachtsverhältnisse zwischen Parteien und Bürgern – mehr als eine Illusion, bestenfalls ein Papiertiger? Und – das ist ein zweiter gewichtiger Einwand – ist diese Gesellschaft in ihrem Erscheinungsbild in besserer Verfassung als die real existierende Parteiendemokratie? Sind Bürger über spontanen Ärger und Protest hinaus zu vertieftem Engagement willens und bereit?

Wie also die »Bürgergesellschaft« definieren?

Wo und wie sollte sie sich organisieren und ihre Aktionen ansetzen, um Parteien überhaupt erst einmal zum Aufhorchen, dann zum Dialog und schließlich zur Selbstreform zu veranlassen? Denn selbst die vehementesten Kritiker der Fehlentwicklungen unserer Parteiendemokratie können ja nicht so einäugig oder so naiv sein, den Parteien die Alleinschuld für die Krise zu geben, oder in der Aktivierung einer aufmüpfigen Bürgergesellschaft ein Allheilmittel zu sehen.

Wenn ich diesen und anderen, sicher berechtigten, Einwänden zum Trotz für die Aktivierung des Bürgerbewußtseins plädiere, dann deshalb, weil ich überzeugt davon bin, daß ohne Anstöße von außen bei den Hauptbetroffenen und Beteiligten wenig Aussichten und so gut wie keine Hoffnung auf Selbstreformen bestehen. Deshalb müssen diese Anstöße aus der Bürgergesellschaft heraus erfolgen.

Mit folgenden Fragen sollten sie ansetzen: Durch welche

partizipatorischen Elemente kann Buchstabe und Geist des Grundgesetzartikels 20 mehr Geltung verschafft und für den Bürger erfahrbar gemacht, also stringenter in den demokratischen Kreislauf eingebunden werden? Also zum Beispiel durch Beteiligung bei der Auswahl von Kandidaten für alle parlamentarischen Ämter – durch eine offene Kandidatenliste zur Personalisierung der Zweitstimme –, durch eine qualitative Aufwertung des Petitionsrechts mit dem Ziel z.B. Gesetzgebungsinitiativen, unter Beteiligung der Petenten bei der Beratung, zu ermöglichen. Weitere, allerdings umstrittene Möglichkeiten sind Volksbegehren und Volksentscheid in vernünftiger Dosierung.

Wie kann das *repräsentative Prinzip* unserer Verfassungsordnung wirksamer und funktionsfähiger werden? Zum Beispiel durch eine deutliche Aufwertung der Rechte und Befugnisse der Ersten Gewalt gegenüber der Zweiten, durch echte Kontroll- und Mitwirkungsrechte des Volksvertreters, durch strikte Achtung und Beachtung seiner Gewissensfreiheit, durch die Unvereinbarkeit von Abgeordnetenmandat und Regierungsamt.

Wie kann die *demokratische Kultur*, also das Zusammenleben in einer freiheitlichen immer permissiver werdenden Gesellschaft, durch möglichst allgemein akzeptierte Spielregeln, Werte und Verhaltenstugenden erneuert und fruchtbar gemacht werden? Zum Beispiel in Schule, Erziehung und Öffentlichkeit, durch Ermutigung und Unterstützung einschlägiger Bürgerinitiativen, durch Aktionen gegen die Verwilderung des politischen Streits.

Ansatzpunkte gibt es jedenfalls genug, wenn sie aber als Schubkräfte zur Erneuerung des demokratischen Kreislaufes wirken sollen, dann dürfen sie nicht verzettelt werden, dann muß sich die Bürgergesellschaft in unserer von Parteien besetzten Demokratie als ernstzunehmender »Counterpart« zu Wort melden und formieren. Zweierlei muß deutlich sein und bleiben: Eine demokratische Bürgergesellschaft darf nicht gegen politische Parteien gerichtet sein, ihr erklärtes Ziel muß es aber sein, den Entartungen, Fehlentwicklungen und Versäumnissen der Parteiendemokratie Paroli zu bieten und der gelebten und erlebbaren Verfassung neue Schubkräfte zu geben.

Zugegeben: Die Beschwörung der Notwendigkeit einer wachsamen, mündigen, sich zu Wort meldenden Bürgergesellschaft allein, würde weder die Parteien das Fürchten lehren, noch die derzeitigen Macht-/Ohnmachtsverhältnisse ins Wanken bringen. Noch ist das aus der Sicht der Parteien weder bedrohlich oder sonderlich relevant. Sie hoffen vielmehr mit ein paar kosmetischen Zugeständnissen, wie der Einsetzung von Kommissionen oder einer (scheinbar?) verstärkten Mitwirkung von Parteimitgliedern, aus dem derzeitigen Tief im öffentlichen Ansehen herauszukommen. So jedenfalls lauten die Bonner Kommentare hinter mehr oder weniger vorgehaltener Hand. Noch fühlen sie sich fest und sicher in den Sätteln und an den Schaltstellen der Macht. Das Volk, die Wähler, die Bürger – was soll's, solange die Parteiendemokratie die Realität ist und eine Bürgergesellschaft eine Art Spielwiese für Idealisten? So gesehen, erscheinen die Chancen für Anstöße aus der Gesellschaft heraus nicht besonders groß.

Trotzdem – oder eben deshalb – muß nach meiner Überzeugung der Versuch gemacht werden, die Idee einer demokratischen Bürgergesellschaft als Korrektiv der von den Parteien in Beschlag genommenen und dann auch so genannten Parteiendemokratie in bundesrepublikanische Wirklichkeit umzusetzen. Sporadische und vergleichsweise populäre Einzelaktionen, wie das erfolgreiche Bürgerbegehren zur Reform der Politikfinanzierung, reichen dazu nicht aus. Dafür sehe ich unter folgenden Voraussetzungen gute Erfolgschancen:

Es müssen sich Männer und Frauen aus allen politischen Lagern zusammenfinden, die sich über die Hauptursachen der schwelenden Akzeptanzkrise einig sind und entschlossen, einem weiteren Abdriften nicht länger tatenlos zusehen zu wollen. Mögen sie in politischen Einzelfragen auch unterschiedlicher Meinung sein und unterschiedliche Parteien wählen, wenn und solange sie die Sorge und Mitverantwortung für die Funktionsfähigkeit, das Ansehen und die Glaubwürdigkeit der demokratischen Staats- und Gesellschaftsform verbindet, können ihre gemeinsamen Aktionen sehr wohl zur Überwindung der Akzeptanzkrise beitragen.

Solche Aktionen müssen sorgfältig vorbereitet, begründet

und von verantwortungsbewußter Aufklärung begleitet werden. Bei aller Kritik dürfen weder Neidkampagnen noch Anti-Parteien- Emotionen geschürt werden.

Die Vorhaben und die Vorgehensweise werden von Fall zu Fall unterschiedlich sein. Hierfür gibt es viele Möglichkeiten der Einflußnahme. Von der reinen Unterschriftensammlung für eine Petition, über Befragungen von Politikern, Recherchen, vergleichenden Untersuchungen bis zu Gesetzesinitiativen, oder auch Ermutigung und Unterstützung von Reformbemühungen von Parteien, in Parlamenten und/oder Einzelkämpfern. Und das auf allen Ebenen, in denen Parteien bisher das Sagen haben, von der Kommune über die Länder- zur Bundesebene, später einmal vielleicht auch auf europäischer Ebene.

Nicht zu vergessen ist die Pflege und Gesundung unserer reichlich verwilderten demokratischen Kultur und der vernachlässigten demokratischen Erziehung von Jugend an, wofür die Vorbildfunktion der Politiker – im guten wie im schlechten – eine wichtige, manchmal entscheidende Rolle spielt. Kurz und gut: Es gibt viele, noch gar nicht systematisch erprobte Möglichkeiten, mit denen die verantwortlichen Parteien und Politiker von einer wachsamen Bürgergesellschaft zur Besinnung gebracht und im guten Sinn »unter Druck gesetzt« werden können.

Struktur und Selbstverständnis der Bürgergesellschaft als Organisation stelle ich mir als einen flexiblen Verbund vor, in dem – abgesehen von der verbindenden gemeinsamen Zielsetzung – durchaus auch bisher getrennt agierende Bürgerinitiativen unter einem gemeinsamen Dach Rückhalt und organisatorische Hilfe finden können.

Alles in allem muß eine solche Gesellschaft ein Forum für Bürger – hoffentlich bald auch für Politiker – werden, die sich nicht mit Klagen und Schuldzuweisungen begnügen, sondern zu verbindenden Aktionen in Sachen Bürgerdemokratie bereit sind. Daß dazu Zivilcourage vor Politikerthronen erforderlich ist, desgleichen Rückhalt und Solidarität untereinander, sei der Vollständigkeit halber ebenso erwähnt, wie Abstriche von Maximalforderungen und einige Quentchen Humor sozusagen als Elixier im Streite...

So ungefähr sieht meine Vision von einem Forum aus, in dessen Rahmen sich eine Bürgergesellschaft konstituieren und entfalten kann, die ernstgenommen, wenn nötig gefürchtet wird: Weder Phantom noch Papiertiger, sondern ein demokratisches Gewicht, das auf der politischen Waagschale zählt. Denn: Alle Staatsgewalt geht vom Volke aus, und die Bürgergesellschaft muß dafür sorgen, daß sie dorthin auch wieder zurückkehrt!

---

1 Über alle drei der hier nur skizzenhaft umrissenen Ursachen für die Kreislaufstörungen im Regelwerk demokratischer Abläufe gibt es eine reichhaltige Literatur, zu der ich meine eigenen Erfahrungen und Einsichten wiederholt beigesteuert habe: »Der freie Volksvertreter – eine Legende?« und »Der Politiker und sein Gewissen« – beide als Taschenbücher im Piper-Verlag erschienen.

Das Klein-Klein der Demokratie

Ein ostdeutscher Selbstverständigungsversuch

Friedrich Schorlemmer

Der Bundespräsident hat eine dringend nötige öffentliche Debatte über unsere Demokratie nach der Vereinigung angestoßen. Seine kritischen Beobachtungen mahnen uns alle zur Selbstbesinnung, und seine Anregungen können ein produktives Gespräch in Gang bringen. Was Bundestag und Bundesregierung in diesem großen Neuaufbau Deutschlands, der soviel Abbruch einschließt, weitgehend vermissen lassen, nämlich geistig-politische Orientierung, das hat der Präsident versucht.

Richard von Weizsäcker hat sich politisch eingemischt, damit sich wieder mehr Bürger einmischen. Er hat die Gründe für Parteienverdrossenheit aufgezeigt, damit sich das Verhältnis zwischen Parteien und Bürgern verändert und damit beide sich verändern. Wir Ostdeutschen – wir besonders – finden in seinen Ein-Würfen einen mitverstehenden Bürger, einen Anwalt unserer Sorgen und unserer Würde. Er hat für die Ost- wie für die Westdeutschen Partei ergriffen, indem er sie füreinander verständlicher macht, und hat die großen Schwierigkeiten und Versäumnisse bei der Herstellung der Einheit benannt, damit wir uns ihnen ehrlicher, offener, handlungs- und auch opferbereiter stellen.

Wenn ich nun im Osten Deutschlands rückblicke auf diese zwei Jahre seit der Vereinigung, so kann ich nur paradox sagen: Es gibt keinen Grund zu mäkeln, aber viele Gründe zur Sorge. Es ist so unendlich viel geschehen, daß man seinen Augen kaum traut. Es wird überall gebaut. Unsere verfallenen Innenstädte bekommen eine unerwartete Chance. Zwischen Bitterfeld und Schkopau rauchen die giftigen Schornsteine nicht mehr. Auf stillgelegten Flächen entfaltet sich ungehemmt Natur. Im Buchladen ist alles bestellbar, während unsere Zeitungskioske nun auch »Bauchläden« sind. Kasernen und Truppenübungsplätze verschwinden wie der tosende Lärm der

Tiefflieger am Himmel. Die Aufmärsche haben aufgehört, wie der 95prozentige Organisierungsgrad.

Gleichzeitig gibt es wieder so viel neue Aussichtslosigkeit, Entmündigung und Unterordnung, Verlust der Arbeit und immer weitergehende Abwicklung. Ich will dem Einheitskanzler keine Böswilligkeit unterstellen. Aber ich sehe eine fahrlässige Gutwilligkeit: Er hat Hoffnungen geweckt, die nicht durch Fakten gedeckt, wohl aber durch Wiederwahlwünsche bestimmt waren. Die Enttäuschung, die er auslöste, hat er voll zu verantworten. Getäuschte und Enttäuschte sind doppelt resigniert.

Die demokratische Aufbruchbewegung von 1989 in der DDR wollte die Parteiendemokratie der Bundesrepublik keines falls kopieren. Im Frühjahr 1990 kam der Parteienwahlkampf der BRD jedoch ziemlich bedenkenlos über uns und ebnete alles flugs in das bekannte Schema ein. Jeder suchte sich eine »Schwester«-Partei, was in vielem geradezu grotesk wirkte. Das irritierte »Wahlvolk« (40 Jahre 98prozentig gebeugt) hielt sich an das, was es aus dem (West-)Fernsehen kannte und wählte den, der »den Schlüssel zur Kasse« hatte. Wir Ostdeutschen hatten große – zu große – Hoffnungen auf die Demokratie. Statt dessen landeten wir sehr plötzlich in unproduktivem Parteienstreit westlichen Musters. Der Bundespräsident analysiert diese »Verwestlichung« der Politik bei uns richtig, wenn er sagt: »Die Fälle nehmen zu, in denen ein Antrag zunächst deshalb abgelehnt wird, weil er von der jeweils anderen Partei kommt.«

Die meisten glaubten der Demokratie der Parteien, nachdem sie durch die Diktatur der Partei betrogen worden waren. Die Parteien siegten über die Bürgerbewegungen. Die Parteien wurden verstanden als Dienstleistungseinrichtungen für den Bürgerwillen. Der hatte sich kurzzeitig in den großen Massenversammlungen der Bürgerbewegungen Ausdruck verschafft. Aber sehr schnell kamen wir wieder in die Delegationsdemokratie. Alle, die sich – im Osten auch mit vielen Skrupeln – entschlossen haben, einer der demokratischen Parteien beizutreten und dort mitzuwirken, müssen sich nun sehr ernsthaft fragen – oder fragen lassen –, was in ihrer Partei selbstgefällig und faul, festgefahren und machtorientiert ist. Haben sie schon aufgehört, in der anderen Partei den anderen »Part«, den Teil eines gemeinsamen Ganzen zu suchen? Trachten sie auch schon zuallererst danach, dem parteipolitischen »Gegner« eine Schlappe beizubringen?

Gegenwärtig gibt es jedoch nicht nur eine Parteienverdrossenheit, sondern insgesamt eine Politikverdrossenheit. Sie hat viele, widersprüchliche Gründe, die nach meinem Eindruck mit der Komplexität unserer Weltlage zu tun haben.

Im Osten der Republik geht die Resignation soweit, daß viele Parlamentarier heute schon sagen, sie würden sich keinesfalls für die nächste Legislaturperiode zur Wahl stellen. Die Mitgliederzahl der Parteien stagniert. Das Image der Politiker schwindet in dem Maße, in dem sie sich mehr um ihre Diäten und die Skalen des Politikbarometers als um die Probleme zu sorgen scheinen. Einige neue Gruppierungen versuchen, mit ziemlich verkürzten Parolen, die vorhandenen Ängste und den wachsenden Zorn in Politik umzusetzen. Das ist der Nährboden für einen neuen Rechtspopulismus. Dagegen brauchen wir den Einsatz von Mitbürgern, die – trotz der bisherigen Enttäuschungen – bereit sind, sich in ihrer privaten Zeit für das Gemeinwesen einzusetzen. Eine Demokratie ohne Demokraten, auch das ist eine der wieder oder auch neu zu lernenden Botschaften des Bundespräsidenten, führt zwangsläufig in die Zweiteilung von »oben« und »unten« – zurück in autoritären Strukturen.

In den Kommunen des Ostens stehen wir vor einer Herkulesarbeit. Wir wissen nur nicht, wo wir Herkules hernehmen sollen, der den Stall ausmistet. Denn es geht nicht nur darum, auszumisten, was an Zerrüttetem, Verfallenem, Zerstörtem, Zerbröseltem, Stinkendem zurückgelassen wurde, sondern wir müssen sehen, daß dies alles auch in uns selbst zurückgeblieben ist. Gleichzeitig müssen alle Probleme gelöst werden, die normalerweise im Laufe einer Generation anfallen. Was in einer ganzen Generation kaputtgemacht wurde (den vorangegangenen furchtbaren Zerstörungskrieg hinzugerechnet), sollen wir und wollen wir jetzt ganz schnell gutmachen. Ganz überzogene Erwartungen im Jahre 1990, die sich durch bestimmte Wahlaussagen in Wahlentscheidungen niederschlugen, wurden zum Teil jäh enttäuscht. Sitzen auf der schiefen Ebene von Enttäuschungen! Darum ist es natürlich, daß es innere Unruhe, Zerrissenheit, Gespaltenheit und Aggression gibt. Das entlädt sich vielfältig.

Demokratie aber ist nicht hierarchisch – Demokratie ist eine Sache des Querschnitts, nicht der Pyramide. So kann der Bürgermeister nur so viel tun, wie seine Mitarbeiterinnen und Mitarbeiter in den Ämtern zuarbeiten, wie das Parlament qualitätsvoll und realistisch beschließt und wie wir Bürger alle bereit sind, uns für gemeinsame Ziele einzusetzen, Schwierigkeiten gemeinsam anzupacken. Nur in dem Maße wird eine Stadt leben, wie wir Bürger alle in den Gemeininteressen auch unsere Einzelinteressen sehen und wie wir unser Einzelinteresse in das Gemeininteresse einbringen. So gewinnen beide. Wenn man aber sagt »die Stadt«, dann distanziert man sich und fordert eine anonyme Größe allgemein heraus. Dadurch aber ändert sich nichts. Dadurch wächst nur die Stimmung der Unzufriedenheit und der Meckerei. Warum hören wir nicht auf, das Heil oder das Unheil »von oben« zu erwarten?

Die Demokratie lebt von offener Diskutierbarkeit gesellschaftlicher und persönlicher Probleme. Sie schafft sich dafür Institutionen, die die jeweiligen Interessen vertreten. Gewählte Parlamente schaffen auf den verschiedenen Ebenen die gesetzlichen Grundlagen für den Interessenausgleich. Die Entscheidungsfindung verläuft nach bestimmten Regeln, wobei die Gewaltenteilung in ständiger Gefahr ist. Korrumpierbarkeit einzelner Personen führt auch zur Korruption. Deshalb ist ständige geordnete Kontrolle nötig. Dazu braucht die Demokratie Opposition. Da es aber bei Problemen nicht nur um »Sachen« geht, sondern auch um Personen, werden Diskussionen auch unsachlich und emotional. Folgender Umstand verschärft das noch: Tief verunsicherte und besorgte Bürger begegnen überarbeiteten und überforderten Behörden. Die gegenseitige Überreizung ist vorprogrammiert. Überreizte Menschen sind aber wenig empfänglich für Kritik. So werden Diskussionen leicht destruktiv, Kritik schießt übers Ziel und trifft Menschen.

Wir sind aus einer Einheitsgesellschaft gekommen, in der Harmonie verordnet und in der so getan wurde, als wenn wir auf dem Wege zu einer sozialistischen Menschengemeinschaft seien, die sich »immer mehr entwickelt«. Jetzt zersplittert sich die Gesellschaft in viele kleine Interessengruppen. Die Demokratie besteht aus einem geordneten Interessenausgleich von gesellschaftlichen Gruppen, wobei wichtig zu sehen ist, daß es wirklich um einen Ausgleich geht und nicht um das Siegen der einen Gruppe über die andere. Besteht die Gefahr darin, daß die eine Gruppe nur noch ihr Interesse sieht und nicht das Interesse einer anderen, konkurrierenden Gruppe wahrnimmt? Beispiel: Arbeitsplätze für die Erweiterung eines Werkes und die Gärten, die dabei in Anspruch genommen werden sollen. Im Konfliktfall siegt häufig das Gefühl einer Gruppe über ihr Denken. Die menschliche Aufgabe ist aber die gegenseitige Durchdringung von Fühlen und Denken. Demokraten müssen in der Lage sein, aus der Sicht des anderen zu denken und zu verstehen, warum der andere anders denkt und anderes will. Es darf nicht von vornherein unterstellt werden, daß der andere nur mich niedermachen will. Er verfolgt *sein* Interesse, so wie ich das meine. Das ist die Ausgangslage, die ganz natürlich ist. Gefährlich wird es nur dann, wenn ich dem anderen nur Böses unterstelle, es aber nicht sage, und der andere auch mir dann nur Böses unterstellt. Das geht bis ins Parlament hinein.

In einer Gesellschaft, in der Meinungsfreiheit herrscht, kann jeder veröffentlichen, was er denkt. Und dabei passiert es dann, daß die Öffentlichkeit gern zuschaut, wie durch Veröffentlichung Menschen vorgeführt, schlechtgemacht, niedergemacht, mürbe gemacht oder gar öffentlich niedergetreten werden. Hier vollzieht sich eine zweifelhaft Entlastung eigener Aggression, Wut, Enttäuschung, Trauer, die sich an einzelnen entlädt. Dieser Mechanismus ist so alt wie der Mensch. Und dennoch haben wir die Möglichkeit, diesen Mechanismus zu durchschauen und ihm zu widerstehen. Andererseits kann man mit dieser Neigung zu Klatsch und Tratsch, besonders über Menschen, die in der Öffentlichkeit stehen, Geschäfte machen. Wenn Medien nach der Devise verfahren, daß eine schlechte Nachricht eigentlich eine gute Nachricht ist – weil sich eine schlechte Nachricht, geschickt aufgemacht, auch noch gut verkaufen läßt. Es gibt eine Art Ergötzen der Menschen an schlechten Nachrichten über andere. Während früher nur das »Positive« genannt wurde, das gar nicht positiv war, so neigt man heute dazu, nur das Negative zu sehen und nennt es Kritik. Es kommt eine geradezu panische Angst auf, etwas Positives zu benennen, weil das ja dann so ähnlich klingen würde wie die Verlogenheit von früher. Aber nur die differenzierte Darstellung der Wirklichkeit kommt der Wirklichkeit nahe und hilft uns schließlich auch am besten weiter. Alles andere führt nur zu unfruchtbarer Spaltung und Verschiebung des Problems auf die menschliche Konfliktebene. Es darf nicht zu einem Denunziationsklima kommen, in dem alle über alle Böses sagen, oder alle von allen das Schlechteste denken, besonders aber von denen, die politische Verantwortung übernommen haben.

Gegenwärtig besteht die große Gefahr, daß noch mehr Menschen sich aus der öffentlichen Verantwortung zurückziehen, weil sie das Gefühl bekommen, daß das alte Sprichwort auf sie zutrifft, »Undank ist der Welt Lohn«. Jeder Mensch braucht auch Anerkennung und Dank für das, was er tut. Eine Kritik, die berechtigt ist und die gleichzeitig darauf zielt, das Kritikwürdige zu verändern und nicht den Kritikwürdigen zu beseitigen, ist notwendig. In der Demokratie wäre es der Idealfall, wenn jeder Bürger sich fragen würde, wieviel Zeit er bereit ist, sich für Interessen einzusetzen, die über seine ureigensten privaten Interessen hinausgeht. Dies kann ein Engagement in einem Verein, in einem Wohlfahrtsverband, in einer Bürgerinitiative, in einer Partei, in einem Ausschuß sein. Das kann entweder auf längere Zeit und verbindlich oder auf kürzere Zeit projektbezogen geschehen. Gegenwärtig haben die meisten von uns so viel mit der Klärung ihres eigenen familiären, beruflichen oder betrieblichen Aufgaben- und Pflichtenfeldes zu tun, daß kaum Kraft und Zeit zu bleiben scheint. Das aber führt dazu, daß es im Gemeinwesen zu wenig an Infrastruktur, an Kommunikation, an Lebendigkeit, an Initiative gibt. So kommt es zu dem Ergebnis, daß zu wenige Menschen für zu viel verantwortlich sind und dann auch verantwortlich gemacht werden. Man wirft also denen, die überfordert werden, vor, daß sie sich überfordert hätten. Dabei werden sie auch deshalb überfordert, weil sie nicht genügend Unterstützung gefunden haben. Wir alle sollten, bevor wir scharf kritisieren, auch überlegen, wo es nötig ist, Nachsicht zu üben. Das gelingt immer am besten, wenn man vorher einmal in seinen Spiegel geschaut hat.

Unsere Demokratie braucht in diesem Sinne mehr Demokraten, politikbereite Menschen, die sich der lohnenden Mühsal des Aufbaus widmen. Die Demokratie lebt vom Kleinklein der Strukturen – sie geht kaputt im Klein-Klein der Konflikte.

Die Krise der Politik

Den Leuten nicht nur nach dem Munde reden

Hubert Kleinert

Fast alles, was mit Politik und vor allem mit Parteien zu tun hat, wird derzeit der Kritik unterzogen: Politik ist »out«, die Politikerkaste sogar »mega-out«. Es hat den Anschein, als sei die Stunde des antiinstitutionellen Populismus gekommen. Von rechts bis links – im Fadenkreuz der Angriffe stets die »etablierten Parteien«. Und seitdem selbst der Bundespräsident »Machtversessenheit und Machtvergessenheit« bei den Parteien ausgemacht hat, können sich die Kritiker auch auf höchste Autoritäten berufen[1].

Wir befinden uns mitten in der tiefsten Krise der Politik in der Geschichte der Bundesrepublik[2]. Wer genau hinhört, was der deutsche Stammtisch derzeit redet, wird kaum die vordergründige Genugtuung mancher Grüner über die wachsende Bindungsschwäche der Großparteien nachvollziehen können. Wenn die *Frankfurter Allgemeine Zeitung* schemenhaft bereits die Gespenster von Weimar auftauchen sieht, mag das noch für eine Übertreibung gehalten werden. Solche Vergleiche hinken immer. Aber nie zuvor in den vergangenen Jahrzehnten sind Politik und die Politiker derart in Verruf geraten wie zur Zeit.

Gerne wird das Gebaren der Politiker selbst mit dieser Krise in Verbindung gebracht. Aber sind es wirklich die Politiker, neuerdings gerne die »Politische Klasse«[3] genannt, die mit Pöstchenwirtschaft, diversen Skandalen und Skandälchen, mit Seilschaftsbildungen, Cliquenwirtschaft und »hemmungsloser Selbstalimentierung« die Krise ausgelöst haben?

Einen anderen Zugang böte die Politik der Bundesregierung, verkörpert in der Person und politischen Ausstrahlung des Bundeskanzlers. Ist es vielleicht der politische Stil der Ära Kohl, dessen Reduktion des Politischen auf den bloßen Machtpragmatismus zum Zwecke der Machterhaltung nach der historischen Ausnahmesituation der deutschen Einheit mittlerweile längst wieder sichtbar geworden ist und in einer Zeit der dramatischen Umbrüche viel gewichtiger und abschreckender zu Buche schlägt als in den vergleichsweise ruhigen Zeiten der alten Bundesrepublik?

Auch strukturelle Erklärungsmuster werden angeboten. Ist am Ende die Politik in den modernen Parteiendemokratien überfordert mit den unterschiedlichen Leistungsanforderungen, die heute an sie gestellt werden? Haben gar die historischen Umbrüche am Ende der achtziger Jahre zwar keine der euphorischen Zukunftshoffnungen erfüllen können, dafür aber eine elementare Schwäche der westlichen Parteiendemokratien kenntlich werden lassen? Schwächen, die als Kehrseite von gesellschaftlichen Individualisierungsprozessen und der partizipativen Anspruchsrevolution schon länger existierten, aber in den verhältnismäßig ruhigen achtziger Jahren kaum breiter ins öffentliche Bewußtsein traten.

Oder hat sich vielleicht mit dem Fortfall des ideologischen Hauptgegners im Osten bloß die disziplinierende Kraft einer bipolaren Weltordnung verbraucht? Demnach wären die beobachtbaren partikularen und anomischen Tendenzen eine Folge von Verunsicherung und Überforderung in der Gesellschaft, die ihrerseits ein Ergebnis der »Neuen Weltordnung« darstellten.

Alle Analysen greifen zu kurz, die die Krise der Politik allein als Krise des handelnden politischen Personals, des aktuellen Agierens der politischen Parteien oder gar einer besonders abschreckenden Anspruchsmentalität der Politiker verstehen. Umgekehrt darf allerdings die Analyse längerfristig wirksamer Tendenzen und struktureller Probleme der Demokratieentwicklung den Blick nicht verstellen auf die singulären Protest- und Verdrossenheitsanlässe, die durch das wahrgenommene Agieren der politischen Klasse in Deutschland ausgelöst werden.

Schon ein flüchtiger Blick auf das westliche Ausland zeigt, daß es sich bei dem Bedeutungsverlust der Großparteien keineswegs um ein spezifisch deutsches Phänomen handelt. In fast allen hochentwickelten Industriegesellschaften des Westens mit funktionierender Parteiendemokratie ist seit längerem ein Rückzug der integrativen Kraft der großen »Volksparteien«

und des etablierten Parteiensystems zu beobachten. Dies gilt für Italien und Frankreich ebenso wie für kleinere Länder, etwa Belgien oder Österreich. Der Rückgang der Wahlbeteiligung ist ebenso ein internationales Phänomen wie das Auftreten neuer Rechts- und Regionalparteien und ihre zum Teil beachtlichen Erfolge. Le Pen in Frankreich, Jörg Haiders FPÖ in Österreich, der Vlaams Blok im flämischen Teil Belgiens, die Lega Lombarda in Italien und die Autofahrerpartei in der Schweiz – der Nährboden für diese Parteien ist ebenso vergleichbar wie ihre besonderen Eigenheiten. In der Sozialwissenschaft ist bereits von den neunziger Jahren als dem »Jahrzehnt des Rechtspopulismus« die Rede[4]. Das Management der deutschen Einheit allein kann es demnach kaum sein, was die derzeitige Krise hervorgebracht hat.

In den sozialwissenschaftlichen Analysen und Krisendiagnosen vor einem Jahrzehnt wurde der Aufstieg grüner und linksliberaler Parteien in Verbindung gebracht mit gesellschaftlichen Desintegrationsprozessen, die alle hochentwickelten Industriegesellschaften beträfen: Die fortschreitende Lockerung traditioneller Parteienbindungen, die Erosion subkultureller, gewerkschaftlich oder konfessionell geprägter politischer Lager und Milieus, der Individualisierungsprozeß mit seinem Verlust an Traditionsbindung und der Zunahme rein kontextorientierter Verhaltensdispositionen[5]. Von diesen Tendenzen profitierten damals die Grünen und ihnen verwandte politische Kräfte. Heute sind es die Rechtsparteien, oder die Proteststimmung fällt gar ganz in ein politisches Vakuum und findet im Gegensatz zu den frühen achtziger Jahren überhaupt keinen politischen Katalysator.

»Vorangetrieben wurde dieser Prozeß vor allem durch die Bildungsexplosion der vergangenen zwei Jahrzehnte, die eine Generation jüngerer Bürger mit formal hoher Bildung und dezidiert postmaterialistischen Werten hervorbrachte. Aufgewachsen im Wohlstand, ist diese Generation der heute Dreißig- und Vierzigjährigen mehr an Selbstverwirklichung und politischer Partizipation als an Vermehrung materiellen Wohlstands interessiert.«[6]

Im Laufe der achtziger Jahre hatten diese Entwicklungen in

der alten Bundesrepublik wahlpolitisch nur insoweit interessante Auswirkungen, als es zu Konkurrenz und Wähleraustausch zwischen SPD und Grünen kam. Die in diesem Wähleraustausch zu beobachtenden Schwankungen lassen sich auf das Zusammentreffen von politisch-programmatischen Neuorientierungsversuchen bei der SPD einerseits und diversen Unklarheiten über das künftige Profil der Grünen andererseits zurückführen.

Die Union sah sich erst durch den Erfolg der »Republikaner« bei den Wahlen zum Abgeordnetenhaus von Berlin im Januar 1989 ernsthaft mit den wahlpolitischen Konsequenzen ihrer abnehmenden Integrations- und Bindungskraft konfrontiert. Dabei zeigt eine Gesamtbilanz, daß beide Großen, CDU/CSU und SPD, im Laufe der achtziger Jahre in der Addition ihrer Stimmenergebnisse stetig verloren haben. Die in der Demokratietheorie so plausible Annahme, daß im funktionierenden Parteienwettbewerb die Schwäche der Regierung zugleich die Stärke der Opposition sein müsse, traf schon seit längerem immer weniger zu.

War bis zum Januar 1989 allein die SPD von den wahlpolitischen Konsequenzen dieses Desintegrationsprozesses betroffen gewesen, so verdeutlichte der Berliner Wahlerfolg der »Reps«, daß jetzt auch die Union strukturell vergleichbare Integrationsprobleme bekam – auf der anderen Seite des politischen Spektrums, wo die Opfer der mit dem gesellschaftlichen Modernisierungsprozeß verbundenen Individualisierung auf einen »Verlust lebensweltlicher Sicherheit und Stabilität« mit einer wachsenden Neigung zu rechtspopulistischen Kräften reagieren«[7].

Die deutsche Einheit, für Kanzler Kohl und die Union wahlpolitisch ein Glücksfall, hat diese Entwicklung nur zeitweise überlagert. Schon im Verlaufe des Jahres 1991 begann sich die parteipolitische Konstellation des Jahres 1989 wiederherzustellen. Jetzt ist »der Wiedervereinigungseffekt beendet«[8] und die »Fragmentierung« anscheinend nicht mehr aufzuhalten.

Kein Urteil über Politik ist derzeit verbreiteter als die Ansicht, Politiker würden zwar viel reden und vor allem streiten, aber letztlich nichts bewegen. Allenfalls bewegten sie sich für sich selbst und die Interessen ihrer Parteien. Auch diese Meinung kann sich auf ehrenwerteste Zeugen berufen. Kein Geringerer als der Bundespräsident hat über den modernen Politikertypus das harte Urteil gefällt, hier sei vor allem ein »Generalist mit dem Spezialwissen, wie man politische Gegner bekämpft«[9] gefragt. Diese Wahrnehmung in breitesten Kreisen der Gesellschaft speist sich aus dem phänomenologisch keineswegs falschen Eindruck, daß die Politik heute, gemessen am Handlungsdruck über die dramatische Veränderung der internationalen Realitäten und vor allem angesichts der ganz realen Ängste der Menschen, relativ wenig zustande bringt, dabei aber viel Lärm macht.

Diese Sicht der Dinge ist derart weit verbreitet, daß einer wachsenden Zahl von Politikern dazu nur einfällt, in aller Öffentlichkeit Klage zu führen, daß die Politik und die Politiker mit Ansprüchen überzogen würden, die gar nicht einlösbar seien. Die Wähler mögen doch bitte begreifen, daß Politik gar nicht all das könne, was von ihr verlangt werde.

Verständlich mag eine solche Reaktion wohl sein, intellektuell redlich ist sie auch; doch überzeugend nicht. Die Wähler werden kaum Verständnis dafür aufbringen, wenn ihnen die Gewählten klarzumachen versuchen, daß sie eigentlich gar nicht viel bewegen können. Warum sollten die Menschen Repräsentanten wählen, die von vornherein eingestehen, daß von ihnen nicht besonders viel zu erwarten sei?

Die Klagen über die abnehmende Handlungs- und Gestaltungskraft in der Politik sind alles andere als neu. In der Wissenschaft ist schon in den siebziger Jahren eine Tendenz zur »Reduktion der Politik auf Symbolik« diagnostiziert worden[10]. Die westlichen Parteiendemokratien haben ein immer stärker ausdifferenziertes, hochkomplexes Institutionengefüge hervorgebracht, das in der Summe der Handlungen einer Vielzahl unterschiedlicher Akteure eine wachsende Unbeweglichkeit des Gesamtsystems produziert. Vergröbernd könnte man sagen: Eine immer größere Zahl von Beteiligten produziert auf den verschiedensten Ebenen von Politik, Verwaltung und Rechtsprechung immer mehr Lärm. Erreicht wird in der Sache durch die wachsende Lautstärke verhältnismäßig wenig. Weil dies so ist, flüchtet sich die Politik in wachsendem Maß in Symbolhandlungen, was wiederum den Gesetzmäßigkeiten der Mediendemokratie entgegenkommt. An die Stelle der Handlung tritt die Demonstration von Nachdenklichkeit, die Versicherung, daß das Problem ernstgenommen werde usw.

Zur Analyse dieser abnehmenden Gestaltungskraft der Politik bieten sich im Prinzip zwei verschiedene Zugänge an: Der eine sähe hier eine elementare Schwäche der Politischen Klasse, die versage, weil sie pflichtvergessen vor allem ihre eigenen Interessen im Auge habe und sich dazu auch noch weithin damit begnüge, schon vorhandene Einstellungen in der Gesellschaft hinterherzulaufen, ohne selbst einen ernsthaften Versuch zu unternehmen, steuernd und orientierend einzugreifen. Auch hier ließe sich Richard von Weizsäcker anführen, der die konzeptionelle Schwäche der Politik heute so ausgedrückt hat: »Wir leben in einer Demoskopiedemokratie. Sie verführt die Parteien dazu, in die Gesellschaft hineinzuhorchen, dort die erkennbaren Wünsche zu ermitteln, daraus ein Programm zu machen, dieses dann in die Gesellschaft zurückzufunken und sich dafür durch das Mandat für die nächste Legislaturperiode belohnen zu lassen ... Es handelt sich um einen Kreislauf, bei dem die politische Aufgabe der Führung und Konzeption zu kurz kommt.«[11]

Gleichwohl ist doch davon auszugehen, daß bei der Analyse der Ursachen für abnehmende Handlungs- und Gestaltungskraft der Politik weniger die subjektive Seite der Selbstgenügsamkeit und »opportunistischen Anpassungsbereitschaft« der Akteure, um so mehr aber die strukturelle Seite von Belang ist. Wir haben es hier mit der Kehrseite jenes gesellschaftlichen Demokratisierungsprozesses zu tun, der seit mehr als zwanzig Jahren einen beachtlichen Gewinn an individueller Entscheidungsfreiheit für den einzelnen hervorgebracht hat. Die partizipative »Anspruchsrevolution« hat die Kosten für die Legitimationsbeschaffung bei politischen Entscheidungen einschneidender Art erheblich ansteigen lassen. Zugleich nimmt die Bereitschaft zur fraglosen Akzeptanz der Entscheidung übergeordneter Ebenen und Entscheidungsinstanzen ebenso ab wie der Sinn für formalisierte Sozialbeziehungen überhaupt. Das alles führt zu einer weitreichenden »Demokratisierung des Alltagslebens«, die auch in die Institutionen hineinreicht.

Selbst innerhalb der politischen Eliten erstaunlich gering verbreitet ist die Einsicht, daß alle demokratische Politik mit einem Antagonismus von Legitimität und Effizienz zu tun hat. Die Gestaltungsschwäche der Politik ist auch der Preis, den die Gesellschaften des Westens für ihren hochgradigen Pluralismus von Interessen, Auffassungen und Lebensstilen zu zahlen haben. Fraglich ist im Grunde vor allem, ob unter den schwierigen Bedingungen der neunziger Jahre das Demokratisierungsniveau der achtziger Jahre gehalten werden wird.

Auch wenn die Gestaltungsschwäche der modernen Politik nicht in erster Linie ein Problem der Politiker ist, so ist der politischen Klasse doch Unehrlichkeit, Mutlosigkeit und Opportunismus vorzuhalten. Berechnende Unehrlichkeit, die sich allenfalls kurzfristig auszahlt, am Ende aber sehr viel zerstört – das Musterbeispiel dafür hat in der deutschen Politik Helmut Kohl mit seinen Versprechungen zur wirtschaftlichen Entwicklung im Osten geliefert. Der Glaubwürdigkeitsverlust, den dies die Politik insgesamt gekostet hat, ist kaum zu ermessen.

Ein so sensibler Beobachter der gesellschaftlichen Entwicklung wie Hans Magnus Enzensberger hat den Bedeutungsverlust des Politischen schon vor gut fünfeinhalb Jahren herausgestellt – und sich darüber linkslibertär gefreut[12]. Das war Mitte der achtziger Jahre und damals schon deshalb ein leicht erträglicher Standpunkt, weil es – vom Thema Ökologie einmal abgesehen – hierzulande keinen wirklich dramatischen Handlungsbedarf für die Politik in den Grundfragen der gesellschaftlichen Entwicklung gab. Bei insgesamt prosperierender Entwicklung der Gesellschaft mußte der wachsende Ersatz der politischen Handlung durch die politische Symbolik nicht weiter störend ins Gewicht fallen. In den achtziger Jahren konnte es sich diese Gesellschaft problemlos erlauben, den politischen Zukunftsdiskurs weitgehend auf die Ebene von Talk-Show-Unterhaltung abgleiten zu sehen. Jetzt aber ist es nicht mehr möglich, sich mit dem Enzensberger des Jahres 1987 einfach darüber zu freuen, daß die Politik zusehends in die Gesellschaft »zurückwächst«.

Das Ausmaß der Krise der Politik hierzulande ist nur vor dem Hintergrund der welthistorischen Umbrüche am Ende der achtziger Jahre zu verstehen. In diesen Umbruchzeiten dringt ins allgemeine Bewußtsein, wie begrenzt die Möglichkeiten der Politik in einer hochkomplexen modernen Dienstleistungsgesellschaft mit komplizierten Institutionengefügen und sich pluralisierenden Normen- und Wertesystemen sind.

Peter Glotz hat in der »Neuen Gesellschaft« Elisabeth Noelle-Neumann zitiert: »Für die Demokratie ist nichts gefährlicher als die Kombination von anschwellenden Ängsten, die aus den unmittelbaren Erfahrungen des Alltags rühren, und dem Eindruck, daß die Politiker nichts tun wollen oder sich nicht zu helfen wissen.«[13] Tatsächlich liegt hier der Punkt, an dem sich die strukturellen Ursachen für die wachsenden Schwierigkeiten demokratischer Konsensfindung in dieser besonderen historischen Konstellation zu einem gefährlichen Syndrom von politischer Apathie, rechtspopulistischer Aggression und gutgemeinter, aber blauäugiger Institutionenkritik von links auswachsen können.

Zwei Jahre nach dem Vereinigungsjahr 1990 spürt jeder die Tiefe der historischen Veränderungen, die seit 1989 eingetreten sind. Der in der alten Bundesrepublik lange unternommene Versuch, die neuen Realitäten schlicht nicht wahrhaben zu wollen, erweckt bei den Wählern das Empfinden, mit einer Vielzahl von Ängsten und Problemen alleine gelassen zu sein, zu denen den Politikern anscheinend nichts einfällt. Jetzt geht es den Politikern so wie dem Kaiser in dem Märchen von den neuen Kleidern: Plötzlich steht die Politik nackt da, wirken viele ihrer Exponenten allzu selbstgefällig und geradewegs so, als lebten sie noch in der betulichen alten Bundesrepublik und nicht inmitten eines riesigen Handlungsdrucks, der die alten Rituale der Politik via Medienpräsentation ebenso überprüfungsbedürftig werden läßt wie das eingefahrene Streitritual im Bonner Bundestag.

Angesichts der Tiefe des historischen Einschnitts sind die

anscheinend unlösbaren Fragen der Finanzierung der Folgen der Einheit und die Rückwirkungen auf die staatliche Finanzpolitik insgesamt fast noch Probleme mikropolitischer Art. Hinzu kommen wachsender Zuwanderungsdruck von außen, ein emotions- und kostenträchtiger Punkt, bei dem sich niemand einbilden möge, in den kommenden Jahren sei Entspannung zu erwarten; das Aufbrechen eines ethnozentrierten neuen Nationalismus im Osten, der inzwischen wieder Kriege mitten in Europa möglich werden läßt, zu denen dem Westen bisher nicht viel mehr eingefallen ist als eine Demonstration der eigenen Ohnmacht; schließlich das heikle Thema europäische Einigung.

Daß in einer solchen Umbruchzeit viele Menschen verunsichert sind, nach Orientierung suchen und dabei Ansprüche und Bedürfnisse an die Politik formulieren, ist nur naheliegend. Daß die Politik dem so wenig abhelfen kann, trägt mehr zur Parteien- und Politikverdrossenheit bei als jene Unzahl von Diskussionen über Politikereinkommen, die zur Zeit überall geführt werden.

Von der Politik gefordert ist nichts weniger als eine Renaissance konventioneller politischer Tugenden: Sinn für die Politik als »Kunst des Möglichen«, Orientierung auf sachliche Problemlösung, Fähigkeit zur Konsensstiftung, Begrenzung der marktschreierischen medialen Streitdramaturgie der heißen Stühle. Es mag ja sein, daß die Politiker einer Gesellschaft letztlich mehr oder weniger hilflos ausgeliefert sind, die sich weigert, von der eigenen Vergötterung des Besitzindividualismus zu lassen. Aber daß sie, statt wenigstens den Versuch zur steuernden Einflußnahme zu wagen, mutlos resignieren oder dem vermeintlichen Massengeschmack nachrennen – das kann man ihnen schon vorwerfen.

Daß das schlechte Management der deutschen Einheit zumindest mit dem Ausmaß zu tun hat, das die Krise der Politik hierzulande angenommen hat, liegt auf der Hand. Daß Kohls »Steuerlüge« und all die anderen Versprechungen im Jahr der Einheit dazu beigetragen haben, daß die Politik an Glaubwürdigkeit eingebüßt hat, läßt sich kaum bestreiten.

Aber nicht nur wegen dieser Fehler und Fehleinschätzungen, die Kohls Amtsvorgänger im Frühjahr zu dem Urteil veranlaßt haben, »dieser Mann kann es nicht«, hat die Ära Kohl mit dem zu tun, was hier als ein Syndrom aus Politik- und Parteienverdrossenheit bezeichnet worden ist.

Das Politikideal, das von diesem Bundeskanzler seit fast einem Jahrzehnt repräsentiert wird, ist auf einen rein machtpolitisch angelegten Pragmatismus reduziert, den man als »Machtpragmatismus pur« bezeichnen kann und der seine Ausstrahlung in die Gesellschaft hinein keineswegs verfehlt. Politik wird zur bloßen Taktik, die Macht vor allem um ihrer selbst willen angestrebt, entleert jeder inhaltlichen Botschaft und ohne jede visionäre Kraft. Wo eine Politik derart wenig konzeptionellen Geist atmet und die überzeugende Idee so sehr vermißt wird, kann, da muß sich dem Bürger der Eindruck vermitteln, der Sinn dieser Politik bestünde letztlich im bloßen Machterhalt der Regierenden selbst.

Hätte es den historischen Glücksfall der deutschen Einheit nicht gegeben, die dem Kanzler den Platz in den Geschichtsbüchern sichert, wüßte nach einem Jahrzehnt der Regierung Helmut Kohl kaum jemand so recht, weshalb dieser Mann eigentlich so lange Kanzler sein mußte. Am Anfang hat er die konservativen Geister enttäuscht, die vergebens auf die geistig-moralische Wende gehofft hatten. Sie blieb aus, weil der Kanzler mit einigem Gespür für den liberalen Zeitgeist erkannt hatte, daß es an dieser Stelle machtpolitisch nicht viel zu holen gab. Also ließ der Kanzler die liberalen CDU-Modernisierer gewähren. Als dann Geißler überzog und gegen Kohl Front machte, wechselte dieser die Pferde und zog seinen Generalsekretär aus dem Verkehr. Inhaltlich begründet war da gar nichts, es zählte allein das machtpolitische Kalkül.

Als Kohl die deutsche Einheit mehr oder weniger wie eine reife Frucht in den Schoß fiel, bewies er immerhin so viel Geschick, daß er zur rechten Zeit auf den immer schneller fahrenden Zug aufzuspringen und den Part des Lokführers zu übernehmen verstand. Mit dem Glücksfall der Vereinigung bekam er Gelegenheit, die Vorteile seines Amtes voll auszuspielen und sein Mandat in eine dritte Amtszeit hinein zu verlängern.

Jetzt ist auch diese Phase abgeschlossen und der Kanzler von den schnöden Alltagsrealitäten seiner an vielen Stellen gar nicht glänzend gemachten Einheit eingeholt. Nun öffnet sich nach dem kurzen Jahr der Kohl-Bewunderung als »Kanzler der Einheit« wieder der Blick des Bürgers auf den »Aussitzer« und reinen Machtpragmatiker Kohl.

Der Mangel an politischer Perspektive, der kennzeichnend ist für die Ära Kohl, ist sicher nicht die Hauptursache für die derzeitige Krise. Wenn es so wäre, dürften die Krisenphänomene im internationalen Vergleich nicht so viele Ähnlichkeiten aufweisen. Dennoch trägt dieser politische Stil zur Problemverschärfung bei. Wo Politik den Menschen nicht vermitteln kann, wozu sie gemacht wird außer zum Zwecke der Machterhaltung für jene, die die höchsten Ämter innehaben, darf sich niemand wundern, wenn Glaubwürdigkeitsprobleme entstehen. Solange dieser Kanzler bleibt, wird es der Politik in Deutschland schwerer fallen, aus dem Glaubwürdigkeitsloch herauszufinden.[14]

Im Mittelpunkt der derzeitigen Debatte über die Krise der Politik steht die »Politische Klasse«[15]. Zahllos sind die Klagen über den angeblichen Niveauverlust beim politischen Führungspersonal, noch zahlreicher die Attacken gegen Selbstversorgung, »Klüngelwirtschaft« und dergleichen. Das »politische Urgestein« der zweiten deutschen Republik sei inzwischen fast ausgestorben und wir bekämen nun die Folgen zu spüren – so eine verbreitete Auffassung. Da werden Erinnerungen an legendäre politische Führungspersönlichkeiten aus der Geschichte der Bundesrepublik beschworen. So gilt die SPD-Führungstroika aus den siebziger Jahren mit Brandt, Schmidt und Wehner mittlerweile als leuchtendes Vorbild für eine zu echter politischer Führung angeblich nicht so recht befähigte sozialdemokratische Enkelgeneration. Die Union schließlich habe nach dem Kanzler fast gar nichts mehr anzubieten. Statt knorriger Persönlichkeiten mit Schwere und Gewicht träten nur noch windschnittige Politangestellte ohne überzeugendes Profil auf.

Nicht nur die Generationenfrage wird in diesem Zusammenhang bemüht. Die Parteienherrschaft führe zu falscher

Personalauswahl, verhinderte das politische Engagement sachkompetenter Quereinsteiger und trage auf diese Weise zum Niveauverlust der Politik bei, so ein besonders populäres Urteil.

Schließlich geht es um die »Selbstbedienungsmentalität« der Politiker. Angefangen von Diätenregelungen über Übergangsgelder, Rentenansprüche bis hin zur Finanzierung von Parteien und Fraktionen steht zur Zeit fast alles am Pranger, was mit der materiellen Ausstattung von Politik zu tun hat. Dabei scheint die Erinnerung an diverse Diätenskandale zu belegen, daß die Politiker vor allem an ihrer eigenen, möglichst üppigen Selbstalimentierung interessiert seien.

Ist demnach die Klage über das politische Führungspersonal und die Selbstbedienungsmentalität nur die Wiederholung der immer gleichen Nörgelei über die Politiker und vor allem darüber, daß früher sowieso alles besser war? Ja und nein. Ja, weil es solche Klagen zu allen Zeiten gab und die Erinnerung manches verklärt. Nein, weil an der Kritik trotzdem etwas bleibt: Es fehlt an Typen, die sich einprägen, es fehlt an Persönlichkeiten. Zu viele wirken austauschbar, ein bißchen wie Politiker von der Stange.

Dies ist nicht den handelnden Personen vorzuhalten, auch nur sehr begrenzt den Auswahlmechanismen der Parteien. Eher schon geht es um die Gesellschaft, die diese Menschen geprägt und auch gewählt hat. Daß die Zahl der Persönlichkeiten abnimmt, wird auch in anderen Berufen beklagt: im Sport, in der Kunst und in der Wirtschaft.

Ganz sicher hat die Führungsfähigkeit des politischen Personals abgenommen. Mit steigender Tendenz neigen Politiker heutzutage dazu, ihre Urteile über sich selbst und ihre politische Leistung allein aus ihrem Spiegelbild in den Medien zu beziehen. Das nötigt zu Schnellschüssen und Spektakel, die zwar mitunter einigen Wirbel machen, dann aber oft auch schnell wieder vergessen sind.

Hinzu kommt der libertäre Zeitgeist. Wenn etwa der SPD-Vorsitzende Björn Engholm auf innerparteiliche Kritik an seinem angeblich zu laschen Führungsstil mit dem Hinweis antwortet, heutzutage könne ein SPD-Politiker eben nur noch moderieren, macht das klar, daß hier gesellschaftliche Veränderungen eine Rolle spielen.

Der Demokratisierungsschub der letzten zwanzig Jahre und der Einbruch der Mediengesellschaft haben die Ausübung von Macht und Führungskraft schwerer werden lassen. Macht und Führungskraft – sie leben auch vom Abstand, wohl auch vom Mythos. Die Veralltäglichung von Politik, ihre Entzauberung durch die unerbittliche Fernsehscheinwerferrealität – dies alles liefert nicht wenigen die Chance zum Auftritt und verhindert dabei doch die Entwicklung der großen »politischen Persönlichkeiten«, die derzeit so vermißt werden. Unter den Bedingungen der Mediengesellschaft ist das Wachsen der starken politischen Führungspersönlichkeiten jedenfalls schwerer geworden. Wer am liebsten jeden Winkel der Politik permanent medial ausgeleuchtet sehen möchte, darf nicht gleichzeitig »Größe« im Weberschen Sinne verlangen. Wer alles über Politik und die Politiker wissen will, erfährt auch ihre schnöden, schmutzigen und gemeinen Seiten – ganz wie im sonstigen Leben auch. Die Politiker sind im Durchschnitt nicht schlechter, aber eben auch nicht besser als die Gesellschaft, die sie hervorbringt und mit Mandaten versieht.

Die soziale Rekrutierung der Politiker ist in der Demokratie zu allen Zeiten ein ebenso heikles Problem gewesen wie das Thema »Politik als Beruf« überhaupt. Politik soll »professionell« gemacht werden, gleichwohl tut sich die Gesellschaft mit der Akzeptanz des »Politikerberufs« besonders schwer.[16] Umgekehrt steht außer Frage, daß die internen Auswahlmechanismen politischer Parteien nicht selten wenig flexibel und schwerfällig sind. Die »Ochsentour« von Bewerbern für Ämter und Mandate ist die Regel, Seiteneinsteiger haben es schwer.

Zum Rekrutierungsmechanismus der Politiker werden die verschiedensten Reformüberlegungen diskutiert: Nicht selten sind es Vorschläge, die in den achtziger Jahren in der einen oder anderen Form von den Grünen bereits ausprobiert worden sind. Diskutiert werden zum Thema Personalauswahl vor allem drei Vorschläge: die Einführung von »Primaries« nach amerikanischem Vorbild bei der Auswahl von Bundestags- und Landtagskandidaten, die Präsentation mehrerer Bewerber durch die Parteien, schließlich die Einführung eines rotierenden Systems, also eine Begrenzung der Mandatszeit auf eine maximale Zahl von Wahlperioden. Der Wissenschaftler Erwin K. Scheuch hat jüngst die inzwischen von den Grünen aufgegebene Position einer Beschränkung auf acht Jahre wieder aufgegriffen.

Ich halte alle drei Vorschläge für unpraktikabel und wenig sinnvoll. Die Einführung von »Primaries« mag bei besonders herausgehobenen Funktionen einiges für sich haben. Aber jeden Bundes- und Landtagskandidaten auf diese Weise auszuwählen, bedeutete eine enorme Überschätzung des Interesses, mit dem die Auswahl der »gewöhnlichen« Abgeordneten normalerweise rechnen kann. Im übrigen dürfte ein solches System eher den Amtsinhaber und damit gerade nicht den Wechsel begünstigen. Auch der Vorschlag, die Parteien mögen doch mit jeweils zwei Kandidaten vor die Wähler treten, liefert nicht den Stein der Weisen. Hier ist vor allem an die enormen politischen Kosten zu denken, die durch ein solches Verfahren entstünden. Die jeweiligen Parteigliederungen wären über längere Zeiträume durch den Wettkampf der betreffenden Kandidaten nahezu lahmgelegt. Und da der unterlegene Teil aufgrund des öffentlichen Wettbewerbs einen höheren Preis für seine Niederlage zu zahlen hätte, fiele der Konflikt vermutlich sehr viel härter aus.

An dieser Stelle muß dem wohlfeilen Urteil entgegengetreten werden, Absprachen und längerfristige personalpolitische Überlegungen seien in der Politik prinzipiell von Übel. Wer die praktischen Erfahrungen der Grünen bedenkt, wo die Gegenkandidatur nicht die Ausnahme, sondern die Regel ist und ansonsten eine ganze Reihe basisdemokratischer Experimente über ein Jahrzehnt praktiziert worden sind, wird kaum so blauäugig über Strukturreformen von Parteien urteilen können. Selbst die Furcht der Parteien vor Konkurrenzkandidaturen folgt nicht immer »niedrigen« Beweggründen. Da sich die mit harten Konkurrenzkämpfen stets verbundenen Verwerfungen in sozialen Organismen wie Parteien meist nicht begrenzen lassen und nach der Entscheidung weiterwuchern, ist es eher vernünftig, wenn Parteien einen Mechanismus entwickeln, der verschiedene Ambitionen möglichst konsensual zusammenbringen will. Sofern auf diese Weise die unterschiedlichen Ambitionierungen durch Kompromißbildung im Vorfeld abgefedert werden können – das gelingt allerdings immer weniger –, ist der so vermißten Handlungsfähigkeit der Politik am Ende viel mehr gedient.

Erst recht gilt dies für die Rotation. Auf diesem Gebiet gibt es keine besseren Experten als die Grünen, die über ein ganzes Jahrzehnt ihre Erfahrungen mit Theorie und Praxis des Rotationsgedankens in der Politik gemacht haben. Das Fazit von zehn Jahren läßt sich in wenigen Stichworten zusammenfassen: Die Zwangsrotation bringt keineswegs die angestrebte größere Offenheit und Transparenz. Umgekehrt zahlt die Organisation einen sehr hohen Preis: mangelnde Effizienz, übermäßige Konkurrenz innerhalb der Führungsgruppen, vermeidbare Verletzungen durch vorzeitige Personalwechsel, Heuchelei und Doppelmoral. Hinzu kommen die Probleme mit den Medien. Bekannte Gesichter sind nicht ohne weiteres austauschbar. Und die öffentliche Wahrnehmung eines politischen Gedankens ist nun zunächst einmal an die Plazierung der Sprecher im öffentlichen Diskurs gebunden.

Die Macht der Parteien in der Gesellschaft ist zu groß. Eine finanzielle Selbstbeschränkung von Parteien und ihrer Stiftungen tut not. Die Parteien sollten sich aus öffentlich-rechtlichen Rundfunkanstalten zurückziehen. Aber es sollte niemand daran übertriebene Erwartungen knüpfen: Die Krise der Politik heute liegt woanders begründet.

Natürlich muß auch über die Auswahl des politischen Führungspersonals nachgedacht werden. Die unerwünschten sozialen Selektionsmechanismen sind bekannt: Der Bundestag ist vor allem ein Parlament von Beamten und Rechtsanwälten. Daß diese Berufe so überrepräsentiert sind, hat einen ganz einfachen Grund: Angehörige des öffentlichen Dienstes können sich – wie vielleicht einige Freiberufler unter bestimmten Bedingungen (Anwälte einer Sozietät) auch – vergleichsweise gefahrlos für eine politische Tätigkeit auf Zeit entscheiden. Jedenfalls ist ihr persönliches und familiäres Risiko begrenzbar, wenn ihr Engagement nach einiger Zeit beendet sein sollte.

Für viele andere Berufsgruppen gilt dies nicht: Für sie steht der Rechtsanspruch auf den alten Arbeitsplatz eher auf dem Papier. Was soll denn ein Computerspezialist machen, der nach acht Jahren *fulltime*-Beschäftigung im Bundestag mit Fünfzig ausscheiden muß? Er hat beruflich längst den Anschluß verloren.

Dies mag zeigen, wie blauäugig und weltfremd es ist, wenn etwa Erwin K. Scheuch zwei Dinge auf einmal verlangt: Einmal soll der Politiker in seiner Mandatszeit nichts anderes tun. Demnach dürfte er seine berufliche Tätigkeit nicht weiter ausüben, auch nicht eingeschränkt. Gleichzeitig aber fordert Scheuch die Rotation der Abgeordneten. Daß nun das gerade nicht zusammenpaßt, liegt auf der Hand.

Wer die sozialen Selektionsmechanismen wenigstens begrenzen will, hat im Prinzip drei Möglichkeiten: Entweder den Politikern werden relativ großzügige Einkommens- und Übergangsregelungen angeboten, die das Risiko eines politischen Engagements auf Zeit abmildern. Dieser Weg ist in Deutschland gewählt worden, hat freilich eine Reihe von Mißbräuchen und Übertreibungen hervorgebracht, die den Politiker vorzuhalten sind. Eine zweite Möglichkeit der Politikerfinanzierung liefe auf den amerikanischen Weg hinaus. Dort haben wir – vereinfacht gesprochen – die Dauerrotation der Politiker in die Wirtschaft und umgekehrt. Dies führt zu einem politischen System, in dem die Politik von der Wirtschaft im Grunde ausgehalten wird.

Ein dritter Weg würde sich um die sozialen Selektionsmechanismen durch materielle Gratifikationen gar nicht weiter kümmern. In dieser Definition des Politikers wird über Geld nicht geredet, weil schon dies das idealistische Motiv verdunkelte. Dieser Weg führte geradewegs in eine Mischform aus Honoratiorenparlament, Parteiangestellten und Abenteurernaturen, die durch keinerlei familiäre Rücksichten gehindert sind, das Wagnis auf sich zu nehmen, das mit einer politischen Karriere auf Zeit unter solchen Bedingungen verbunden sein muß.

Wer dies alles abwägt, kann am Ende das derzeitige System im Grundsatz so schlecht nicht finden. Würde es transparenter gemacht, Übertreibungen korrigiert, Renten- und Pensionsansprüche mit Aktiveinkünften verrechnet und die Finanzansprüche der Parteien und Fraktionen zurechtgestutzt – wir hätten nicht den Stein der Weisen, aber eine vertretbare Regelung der Politikfinanzierung.

Die Debatte um die Politikfinanzierung ist richtig und notwendig, aber es ist im Grunde die richtige Diskussion zur falschen Zeit. Denn so, wie sie derzeit geführt wird, verdunkelt sie eher die eigentlichen Probleme der Politik in dieser Umbruchphase.

Daß die Politik so sehr ins Gerede gekommen ist, daß sich kaum jemand noch mit den Politikern identifizieren mag, liegt in erster Linie daran, daß die Wähler bemerken: Die Politik leistet nicht das, was sie leisten soll. Wer das ändern will, muß sich in erster Linie auf die Frage konzentrieren: Warum leistet die Politik das nicht? Soweit sich die öffentliche Auseinandersetzung statt dessen auf die Mechanismen der Politikfinanzierung konzentriert, haben wir es hier eher mit einem Nebenkriegsschauplatz zu tun, auf dem Folgeprobleme abgearbeitet werden.

Die westlichen Parteiendemokratien sind auf die Anforderungen schlecht vorbereitet, die der weltgeschichtliche Umbruchprozeß an sie stellt. Während der Parteienstaat einerseits immer tiefer in das gesellschaftliche System eingedrungen ist, hat die reale Gestaltungskraft der Politik auf eine angesichts der aktuellen Problemkonzentration gefährliche Weise abgenommen.

Politik und Gesellschaft haben sich hierzulande allzulange hartnäckig geweigert, zur Kenntnis zu nehmen, was seit 1989 geschehen ist. Während im Westen hedonistisch und zukunftsoptimistisch die neuen Chancen nach dem Ende der bipolaren Weltordnung beschworen wurden, wurden die düsteren Mächte ethnonationalistischer Atavismen, die auf den Trümmern des Ostblocksozialismus aufsteigen, lange Zeit geflissentlich übersehen. In der Gesellschaft aber haben sich allmählich Ängste aufgestaut, denen gegenüber die Politik sich nicht zu helfen weiß. Ob es um soziale oder kulturelle Verlustängste von Westdeutschen geht oder um die souveräne Ignoranz der

Bonner Politik gegenüber den massenhaft in die Arbeitslosigkeit entlassenen Ostdeutschen: Die Politik erweckt derzeit den Eindruck, weit entfernt von den Problemen der Menschen zu sein.

Die Unappetitlichkeiten in der Politikerversorgung erhalten erst vor dem Hintergrund von Verunsicherung, Überforderung und des verbreiteten Eindrucks, der Politik fiele dazu nichts ein, jene Bedeutung, die seit einigen Wochen zu erleben ist. So werden die Politiker zur Zeit vor allem zur Projektionsfläche für eine viel tiefergehende gesellschaftliche Krise – ein Umstand, an dem sie freilich keineswegs unschuldig sind.

Antje Vollmer bezeichnete mit tiefem Zukunftspessimismus die »Wachstumskrise der europäischen Hochkultur« als »Hintergrund der europäischen Parteienkrise«. Da die Grenzen des europäischen Wachstums aus ökonomischen, sozialen und ökologischen Gründen erreicht seien, bliebe den Führungsgruppen in diesen Gesellschaften allein noch die Chance, »kompromißlos zu regieren«. Diese Zeit ließe nur noch »böse oder schwache Herrscher« zu.

Dieser linkskonservative Zukunftspessimismus irritiert durch seine vage Terminologie. Aber eines ist daran gewiß richtig: Der größte Fehler, den die Politik derzeit begehen könnte, bestünde darin, sich bloß libertär an Petitessen zu delektieren, während um uns herum aus der neuen Weltordnung das Chaos zu werden droht. Die Politik hierzulande braucht vor allem eines: einen Rückgewinn an Legitimation und konsensbildender Kraft. Das schafft nicht, wer immer nur den Leuten nach dem Munde reden will. Gewinnt sie diese Kraft nicht zurück, steht auf mittlere Sicht ganz real das Problem autoritärer Lösungen vor der Tür.

---

1 vgl. R. von Weizsäcker im Gespräch mit Gunter Hofmann und Werner A. Perger, Frankfurt/M. 1992

2 »Aber die Lage ist schwieriger als in der ersten Hälfte des Jahres 1989. Eine tiefe Krise des Parteienstaates hat sich entwickelt; tiefer als jemals zuvor in der Geschichte der Bundesrepublik«, so Peter Glotz, Die Krise des Parteienstaates, in: Die Neue Gesellschaft/Frankfurter Hefte (1992) 6, S.510f.

3 Zum Begriff der »Politischen Klasse« vgl. A. Klein, Politische Eliten in der Demokratie. Zugänge zur Diskussion über die »Politische Klasse«, in:

Th. Leif/H.-J. Legrand/A. Klein (Hrsg.), Die Politische Klasse in Deutschland – Eliten auf dem Prüfstand, Bonn 1992, S.16ff; W. Weege, Politische Klasse, Elite, Establishment, Führungsgruppen. Ein Überblick über die politik- und sozialwissenschaftliche Diskussion, in: ebd., S.33ff; D. Herzog, Zur Fraktion der Politischen Klasse in der sozialstaatlichen Demokratie der Gegenwart, in: ebd., S.126ff.

4 vgl. H.-G. Betz, Radikal rechtspopulistische Parteien in Westeuropa, in: Aus Politik und Zeitgeschichte, B 44/91, S.3ff

5 vgl. R. Inglehardt, Culture Shift in Advanced Industrial Society, Princeton 1990

6 ebd.

7 vgl. H.-G. Betz (Anm. 4), S. 11

8 P. Glotz (Anm. 2), S.510

9 R. von Weizsäcker (Anm. 1), S.150

10 H.U. Beck hat den Verlust politischer Gestaltungskraft so beschrieben: »Der Verlust an staatlicher Gestaltungs- und Durchsetzungsmacht ist in diesem Sinne nicht etwa Ausdruck eines politischen Versagens, sondern Produkt durchgesetzter Demokratie und Sozialstaatlichkeit, in der sich die Bürger zur Wahrung ihrer Interessen und Rechte aller Medien der öffentlichen und gerichtlichen Kontrolle und Mitsprache zu bedienen wissen.« (H.U. Beck, Risikogesellschaft, Frankfurt/M. 1986, S.304)

11 R. von Weizsäcker (Anm. 1), S.165

12 vgl. das SPIEGEL-Gespräch mit H.M. Enzensberger, in: DER SPIEGEL, Nr. 3 vom 12. Januar 1987

13 P.Glotz (Anm.2), S.511

14 Zur Rolle Helmut Kohls vgl. den SPIEGEL-Essay von P. Bender, Kanzler – nur auf Zeit, in: DER SPIEGEL, Nr. 26 vom 22. Juni 1992, S.27f

15 vgl. Anm. 3

16 Die Vorbehalte gegenüber dem Berufspolitikertum treten gerade in Deutschland in immer neuen Variationen auf. Mal ist die Kritik rechtspopulistisch eingefärbt, mal kommt sie direktdemokratisch-repräsentationskritisch von links. Vgl. zum Repräsentationsproblem in der Demokratie G. Göhler, Politische Repräsentation in der Demokratie, in: Th. Leif u.a. (Anm. 7), S.108ff.; D. Herzog, Der moderne Berufspolitiker, Karrierebedingungen und Funktionen in westlichen Demokratien, in: Landeszentrale für Politische Bildung in Baden-Württemberg (Hrsg.), Eliten in der Bundesrepublik Deutschland, Stuttgart 1990, S. 28ff

Aus einem kurzen Politikerleben

Einige unordentliche und vor allem ganz und gar subjektive Beobachtungen

Wolfgang Thierse

Ich versuche mich zu erinnern. Mit welchen Erwartungen, welchen Hoffnungen, welchen Zielen gar habe ich den Wechsel von einem leichtsinnigen, aber durchaus »anständigen« Beruf in die Politik vollzogen, wozu bin ich in die Politik geraten? Die pathetische Antwort müßte lauten: Ich wollte die deutsche Einheit mitgestalten, angetrieben von einer fast lebenslangen – was kann ich dafür? – und in der DDR geradezu widersinnigen Hoffnung, daß ein einiges, aber zugleich anderes Deutschland noch einmal eine geschichtliche Chance bekommen müßte! Nur um ein Geringes weniger pathetisch habe ich ein anderes Motiv in meiner ersten Volkskammerrede am 18. April 1990 formuliert: »Jetzt, in dieser geschichtlichen Stunde, geht es nicht darum, die Menschen erneut zum Material einer nächsten Utopie zu machen, sondern darum, den wuchernden, sich beschleunigenden Umbruchprozessen ein größtmögliches Maß vernünftiger Kontrolle aufzuprägen.« Und schließlich: Für nicht wenige Ostdeutsche war die Befreiung 1989 auch ein Aufbruch in die Politik als der Versuch, endlich in eigener, selbstbestimmter Verantwortung für das Gemeinwohl tätig sein zu können.

War es naiv zu glauben, die großen Scheine unserer Träume und Utopien, unseres Überschwangs an Gesinnung ließen sich in das Kleingeld der alltäglichen Politik, des Kompromisses umtauschen, ohne an Wert zu verlieren? Oder verlieren sie nicht gerade dadurch an Wert, daß wir sie *nicht* umtauschen? Waren und sind wir naiv? Läßt sich die Hoffnung auf Demokratie verteidigen und praktizieren? Viele tun es alltäglich – gerade im Osten Deutschlands, wo so wenige Siege zu feiern, so wenige Erfolge zu verbuchen sind. Die es trotzdem tun, bedürfen wahrlich der Ermutigung, die gewiß nicht kritiklos sein muß – aber gehören wir, gehören sie (schon) zu der Spezies, die alle Schelte zugeteilt bekommt: *die* Politiker?

Nach drei Jahren: Muß ich sagen, wie groß die Wunden der Enttäuschung sind und daß sie noch immer nicht vernarben?

Meine größte Enttäuschung bisher rührt aus der Massivität des Versuchs, das Bisherige der Bonner Republik bruchlos fortzusetzen, mehr als je zuvor, die Normativität »des Westens« entschlossen zu behaupten. Gewiß, das östliche System ist ökonomisch und politisch und moralisch zusammengebrochen, das westliche System hat sich als überlegen erwiesen. Die Verhältnisse sind also klar. Aber war es ein Sieg? Wessen? Über wen? »Es gibt keinen Grund, irgend etwas grundsätzlich an der (alten) Bundesrepublik zu verändern«, hat mir ein westdeutscher Journalist nach einer heftigen Debatte, bei der ich gewiß auch nicht sonderlich gerecht diskutiert habe, entgegengeschleudert. Von der »Folgenlosigkeit einer unerhörten Begebenheit« hat Wolf Lepenies gesprochen, eine westdeutsche Atmosphäre und Gesinnung treffend. Gelegentlich war mehr zu spüren: Abwehr. Das Gefühl, man störe eine politische Karriere, einen lange gehegten politischen Entwurf, eine mühsam vorbereitete Gestaltungschance. Sollte ich um Entschuldigung bitten? (Wahrscheinlich leide auch ich unter dieser jammernden Oberempfindlichkeit der Ossis.)

Ich erlebe (im Westen) eine Gesellschaft – ich sag's ohne moralische Entrüstung, es ist ja auch eine Übertreibung –, die um das mühselig Erarbeitete fürchtet, das ist verständlich, die das Vertraute, Gewohnte, Bisherige störrisch verteidigt – materiell und ideologisch – gegen die Zumutungen, Irritationen, Zudringlichkeiten, die aus dem Osten kommen, aus dieser ausgepowerten und illiberalen DDR und ihrer Bevölkerung. Gefährdung des Erreichten: Das ist es, was die neue deutsche, aber ebenso die europäische und universale Situation bewirkt – faktisch und schlimmer noch in den Köpfen – und eine untergründige Abwehr schafft. Nach dem Ende der gewohnten Ordnung der zweigeteilten Welt ist eine offene, durch die Größe und Neuartigkeit der Probleme auch bedrohliche Situation entstanden, die marodierende Ängste erzeugt. Diese marodierenden Ängste suchen sich ihre Opfer unter den Schwächsten

– die Ausländer – und anderswo bewirken sie Versteinerung: man zittert um das Eigene.

»Eigennutz ist die Staatsphilosophie der Bundesrepublik und ihrer Parteien«, schreibt Wolfgang Herles und meint, die Bundesrepublik sei genau mit diesem Selbstverständnis gut gefahren. Wahrscheinlich hat er recht. Die alte Bundesrepublik ist eine Erbengemeinschaft geworden (natürlich nur zu einem, allerdings nicht unbeträchtlichen Teil) – aber Teilen, etwa den ostdeutschen ehemaligen Brüdern und Schwestern etwas zu leihen, das gelingt schwer. Ein so gerichteter Vorschlag des Bundespräsidenten, hochherzig gemeint, stößt – ohne sonderliche Diskussion – auf mehrheitlich befremdete Ablehnung nicht nur bei Politikern. Alle Welt weiß, in der alten Bundesrepublik (oder auf ein paar Bankplätzen nebenan) schlummern riesige Kapitalsummen, aber es gelingt nicht, sie in die neuen Bundesländer zu lenken, wo sie womöglich heilsamen Aufschwung bewirken könnten. Ich weiß, es gibt niederschlagende (betriebs-)wirtschaftliche Gründe dafür. Immer mehr Menschen in Deutschland haben immer größeren Wohnraum, zugleich fehlt immer mehr Menschen in Deutschland überhaupt ausreichend Wohnraum. Das ist auch (aber nicht nur) ein Verteilungsproblem. Aber wer von »Umverteilung« zu reden wagt, setzt sich schwersten ideologischen Verdächtigungen aus.

Politik ist gewiß – welch schlichte Einsicht – nicht die Verwirklichung von ewigen, »objektiven« Wahrheiten (davon habe ich, DDR-geschädigt, genug), sondern durchaus Interessenvertretung, Interessenkompromiß. Ist also Gemeinwohlorientierung glücklichenfalls ihre Resultante, also von austariertem Lobbyismus, nicht unmittelbares Ziel von Politik? Mag sein, aber angesichts wuchernder Egoismen, angesichts ausgrenzender Individualismen, grundiert von Bedrohungsängsten vor Verlust der sozialen, beruflichen, kulturellen Existenz (Ost) und vor Verlust des Erreichten (West), vor Gefährdung des Eigenen durch das Fremde und die Fremden – angesichts dessen könnte, ja müßte sich eine Politik des Eigennutzes als veraltet und gefährlich zugleich erweisen. Gewöhnen wir – Menschen, Politiker – uns dauerhaft an die Ungerechtigkeit? Ist sie der unausweichliche Preis für die Freiheit? Wer bezahlt die Einheit und wer genießt sie?

Was können die Politiker? Ich vermute, Allmachtsphantasien sind unter ihnen seltener geworden. Auch ist der Vorwurf falsch, die westlichen Politiker seien arrogant, unsensibel, nicht lernfähig, sie könnten nicht zuhören – die Sorte mag's auch noch geben. Aber ich habe genug Politiker getroffen, die mich fragten, die zuhörten, die mich wichtig nahmen, mir eine Chance gaben und geben. (Wo wäre ich heute sonst!) Individuelle Tugenden vielfach. Zum Glück gibt es Politiker-Kollegen (und nicht nur in der eigenen Partei und auch das zum Glück), die ich wirklich mögen kann – manches im politischen Betrieb wäre sonst nicht auszuhalten.

Dieser Betrieb nämlich hat seine Ungereimtheiten und Befremdlichkeiten. Die Wichtigtuerei, das Bedeutungsgehabe bedrängt mich und macht mich lachen zugleich. Dieser wohl weniger freiwillige als erzwungene Habitus, recht haben zu müssen, Irrtümer nicht eingestehen zu dürfen – wer verlangt das den Politikern ab? Sie selbst wohl nicht unbedingt. Eine Forderung des Publikums oder Folge des notwendigen, manchmal überzogenen Selbstbehauptungs- und Durchsetzungswillens der Parteien? Der Preis für verbotene Machtvergessenheit? Kennzeichen von Machtversessenheit?

Und dann diese Atemlosigkeit der Politik: Bedrängt von den Problemen (manchmal auch Problemchen), aufgescheucht von den Medien, von den Schlagzeilen, gehetzt von den konkurrierenden Interessengruppen mutiert berechtigte Interessenvertretung zu Besitzstandswahrungspolitik, bei der sich die kurzfristigen Interessen immer wieder gegen die vernünftigen langfristigen Interessen durchsetzen, z.B. einer solidarischen Politik des Teilens oder einer Politik ökologischer Vernunft. (Wann wird die Solidar- oder Ergänzungsabgabe wieder eingeführt, wann wird der Benzinpreis drastisch erhöht?)

Der Wunsch nach Vereinfachung komplexer – und durch ihre Komplexität und Ungelöstheit nicht wenigen Menschen bedrohlich erscheinender – Sachverhalte ist wahrhaftig verständlich: aber muß die Befriedigung dieses Wunsches in verfälschender Einfachheit, gar in Demagogie enden? (Der Streit um die Ausländer- und Asylfrage liefert genug Beispiele, von der »Asylantenflut« bis zur Grundgesetzänderung als Allheilmittel für ein schmerzendes Problem.) Ich beschreibe eine Gefahr der medial verstärkten, durch die Gesetze der Medien in der Form und zunehmend auch im Inhalt diktierten politischen Auseinandersetzung. Wie sollen Politiker, auf Öffentlichkeit und deren journalistische Mittler angewiesen, sich dem Zwang der »Kürze«, zur Oberflächlichkeit entziehen könne? (Und von der Distanzlosigkeit, der eigentümlichen Bonner Intimität zwischen Politikern und Journalisten sei hier nicht einmal die Rede.)

Welche Wahrheiten – das heißt ja vor allem: welche Zumutungen – wagen wir Politiker den Menschen zu sagen und warum wagen wir so wenig? Vielleicht doch aus parteipolitischer Konkurrenz! Der Gedanke an den nächsten Wahltag stärkt offensichtlich nicht den nötigen Mut. Keiner will – durchaus verständliche Sorge – der Überbringer der schlechten Nachricht sein. Kassandra wird leider von den Wählern nicht gefeiert, sondern beschimpft. Betrübliche, wahrlich nicht ermunternde Erfahrung der ersten gesamtdeutschen Wahl 1990. Zynismus liegt als Reaktion allzu nahe.

»Heute liegt die politische Vernunft nicht mehr dort, wo die politische Macht liegt. Es muß ein Zustrom von Intelligenz und Intuition aus nichtoffiziellen Kreisen stattfinden, wenn Katastrophen verhütet oder gemildert werden sollen«, hat Hermann Hesse gegen Ende der Weimarer Republik geschrieben. Ich bin weniger sicher, wo heute die politische Vernunft sich aufhält oder sich ziert. Allzu viele »Gegenden« haben sich als irriger Mythos erwiesen; die »Basis«, die »Klasse«, das »Volk«, die »Eliten«, die »Peripherien«.

Aber sicher bin ich, daß sich die Parteien weit öffnen müssen, daß die Kommunikation zwischen denen verbessert werden muß, die Politik – meist aus guten Gründen – zu ihrem Beruf gemacht haben, und denen, die ihr Interesse am Gemeinwohl noch nicht verloren habe und deshalb für Politik zu interessieren sind. Es gibt dafür eine doppelte Voraussetzung: Politiker und Parteien müssen ihre Grenzen erkennen und kenntlich machen. Und die Staatsbürger müssen endlich aufhören, von den Politikern Wunder zu erwarten, und begreifen, daß sie selbst die Akteure der Demokratie sind.

Vom Menschenrecht, sich selbst zu schonen

Argumente für eine neue Ethik des Politischen

Antje Vollmer

Unruhige Zeiten – unruhige Gedanken. Es braut sich etwas zusammen. Die Politiker spüren die wachsende Unzufriedenheit in der Bevölkerung, wissen sie aber nicht richtig zu deuten. Die Gesellschaft reagiert mit wachsender Aggressivität auf die Gruppe, die symbolisch das Machtzentrum besetzt hat, auf die politische Klasse. Von dieser übermitteln die Medien eine tägliche Kurzinterpretation: Ohnmacht, Selbstgefälligkeit, Korruption. Diese Kurzformel kann schon deswegen keine Lösung sein, weil ganz offensichtlich keine andere, weniger korrupte Elite bereitsteht, die mal eben alles besser machen könnte. Das Mediengedröhne ist auch deswegen nicht frei von falschen Tönen, weil die Journalisten längst selbst Teil der politischen Klasse sind, die sie kritisieren. Sie gehören dazu mit vergleichbarer öffentlicher Macht, geringerem persönlichen Risiko und durchaus gleichem Beharrungsvermögen wie die handelnden Politiker – hat doch so mancher Chefredakteur oder Chefkommentator gut und gerne drei bis vier Regierungschefs überdauert.

Wer sich aus dem Kreis der Politiker in dieser vor Nervosität und Verunsicherung aufgeladenen Stimmung zum Thema Parteienkrise zu Wort meldet, riskiert dabei, selbst in Turbulenzen zu geraten. So geschah es dem Bundespräsidenten. Durfte gerade er Position beziehen? Durfte er es von Amts wegen, durfte er es angesichts der eigenen Parteikarriere, durfte er es in dieser Form und gerade zu diesem Zeitpunkt?

Es fällt auf, daß Richard von Weizsäcker nicht der einzige Präsident einer europäischen Republik ist, der sich kritisch zum Stand der demokratischen Entwicklung seines Landes geäußert hat. Der italienische und französische Präsident hatten vor ihm Ähnliches versucht – ganz zu schweigen von den gebeutelten Staatsoberhäuptern Osteuropas. Offenbar sind alle europäischen Demokratien in einer kritischen Etappe. Der Bundespräsident hat sich dann nicht zu früh, sondern zum letztmöglichen Zeitpunkt gemeldet, wenn die Debatte noch korrigierende Wirkung haben soll. Aber er hat nicht radikal genug formuliert und damit zum Mißverständnis beigetragen, es handle sich um »Populismus von oben«.

Soll die Debatte über die Krise der Demokratie und die Misere der Volksparteien erfolgreich sein, kommt alles darauf an, daß sie nicht nur *über* die Parteien, sondern auch *mit* und *in* ihnen geführt wird. Dazu müssen die Parteien sehr bald ihre narzistische Kränkung überwinden, die auch darin begründet liegt, derzeit *everybody's Watschenmann* zu sein und zugleich Ersatzadresse für alles, was faul ist in diesem Staat. Deswegen hier ein anderer vorsichtiger Versuch, die derzeitigen Turbulenzen einzuordnen.

Da gibt es zum einen die Frage, ob die Parteien in der Bundesrepublik nicht zuviel Macht haben, mehr als ihnen von der Verfassung her zugedacht war. Wäre dies das Hauptproblem, dann wäre die Lösung vergleichsweise einfach zu finden – wenn auch praktisch schwer umzusetzen. Alle Vorschläge liegen auf dem Tisch: mehr direkte Demokratie zum Beispiel bei der Aufstellung der Kandidaten; Rückzug der Parteien aus ihren Erbhöfen; Offenlegung und öffentliche Kontrolle der Finanzen; Beendigung der Ämterpatronage und des Filzes in den Verwaltungen.

Der wichtigere und schwerer zu beantwortende Vorwurf aber ist, daß die Parteien die Macht, die sie innehaben, nicht mehr so gebrauchen, daß davon die Mehrheit der Bevölkerung überzeugt wird. Wenn aber der Gebrauch der öffentlichen Macht nicht mehr überzeugt, wandert die Macht aus den politisch strukturierten Bereichen in ungebundene, durch kein traditionelles Verfahren kontrollierte Bereiche, beispielsweise in rechts- wie links-populistische Bewegungen. Alle überkommenen Politikstrukturen geraten auf Treibsand, und das Ganze bekommt etwas Unberechenbares: Die Gesellschaft wird für die politische Führung zu einem schleichenden Ungeheuer, die politische Klasse wird für die Öffentlichkeit zu einer verachtenswerten, mafia-ähnlichen Clique. Selbst die professionellen Volksbeobachter und Interpreten kennen sich nicht mehr aus. Einiges spricht dafür, daß wir uns kurz vor einer solchen schwer berechenbaren Entwicklung befinden und daß daher die große Unsicherheit und Nervosität kommt. Der Vergleich mit Weimar steht im Raum, vor der Verächtlichmachung des Parlamentarismus wird gewarnt, vor Zeiten großer Instabilität der demokratischen Institution.

Carl Friedrich von Weizsäcker schrieb im Jahr 1984: »Politische Stabilität in der Hochkultur hat immer ein, wenngleich mäßiges, Wirtschaftswachstum vorausgesetzt, etwas rascher als das Wachstum der Bevölkerung. Denn stabile Regierung, die von der Zustimmung der Regierten getragen ist, bedeutet Regierung mit menschenfreundlichen Kompromissen. Jetzt kannst Du noch keinen Posten bekommen, aber in fünf Jahren wird es auch einen für dich geben. Jede Zivilisation ist aber auf Grenzen ihres Wachstums gestoßen, durch Geographie und Stand der Technologie bedingt. Wenn die Grenzen des Wachstums erreicht sind, muß man kompromißlos regieren. Wer das kann, erscheint den Chronisten als böser Herrscher, wer es nicht kann, als schwacher. Die politische Katastrophe ist die Folge, und nach Jahrhunderten der Wirren ist das Land ausgeblutet genug, um zu neuem Wachstum für 200 Jahre anzusetzen.«

Die historische Überlegung, auf die heutige Situation übersetzt, würde etwa so aussehen: Der Hintergrund der europäischen Parteienkrise ist die Wachstumskrise der europäischen Hochkultur. Sie würde gemeistert werden können – allerdings nur kurzfristig –, wenn das Versprechen der europäischen Staatsmänner (von Helmut Kohl bis Boris Jelzin) noch einmal erfüllbar wäre: »In fünf Jahren wird es auch für euch blühende Landschaften, einen Posten und wachsenden Wohlstand geben.« Wenn aber – was realitätsgerechter ist – die Grenzen des europäischen Wachstums aus ökonomischen, sozialen und ökologischen Gründen erreicht sind, dann gibt es nur die Möglichkeit, »kompromißlos zu regieren«. Die Parteien und die politische Klasse, die Herrscher der Jetztzeit, haben folglich nur die Wahl, entweder als »böse« oder als »schwache

Herrscher« in die Chronik einer untergehenden Zivilisation einzugehen. Die Chance, sich beim Volk durch Verteilung von Wohltaten beliebt zu machen, besteht in einer solchen Zeit faktisch nicht mehr – mangels Masse.

Soweit die Hypothese. Sie dürfte der wirklichen Lage in allen europäischen Staaten ziemlich nahe kommen. Wenn das aber stimmt, dann bekommt sowohl das bohrende Mißtrauen der Bevölkerung sein Recht wie auch die gereizte Nervosität der politischen Akteure. Beide Seiten merken, daß etwas sehr Unangenehmes auf sie zukommt, und scheuen die Konsequenzen. Im Zweifelsfall greifen beide Seiten doch lieber nach dem »schwachen Herrscher«, als daß sie den »bösen« der harten Notwendigkeit akzeptierten. Was sollen die Parteien in einer solchen Lage tun? Sollen sie sich ehrlich machen, realitätsgerechtere Politikkonzepte anbieten, wohl wissend, daß es dafür kaum politische Mehrheiten gibt, weil es noch nie für unpopuläre Politik Mehrheiten gab? Oder sollen sie den Leuten nach den Wünschen und Hoffnungen reden, wohl wissend, daß keines dieser Versprechen ehrlicherweise erfüllt werden dürfte? Oder sollen sie gar sagen: Nach uns die Sintflut, wir vervespern nicht nur unser eigenes, sondern auch das Eigentum der nächsten Generation und das der Dritten Welt dazu, gehen aber dafür als »gute Herrscher« in die Chronik ein? So etwa dürften die Handlungsalternativen lauten, die unter Parteistrategen diskutiert werden, die hinter der vordergründigen Aufgeregtheit von Schuldzuweisung und Debattenverweigerung lauern.

Einfacher werden die Antworten auch nicht, wenn man nach den historischen Erfahrungen aus Krisensituationen früherer Hochkulturen fragt. Verglichen mit der heutigen Situation in Europa – nach dem Abbau des Eisernen Vorhangs und vor der großen Völkerwanderung – hatten jene deutlich günstigere Bedingungen. Sie waren nämlich weder an die geographischen Grenzen des Planeten noch an das Ende der Natur-Ressourcen gestoßen. Vor allem hatten fast alle früheren Kontinentalreiche die Möglichkeit, auf religiöse oder kulturelle Instanzen der öffentlichen Moral zurückgreifen zu können, die einer breiten Zahl der Bevölkerung Zeiten des Mangels oder Askese zu interpretieren verstanden.

Eine solche Instanz gibt es in den heutigen säkularisierten Gesellschaften Europas nicht mehr. Nicht einmal die Kirchen, geschweige denn die Gewerkschaften oder Familienverbände schaffen es, die gierigen Monaden, die explodierenden Egos auf Zeiten des Nullwachstums vorzubereiten. Alles ist leichter zu demokratisieren als die Verantwortung in Zeiten des Mangels. Und genau das steht an. Was können die Parteien dazu tun? Sie können wohl kaum Ersatzinstitutionen der moralischen Volkserziehung bilden; das wäre nicht nur lächerlich, sondern auch freiheitseinschränkend. Was trotzdem ansteht, ist ein beschleunigter Funktionswandel der Parteien.

Ein kurzer Blick zurück: Volksparteien hat es nicht immer gegeben. Ein wichtiger Grund für die Krise der Parteien ist der, daß die Welt nicht mehr existiert, die das politische Instrument »Partei« hervorgebracht hat. Die »Partei« ist ein Produkt der bürgerlichen Revolution. Sie entsprang der Notwendigkeit, die Gesellschaft übersichtlicher zu machen und den Kampf um die Macht im Staat zu zivilisieren, als die alte Ordnung der Welt durch Kaiser und Kirche und die dazugehörigen Feudalapparate abdanken mußte. Die bürgerliche Welt existierte in »Teilen« und diese formierten sich in »Parteien«, die in freier Konkurrenz die staatliche Macht untereinander aufteilten, im wesentlichen dargestellt durch die großen Grundströmungen der Konservativen, der Liberalen und der aufkommenden Organisationen der Arbeiterbewegung. Dabei trat die Spaltung der politischen Welt in die politische »Rechte« und die politische »Linke«, der sich alle zuordnen mußten, in Erbfolge des primitiven Dualismus zwischen Kirche und Staat an. Das Ergebnis war in der Praxis verblüffend ähnlich: Gehörte früher halb Europa der römischen Kurie und das andere halbe Europa dem weltlichen Feudaladel, so gehörte zuletzt die eine Hälfte Europas machtpolitisch und ideell den Linken (Warschauer Pakt) und die andere den Rechten (Nato). Auch das ist schon Geschichte.

Daß die Rechts-Links-Parteien gerade zu dem Zeitpunkt in eine elementare Krise geraten, wo der ideologische Dualismus keine Entsprechung mehr in der real existierenden europäischen Welt vorfindet, kann kaum ein Zufall sein. Wenn sich die Welt nicht mehr dual, nicht mehr rechts-links, nicht mehr richtig-falsch, nicht mehr gut-böse zur Anschauung gibt, ist die politische Widerspiegelung der Weltanschauungen ebenso rettungslos altmodisch wie das Existieren in den dazugehörigen »Teilen« – den Parteien. Ihr Pathos wird lächerlich – es stimmt nicht mehr.

Soll man der alten dualen Ordnung nun nachtrauern, die alle Fragen so schön klar einordnete und die dazugehörige Freund-Feind-Sensibilität aktivierte? Ich meine nicht. Zwar waren die Parteien Heimat- und Familienersatz in einer feindlichen Welt, aber die Zuordnung aller sonst noch existierenden Probleme auf Erden zur strategischen Grundformation war seit langem obsolet. Sie hatte etwas Gewaltsames an sich. Und was die Parteien betrifft: die Dialogfähigeren in ihren Reihen waren schon gewöhnt ans gelegentliche Vagabundieren über die tabuisierte Grenzlinie. Die intellektuellen Abenteuer waren zu selten im eigenen Sperrbezirk zu finden. Wenn aber schon die ehemaligen Parteisoldaten das Flanieren beginnen – die Wähler/Innen taten es längst. Machen sich auf und davon, wählen mal diese, mal jene Partei. Die neue Unberechenbarkeit hat auch etwas Offenes an sich. Es ist ein emanzipatorischer Prozeß. Ob er auch zur Emanzipation weg von der Politik führt – das ist eine bedrohliche Frage.

Wenn schon die Notwendigkeit der weltanschaulichen Frontverteidigung entfällt, so ist den Parteien noch eine andere Aufgabe genommen worden: Sie sind nicht mehr das zentrale Medium politischer Ideen. Außer der Heimatfunktion war das früher die Hauptbindung der Menschen an eine Partei: Sie wurden als Propagandisten und Überzeugungstäter gebraucht. Unersetzlich waren die Parteien als Zeitungsersatz, als Organisatoren von öffentlichen Treffen, als Anreger politischer Debatten. Wo die Mehrzahl der Bevölkerung nicht lesen und schreiben konnte, waren die Parteimitglieder politische Volkserzieher und Aufklärer, sie transportierten Nachrichten und Deutungen komplizierter ferner Begebenheiten. Sie boten Stars für das triste Alltagsleben an, und was für Stars. Das Motiv für einen jungen Menschen, in eine Partei einzutreten, war klar: Reden können »wie Rosa Luxemburg«, etwas in Europa bewegen »mit Stresemann«, sich identifizieren mit dem »eisernen Kanzler«, dafür konnte man sich engagieren, selbst wenn man weit davon entfernt war, durch die Partei Karriere zu machen.

Ohne das Medium der Partei wären die zentralen politischen Ideen des Jahrhunderts nicht verbreitet, ihre Führungspersonen nicht im Volk bekannt geworden. Die Mitglieder wurden also wirklich gebraucht. Eine solche Ausnahmesituation der Partei als Transformator einer neuen politischen Idee gab es in den letzten 70 Jahren nur noch ein einziges Mal: Zu Beginn der Grünen, die einen bis dahin unbekannten Raum politischer Vorstellungen entdeckt hatten. Das ist nun auch schon einige Zeit her.

Wer heute einem jungen Menschen einen überzeugenden Grund nennen will, Parteimitglied zu werden – in welcher Partei auch immer –, wird es schwer haben. Nichts kann die Partei als Organisation, das nicht die öffentlichen Medien schneller, eindrücklicher und effektiver übermitteln könnten. Die Faszination des Kreativen ist vorbei. Das ist es, was die Parteiarbeiter im Zentrum so früh grau werden läßt. In der Partei treffen sich heute nur noch zwei Gruppen von Menschen

- der kleiner werdende Kreis von Personen, der Tradition und Milieu an der Partei als Heimat festhält,
- diejenigen, die über die Partei »etwas werden wollen«, was nicht unstatthaft ist, sondern ein ganz normaler Berufswunsch.

Beide Gruppen passen nur mäßig zusammen und erzeugen genau die Personenauswahl, die der Mehrzahl der Bevölkerung nicht sonderlich gefällt. Ansonsten ist Ebbe und viel Müdigkeit auf der unteren Ebene. So wie die Dinge liegen, können aber die Parteien sich beim besten Willen nicht mehr Bedeutung zulegen, als ihnen in ihrem sozialen Umfeld an Sinn zugestanden wird: Sie haben Tradition zu pflegen und Leute für die politische Tätigkeit bereitzustellen. Als politisches Medium sind die Parteien historisch überholt, *out of time*. Das ist der innerste Kern ihrer zunehmenden Schwäche.

Wenn die Parteien eine Zukunft haben wollten, müßten sie eine neue überzeugende Antwort auf die klare Frage finden: Warum soll jemand, der weder eine Heimat noch einen Job sucht, dazu womöglich noch jung ist, Parteimitglied werden? Was könnte sie oder ihn »rufen«? Ein Vorschlag lautet: Dienstleistungspartei statt Weltanschauungsghetto. Das macht Sinn und schafft vor Ort eine solide Anbindung, auch wenn damit allein der alte Glanz noch nicht zurückkommt.

Völlig kontraproduktiv dagegen ist das Konzept, die Parteien endgültig zu Kampagnenträgern zu machen und damit PR-mäßig aufzupeppen. Diese Form der »Amerikanisierung der Politik« wäre geradezu die sicherste Methode zur Intensivierung des Grundübels. Kampagnen führen heißt in aller Regel: Populismus erzeugen, um ihn zu bedienen. Diese Unsitte, das öffentliche Bewußtsein zu traktieren, ist überreichlich verbreitet. Lange genug nämlich klappt die einfache Kreislaufwirtschaft zwischen den Volksparteien und den Wählern: Wir bedienen Euch mit populistischen Wahrheiten (ob über Asyl, Abtreibung, »blühende Landschaften« oder Steuerlügen) – Ihr bedient uns mit Wählerstimmen. Soeben hat diese Methode ihre Meister gefunden in den neu entstehenden populistischen Parteien und Bewegungen. Der Trend aller politischen Parteien zum Populismus ist dadurch aber keineswegs gebrochen – selbst wenn er in dem törichten Unterfangen besteht, den rechten Populismus mit dem linken Populismus zu erhaschen. Populismus aber ist der Killervirus der Politik überhaupt. Wer die Parteien – und übrigens auch die Gewerkschaften – noch windschnittiger machen will für populistische Strömungen, kann gleich mit der Politik aufhören – sie hat dann sowieso keine Chance mehr.

Was die Parteien dringender brauchen als Pep und PR ist eine neue Ethik des Politischen. Eine Ethik des Politischen ist mehr als eine politische Moral und auch mehr als die Summe der moralischen Einzelzuschnitte der Parteimitglieder. Die Ethik des Politischen heißt: Das Gemeinwesen hat Vorrang vor den Einzelinteressen, auch vor dem Teil der Parteiinteressen, selbst vor den pathetisch vorgetragenen kollektiven Einzelinteressen der populistischen Bewegungen, die im Gewande der Gerechtigkeit daherkommen. Es ergibt sich also der absurd erscheinende Schluß, daß die Krise der Parteien der Anfang ihrer neuen Existenzberechtigung sein könnte. Wenn es denn stimmt, daß es in der europäischen Zivilisation in absehbarer Zeit nur eine Politik geben kann, die die Grenzen des Wachstums akzeptiert, das Teilen organisiert und den Mangel verwaltet, so könnten darin die Parteien ihren unverzichtbaren Platz finden.

Da es darum geht, Verantwortung in mageren Zeiten zu demokratisieren, werden Parteien als Übermittler dieser schwierigen Botschaft und als Instrument zur Konsensbildung gebraucht. Die Volksparteien müssen aber bald damit anfangen, sonst merkt keiner, daß sie das können. So stehen die Parteien vor einer ziemlich klaren Entscheidungsalternative: Entweder *Populismus forever* – dann gibt es eben keine Politik mehr. Oder: Selbstverpflichtung der demokratischen Parteien, scharf gegen den populistischen Wind zu segeln und politisch zu werden. Könnte ja sein, daß einige Menschen dann sogar wieder Lust auf Politik bekämen. Das wäre schon viel.

Nicht jeder Bürger und jede Bürgerin muß ein Leben lang Politik machen. Aber Demokraten brauchen dafür eine ausreichend große Zahl qualifizierter Menschen. Gerade in Zeiten populistischer Trends fällt diese Auswahl besonders schwer und müßte doch besonders sorgfältig sein. Wenn allerdings demnächst die durchschnittliche Halbwertzeit eines Politikers in der Mediendemokratie nach der Parole »Er tanzte nur einen Sommer« bemessen sein sollte, wird man dies teuer bezahlen müssen.

Überhaupt scheint es zu den selbstzerstörerischen Untergangssymptomen von Hochkulturen zu gehören, daß sie einen luxurierenden Verbrauch von Eliten haben. Die europäische Zivilisation betreibt derzeit eine unverantwortliche Wegwerfkultur mit menschlichen Ressourcen. Die osteuropäischen Reformer sind durch ihre Vergangenheit entwertet, die Bürgerrechtler durchs Exil und ihren moralischen Fundamentalismus. Die westlichen Intellektuellen und Altachtundsechziger sind durch zu langes Wartenmüssen verbraucht und verbittert, die Wirtschaftseliten durch Terrorismus dezimiert.

Es wird Zeit, über das Menschenrecht von Gesellschaften nachzudenken, sich selbst zu schonen.

Dokumentarischer Anhang

Ein Kommentar von Helmut Kohl*

Viele Menschen sind verunsichert angesichts der sich überstürzenden Veränderungen und Umwälzungen in unserer Zeit – angefangen bei den Problemen im Zusammenhang mit der Herstellung der inneren Einheit Deutschlands über den Krieg im bisherigen Jugoslawien bis hin zu den großen Wanderungsbewegungen von Ost nach West und von Süd nach Nord.

Der glücklicherweise überwundene Ost-West-Konflikt bot – bei allen Problemen – in gewisser Weise Übersicht und »klare Verhältnisse«. Die gegenwärtige Übergangszeit nach dem Ende des Kalten Krieges ist demgegenüber von Unübersichtlichkeit geprägt und oft auch mit Schwierigkeiten verbunden, in denen viele Menschen die Unwägbarkeiten des Wandels in unserer Zeit bedrohlich erscheinen – jedenfalls größer als die großartigen Chancen, die sich uns jetzt bieten.

Dies ist natürlich eine Versuchung für die »schrecklichen Vereinfacher«, jene Menschen, die sich nur allzu gerne an den einfachen Lösungen orientieren wollen, Patentrezepte auch dort vorgaukeln, wo in Wirklichkeit nur komplexe Lösungswege Aussicht auf Erfolg bieten. Viele wollen eben nicht wahrhaben, daß die »einfachen Lösungen« von heute häufig die Probleme von morgen erst schaffen. Jeder politisch Verantwortliche sollte, ja muß sich vor diesem Hintergrund immer wieder selbstkritisch fragen, ob er die verständlichen Unsicherheitsgefühle, Sorgen und oft auch Ängste vieler Bürgerinnen und Bürger genügend ernst nimmt – und ob er dies auch klar genug zum Ausdruck bringt. Er muß mit Realismus und Nüchternheit sagen, welches die politischen Notwendigkeiten sind, welche Prioritäten gesetzt werden müssen und was infolgedessen ganz oder zeitweise zurückgestellt werden muß, was geht und was nicht geht.

Hier liegt auch eine wesentliche Verantwortung der Parteien in der freiheitlichen Bürgergesellschaft, die sich in der alten Bundesrepublik herausgebildet hat und die sich seit 1990 auch in den neuen Bundesländern entwickelt. Im Parlamentarischen Rat hat Theodor Heuss – später erster Bundespräsident – die Parteien als die »Erziehungsschule der politischen Verantwortung« bezeichnet und ihre Aufgabe an anderer Stelle mit dem Hinweis beschrieben, »daß Demokratie ein tägliches Plebiszit fordert, daß die Parteien, schlecht

*) Dieser Artikel des Bundeskanzlers (»Die Parteien in der freiheitlichen Bürgergesellschaft«) erschien am 19. Juli 1992 in der *Welt am Sonntag*.

und recht, wie sie sind, um einmal etwas pathetisch zu werden, die Stufen des aktiven Patriotismus darstellen«.

Die Väter und Mütter unseres Grundgesetzes haben den Parteien ganz bewußt eine bedeutende Rolle bei der politischen Willensbildung des Volkes zugewiesen. Ihnen standen dabei nicht zuletzt die Erfahrungen in der Zeit der Weimarer Republik vor Augen: Diese war zwischen den Extremen von »links« und »rechts« nicht zuletzt deshalb zerrieben worden, weil zu viele in den demokratischen Parteien vergessen hatte, ihre Macht und ihre Möglichkeiten nachdrücklicher für die Demokratie einzusetzen. Bewußt wandten sich die Mitglieder des Parlamentarischen Rates von jener unseligen Tradition der Parteienverachtung ab, die in politischen Auseinandersetzungen nur »kleinliches Gezänk« zu erblicken vermochte – oder gar verächtlich von »Systemparteien« sprach, während sie in Wahrheit die erste Demokratie auf deutschem Boden verunglimpfen wollte.

Die Mitglieder des Parlamentarischen Rates wußten, daß starke Parteien eine wichtige Voraussetzung für demokratische Stabilität sind; diffuse »Bewegungen« können dies nicht leisten. Eine der herausragenden Persönlichkeiten der Gründergeneration, Carlo Schmid, sagte dazu 1948: »Ich habe es immer seltsam gefunden, daß auch die modernsten Verfassungen bis auf wenige unter ihnen von der Existenz der politischen Parteien keine Notiz nehmen. Freilich ist es sicher: Die politischen Parteien sind keine Staatsorgane; sie sind aber entscheidende Faktoren unseres staatlichen Lebens, und je nachdem, ob sie so oder anders organisiert sind, haben unsere Staatsorgane diesen oder einen anderen politischen Wert.«

Es waren vor allem die großen Volksparteien, die dank ihrer Integrationsfähigkeit eine Zerfaserung des politischen Spektrums an dessen »linkem« und »rechtem« Rand von Anfang an verhindert und so einen wesentlichen Beitrag zu Festigung und Festigkeit der zweiten Demokratie auf deutschem Boden geleistet haben. Nur auf diese Weise konnte es letztlich gelingen, so grundlegende und zugleich umstrittene Entscheidungen wie jene für die Wirtschafts- und Gesellschaftsordnung der Sozialen Marktwirtschaft und für die unwiderrufliche Einbindung der Bundesrepublik in die europäisch-atlantische Gemeinschaft freier Völker durchzusetzen. Mit populistischer Politik wäre die Wiedervereinigung unseres Vaterlandes gewiß nicht zu erreichen gewesen.

Heute ist viel von »Politikverdrossenheit« die Rede, und mit dieser Einschätzung werden Fragen aufgeworfen, die sich zu allererst an die politischen Parteien richten. Ganz neu ist dies übrigens nicht; es scheint sich vielmehr um ein Phänomen zu handeln, das in Demokratien gleichsam periodisch wiederkehrt. Ich erinnere hier nur an die »Ohne mich«-Stimmung Ende der fünfziger Jahre. Wie schon damals, so geht es auch heute nicht allen Kommentatoren darum, mit ihrer Kritik konstruktive Vorschläge zu verbinden: Zu unterscheiden ist zwischen jenen, die den Befund ernst nehmen und auf Abhilfe sinnen, und jenen, die das – in der Tat verbreitete – Unbehagen über die Rolle »der« demokratischen Parteien in unserem Staat fördern.

Nicht nur Deutschland ist von dieser Entwicklung zur Zeit betroffen. In vielen europäischen Ländern – und auch in den USA – verzeichnen populistische Strömungen Zulauf. Und wer populistisch redet, der neigt zu opportunistischem Handeln. Hieraus sollte jedem klarwerden, daß gerade heute nicht weniger, sondern mehr politisches – das heißt vor allem auch: parteipolitisches – Engagement das Gebot der Stunde ist. Gerade in schwierigen Zeiten können wir uns einen Rückzug ins Private nicht leisten.

In unserer Gesellschaft sinkt jedoch leider die Bereitschaft zu einem dauerhaften Engagement für eine gemeinsame Sache. Einer der Gründe hierfür ist eine zunehmende Individualisierung der Lebensstile. Immer mehr Menschen ziehen es vor, eine Dienstleistung in Anspruch zu nehmen, ohne zugleich eine dauerhafte Bindung eingehen zu müssen. Zu spüren bekommen diesen Trend außer den politischen Parteien auch Vereine, Verbände, Gewerkschaften oder Kirchen.

Nicht nur dies macht der Politik zu schaffen. Hinzu kommt, daß von ihr oft zu viel erwartet wird – sogar dort, wo zunächst einmal Bürgersinn und tätige Solidarität mit dem Nachbarn gefragt wären. Die Probleme, vor denen die Parteien heute stehen, sind ein Spiegelbild auch dieses gesellschaftlichen Trends. Ohne die Bereitschaft der Bürgerinnen und Bürger auch zu politischem Engagement können die Parteien ihrem verfassungsmäßigen Auftrag nicht gerecht werden.

Natürlich sind die Parteien auch selbst gefordert, auf die veränderten Rahmenbedingungen angemessen zu reagieren, damit sie auch künftig ihre Aufgaben erfüllen können. Vor einer ähnlichen Herausforderung stand beispielsweise die CDU zu Beginn der siebziger Jahre, als sie den Wandel von einer »Honoratiorenpartei« zur modernen Mitgliederpartei erfolgreich in die Wege leitete, ohne sich opportunistisch dem Zeitgeist anzupassen. Schon seit Mitte der achtziger Jahre habe ich mit Nachdruck auf die Notwendigkeit hingewiesen, diesen Erneuerungsprozeß konsequent fortzusetzen. Heute geht es vor allem darum, die Parteien weiter zu öffnen, um auf diese Weise möglichst viele Bürgerinnen und Bürger für die Übernahme von Verantwortung zu gewinnen. Die Wiedervereinigung Deutschlands hat diese Notwendigkeit verstärkt.

Für die meisten der zweieinhalb Millionen Menschen in Deutschland, die einer Partei angehören, liegt das Motiv für ihr Engagement darin, Verantwortung zu übernehmen. Bei den wenigsten handelt es sich um hauptamtlich Tätige. Vielmehr sind sie in ihrer großen Mehrheit ehrenamtlich tätig, vor allem im Bereich der eigenen Stadt oder Gemeinde; sie opfern aus Überzeugung Geld und Freizeit im Interesse des Gemeinwohls.

Ich pflichte auch hier Theodor Heuss bei, der 1948 in einem Brief schrieb: »Vielleicht lächeln Sie darüber, wenn ich Ihnen sage: mir ist in diesem Parteiwesen von heute das eigentlich immer ein Geschenk, wenn ich da Männern und Frauen begegne, wieder begegne, die einfach wieder da sind, mitmachen, ihre kleinen Pflichten tun. Sie haben nie etwas durch die Parteien erstrebt oder erreicht, aber sie haben, das geht manchmal in unserm Land durch Familiengenerationen, sich dazu gerechnet. Es war *ihr* Beitrag zu dem Gedeihen des öffentlichen Wesens. Sie waren weder Snobs noch Ehrgeizlinge, noch Interessenten, sondern einfache Bürger rechtlichen Denkens... Die Partei ist für sie keine Kirche, auch kein Instrument wichtigtuerischer Vereinsmeierei, sondern die unproblematische Gegebenheit, in der die Meinungen über das öffentliche Wesen zu einem verantwortlichen Willen sich formen müssen.«

Als Vorsitzender der Christlich Demokratischen Union Deutschlands und als Bundeskanzler weiß ich, daß ich meine Stellung letztlich dem Vertrauen und dem unermüdlichen Engagement unzähliger Menschen verdanke. Alle, die in höchsten Staats- und Parteiämtern stehen, sollten sich dies immer wieder bewußt machen.

Allein um dieser engagierten Bürgerinnen und Bürger willen verbietet sich jede pauschale Herabsetzung »der« Parteien. Nach 1945 haben sich viele von ihnen engagiert, weil sie nach den Erfahrungen von Krieg und Diktatur ihren Beitrag zum »Nie wieder« leisten wollten. Dieses spontane Bekenntnis zum Einsatz in der Demokratie wurde in den Jahrzehnten danach immer mehr durch die Einsicht fundiert, daß ein zweites Mal eine deutsche Demokratie nicht wegen der zu geringen Zahl von Demokraten scheitern dürfe.

Heute sind allein in unseren kommunalen Parlamenten Hunderttausende als ehrenamtliche Mandatsträger tätig. Sie wissen, daß sich privates Wohlergehen und der Zustand des Gemeinwesens nicht trennen lassen, und sie nutzen vor allem deswegen ihre Freizeit zur politischen Arbeit. Ein amerikanischer Präsident hat solches Engagement unterstützt, als er sagte: »Frage nicht, was dein Land für dich tut, sondern was du für dein Land tun kannst.« Diese Ermutigung wäre auch bei uns vonnöten.

Besonders deutlich wird dies angesichts der Erfahrungen in den neuen Bundesländern. Was wäre eigentlich gewesen, wenn sich dort nach dem Aufbegehren gegen die SED-Diktatur im Herbst 1989 nicht Menschen in politischen Parteien zusammengefunden hätten, um die Zukunft des Gemeinwesens selbst in die Hand zu nehmen?

Rund 130.000 von ihnen arbeiten heute ehrenamtlich in Stadt- und Gemeinderäten. Wer heute leichtfertig über Parteien herzieht, der tut gerade auch ihnen unrecht.

Bequem ist diese ehrenamtliche Arbeit nur selten: Sie findet in der Freizeit statt, bringt häufiger Nachteile gegenüber denen mit sich, die sich nur auf den Beruf konzentrieren. Der persönliche Vorteil liegt meistens in der inneren Befriedigung darüber, etwas für das Gemeinwesen bewegen zu können.

Es gibt in allen Parteien Mißstände – auch »Filz«, »Verbonzung« und so manche Verkrustung; viele werden gerade deswegen auch politisch aktiv, um solchen Entwicklungen entgegenzutreten. In diesem Sinn ist die Parteienkritik oft innerhalb der Parteien am schärfsten. Ich habe mich stets dafür eingesetzt – und dies im Rahmen meiner Möglichkeiten als Landes- und Bundespolitiker immer wieder durchgesetzt –, daß auch sogenannte »Seiteneinsteiger« in der CDU auf allen Ebenen eine Chance erhalten. Nach meiner Überzeugung darf insbesondere die Auswahl von Abgeordneten nicht allein von persönlichen Beziehungen, der Zugehörigkeit zu bestimmten innerparteilichen Vereinigungen und Gremien oder der Dauer der Parteimitgliedschaft abhängig sein.

In keinem anderen Berufsstand fallen Fehlleistungen einzelner so auf alle zurück; vielleicht ist es deshalb so schwierig, geeignete Bewerber für Mandate zu finden. Sich in der Öffentlichkeit exponieren zu müssen, vieles an Privatheit zu verlieren und mit alledem auch die Familie zu belasten, schreckt viele Mitbürger ab.

Gemessen am Ergebnis ihrer Arbeit – der politischen und wirtschaftlichen Stabilität unserer Bundesrepublik Deutschland, von der wir alle profitieren – haben unsere Parlamentarier durchaus das Recht zu mehr Selbstbewußtsein. Dies gilt um so mehr, als aus diesen Parlamenten alle führenden politischen Repräsentanten unserer Republik in den letzten 40 Jahren hervorgegangen sind. Es gibt darunter keinen, der nicht auch Parteileben aus eigener Erfahrung kennengelernt hätte und insofern ungerechtfertigter Kritik entgegentreten könnte.

Mit Recht erwarten die Bürger von diesen führenden Repräsentanten Vorbild durch beispielhaftes Verhalten: Grundsatztreue, Standfestigkeit gegenüber dem Zeitgeist, Bekennen eigener Fehler und Offenheit gegenüber Neuem gehören zu der geistigen Orientierung, nach der viele verlangen. Mehr – und dies ist schon schwer genug – kann auch geistige Führung in der Politik nicht bedeuten.

Politische Entscheidungen können die letzten Dinge des Lebens nicht regeln, und Parteiprogramme bieten keine Antwort auf die Frage nach dem Sinn des Lebens. Wollten Parteien danach streben, würden sie den Rahmen der Demokratie überschreiten. Sie sind dabei keine abstrakten Institutionen oder Zentralen, sondern Zusammenschlüsse politisch ähnlich orientierter Menschen. Der dadurch bedingten Unvollkommenheit müssen sie sich selbstkritisch stellen, pauschaler Kritik jedoch dürfen sie selbstbewußt entgegentreten.

Notizen und Quellennachweise

Horst-Eberhard Richter,
geb. 1923, Professor für Psychosomatik an der Universität Gießen, zuletzt erschien: »Umgang mit Angst« (Hoffmann und Campe)

Wilhelm Hennis,
geb. 1923, 1951/52, wiss. Assistent der SPD-Fraktion im Bundestag. Nach Professuren in Hannover und Hamburg von 1967 bis zur Eremitierung 1988 Professor der Politischen Wissenschaft in Freiburg i.Br.. Zuletzt erschien: »Max Webers Fragestellung« (Mohr). – Sein Aufsatz erschien als Erstdruck im »Spiegel«-Dokument Nr. 4, September 1992.

Jens G. Reich,
geb. 1939. Im September 1989 Mitbegründer der Bürgerbewegung »Neues Forum«. Professor am Institut für Molekularbiologie in Buch bei Berlin. Zuletzt erschien: »Abschied von den Lebenslügen. Die Intelligenz und die Macht« (Rowohlt, Berlin)

Klaus Harpprecht,
geb. 1927, veröffentlichte u.a. Bücher über Willy Brandt, über Amerika und über Georg Forster. Zuletzt erschien: »Welt-Anschauung« (Rowohlt). – Eine längere Fassung seines Beitrags wurde bereits in der »Neue Gesellschaft/Frankfurter Hefte«, Juli 1992, veröffentlicht.

Warnfried Dettling,
geb. 1943, Ministerialdirektor a.D.. Zuletzt erschien: »Jenseits von Mandat und Macht. Eine Ordnung für den Menschen« (Nomos Verlag)

Claus Leggewie,
geb. 1950, Professor für Politische Wissenschaft an der Universität Gießen. Zuletzt erschien: »Multikulti. Spielregeln für die Vielvölkerrepublik« (rotbuch)

Jürgen Rüttgers,
geb. 1951, Mitglied des Bundestages seit 1987.

Oskar Lafontaine,
geb. 1943, Ministerpräsident des Saarlandes. Zuletzt erschien: »Deutsche Wahrheiten. Die nationale und die soziale Frage« (Hoffmann und Campe)

Burkhard Hirsch,
geb. 1930, Mitglied des Bundestages von 1972 bis 1975 und seit 1980.

Claus Offe,
geb. 1940, Professor für Politikwissenschaft und Soziologie an der

Universität Bremen und Abteilungsleiter am Zentrum für Sozialpolitik der Universität Bremen. Von ihm erschien u. a.: »An den Grenzen der Mehrheitsdemokratie« (herausgegeben gemeinsam mit Bernd Guggenberger, Westdeutscher Verlag) – Einen Teil seiner Überlegungen hat der Verfasser am 17. Juni 1992 bei einer Expertenanhörung zum Thema »Direkte Demokratie« der Gemeinsamen Verfassungskommission von Bundestag und Bundesrat vorgetragen.

Wolfgang Ullmann,
geb. 1929, Mitglied des Bundestages seit 1990. Im September 1989 Mitbegründer und Mitglied von »Demokratie jetzt«. Professor für Theologie. Er arbeitet zur Zeit an einem Buch über »Zukunftshorizonte der Demokratie. Eine Bestandsaufnahme nach dem Ende der Utopien«, das im Kontext-Verlag, Berlin, erscheint.

Hans-Joachim Veen,
geb. 1944, Mitglied der Geschäftsleitung der Konrad-Adenauer-Stiftung und Leiter des Bereichs »Forschung und Beratung«. Zuletzt erschien: »Die Grünen zu Beginn der neunziger Jahre. Profil und Defizite einer fast etablierten Partei« (gemeinsam mit Jürgen Hoffmann, Bouvier)

Bärbel Bohley,
geb. 1945, Mitbegründerin der Bürgerbewegung »Neues Forum«. Malerin und Politikerin, Herausgeberin des Buches: »Vierzig Jahre DDR. Die Bürger melden sich zu Wort« (Hanser)

Peter Glotz,
geb. 1939, Mitglied des Bundestages seit 1972. Zuletzt erschien: »Die Linke nach dem Sieg des Westens« (dva), und »Die planlosen Eliten« (gemeinsam mit Konrad Seitz und Rita Süssmuth, Edition Ferenczy bei Bruckmann)

Niklas Luhmann,
geb. 1927, Professor für Soziologie an der Universität Bielefeld. – Sein Aufsatz erschien zuerst in der Zeitschrift »Die politische Meinung«, Juli 1992, Nr. 272

Hildegard Hamm-Brücher,
geb. 1921, von 1976 bis 1990 Mitglied des Bundestages, Staatsministerin a.D.. Zuletzt erschien: »Wider die Selbstgerechtigkeit. Nachdenken über Sein und Schein der Westdeutschen« (Piper)

Friedrich Schorlemmer,
geb. 1944, Dozent am Evangelischen Predigerseminar und Prediger an der Schloßkirche in Wittenberg. Zuletzt erschien: »Worte öffnen Fäuste. Die Rückkehr in ein schwieriges Vaterland« (Kindler). – Ein Teil seines Aufsatzes wurde in der Zeitschrift »CONstructiv« Heft 3/92, veröffentlicht.

Hubert Kleinert,
geb. 1954, Mitglied des Bundestages von 1983 bis 1986 und 1987 bis 1989. Zuletzt erschien: »Die Geschichte der Grünen« (Eichborn). – Eine längere Fassung seines Beitrags wurde zuerst veröffentlich in der Beilage zur Wochenzeitung »Das Parlament. Aus Politik und Zeitgeschichte«, 14. August 1992.

Wolfgang Thierse,
geb. 1943, Mitglied des Bundestages seit 1990. Zuletzt erschien: »Mit eigener Stimme sprechen« (Piper)

Antje Vollmer,
geb. 1943, Mitglied des Bundestages von 1983 bis 1985 und 1987 bis 1989. Zahlreiche Publikationen, zuletzt: »Wider die Konzeptionslosigkeit in der Politik« (in: »Die politische Klasse in Deutschland«, Bouvier). – Ihr Aufsatz wurde teilweise in der *Zeit* sowie in der *tageszeitung* veröffentlicht.